“十四五”职业教育江苏省规划教材
“十三五”江苏省高等学校重点教材（编号：2019-2-088）
高 等 职 业 教 育 系 列 教 材
汽车专业

汽车电气设备构造与维修

主　编　王　峰　樊瑞军
副主编　茅启园　刘　平　岳兴莲

南京大学出版社

内容简介

本书以二十大精神为指引，融合汽车领域“1＋X”证书标准国际职业资格标准，以工作任务为载体，以理论知识为依托，以实践知识为核心，以拓展知识为延伸，校企合作共同开发。共有七个项目，即汽车电气系统总体认知、电源系统检修、起动系统检修、点火系统检修、照明与信号系统检修、仪表与报警系统检修和舒适电气系统检修。每个项目由项目导入和若干任务构成，每个任务又包含学习目标、相关知识和任务实施环节。

本书全文配置双语彩图，图片清晰美观，内容新颖全面，语言简洁、通俗易懂。同时包含了丰富的学习资源，可通过扫描书中二维码，免费扫码观看。

本书可作为高等职业院校、普通高校，以及成人教育汽车类专业教材，或作为双语教学试用教材，也可作为培训机构教学用书，汽车行业技术人员参考用书。

图书在版编目(CIP)数据

汽车电气设备构造与维修 / 王峰，樊瑞军主编. — 南京：南京大学出版社，2020.8(2023.8 重印)

ISBN 978 - 7 - 305 - 23377 - 7

Ⅰ. ①汽… Ⅱ. ①王… ②樊… Ⅲ. ①汽车—电气设备—构造 ②汽车—电气设备—车辆修理 Ⅳ. ①U472.41

中国版本图书馆 CIP 数据核字(2020)第 092221 号

出版发行 南京大学出版社
社　　址 南京市汉口路 22 号　　邮编 210093
出 版 人 金鑫荣

书　　名 汽车电气设备构造与维修
主　　编 王　峰　樊瑞军
责任编辑 吕家慧　　编辑热线 025 - 83597482

照　　排 南京开卷文化传媒有限公司
印　　刷 南京凯德印刷有限公司
开　　本 787 mm×1092 mm　1/16　印张 10.5　字数 256 千
版　　次 2023 年 8 月第 1 版第 3 次印刷
ISBN 978 - 7 - 305 - 23377 - 7
定　　价 59.80 元

网　　址：http://www.njupco.com
官方微博：http://weibo.com/njupco
微信服务号：njuyuexue
销售咨询热线：(025)83594756

前　言

汽车产业正向着“智能化、电气化、数字化、共享化”方向发展，对人才的职业能力提出了新的要求。汽车电气设备构造与维修是汽车类专业的核心课程，传统的课程内容已经不符合职业技能标准的需求。

党的二十大报告中指出教育、科技、人才是全面建设社会主义现代化国家的基础性、战略性支撑。要统筹职业教育、高等教育、继续教育协同创新，推进职普融通、产教融合、科教融汇，优化职业教育类型定位。习近平总书记强调，要高度重视技能人才工作，大力弘扬劳模精神、劳动精神、工匠精神，激励更多劳动者特别是青年一代走技能成才、技能报国之路，培养更多高技能人才和大国工匠，为全面建设社会主义现代化国家提供有力人才保障。

在二十大精神的指引下，本教材融合汽车领域“1＋X”证书标准和国际职业资格标准，形成了课程内容与职业标准对接、教学过程与生产过程对接、技术技能与国际标准对接，特色鲜明的一体化、双语彩图版教材，努力培养造就更多“卓越工程师、大国工匠、高技能人才”。

教材共分七个项目，系统地介绍了汽车电气系统总体认知、电源系统检修、起动系统检修、点火系统检修、照明与信号系统检修、仪表与报警系统检修和舒适电气系统检修。语言简洁，图文并茂，配套有微课视频，注重岗位能力需求，突出产教融合，强化学生职业能力和职业素养的培养，融入思政教育内容，助推学生社会主义核心价值观的养成。为了满足国际化人才培养要求，部分内容采用双语编写，适应了汽车专业双语教学的需要，提升了教材的国际化水平。

编写过程中，得到了南京大学出版社、南京林业大学、江苏理工学院、保时捷（中国）培训学院、中国永达汽车服务控股有限公司、常州市广联丰田汽车销售有限公司的大力支持与帮助，参考了大量的国内外相关技术资料及网络资源，谨此致谢。

本书由常州机电职业技术学院王峰、樊瑞军任主编，常州工业职业技术学院茅启园、常州机电职业技术学院刘平、岳兴莲任副主编。参加本书编写工作的还有常州机电职业技术学院陈新、张红党、宋敬滨、张凤娇、陈松等。

由于编者水平有限，书中难免有错误和疏忽之处，恳请广大读者批评指正。

编　者

目　录

项目一 汽车电气系统总体认知

项目导入

教育是国之大计、党之大计。培养什么人、怎样培养人、为谁培养人是教育的根本问题。育人的根本在于立德。全面贯彻党的教育方针，落实立德树人根本任务，培养德智体美劳全面发展的社会主义建设者和接班人。

对电气系统基础概念的掌握是汽车电气检修的必备知识，知其原理才能学会检修。学会正确使用万用表、试灯等常用检测工具，对常见的基础元器件进行检测，由局部到整体，再由整体到局部的逻辑，即掌握各个元器件的检测才能对整个电路进行判断、检测及排故。

任务1　基础汽车电气认知

掌握基础电器元件、欧姆定律等知识，以及在汽车电路中的应用；
掌握继电器、二极管、三极管在汽车电路中的应用；
掌握汽车电路读图的基本方法；
熟练使用工具、仪器检测基础汽车电路；
培养德智体美劳全面发展的社会主义建设者和接班人。

一、电路基本概念

1. 电流

科学上把单位时间里通过导体任一横截面的电量叫作电流强度，简称电流。电流符号为I，单位是安培(A)，简称“安”。导体中的自由电荷在电场力的作用下做有规则的定向运动就形成了电流。

汽车电路检测有时也需要检测线路中的电流。比如通过测量休眠电流判断蓄电池是否漏电;通过测量汽车起动电流,分析发动机气缸压力是否正常。电流的检测如图 1－1 所示。

2. 电位

在静电学里,电势(又称为电位)定义为:处于电场中某个位置的单位电荷所具有的电势能。电势只有大小,没有方向,是标量,其数值不具有绝对意义,只具有相对意义。

零点电位点,即选定的计算电位的起点。可选电路中任意一点作参考点,令其电位为零。习惯上,常规定大地的电位为零。也可以是机器的外壳,许多元件的交汇点。

电位与电压(电位差)之间的关系,电路中任何一点的电位等于该点与参考点之间的电压。电路中某点的电位因参考点不同可能有不同的值,两点间的电压与参考点无关,电压是任意两点之间的电位差。

用正、负极概念,无法准确解释我们平常检测到的各种现象,就需要理解电位的概念,以汽车蓄电池为例,两个桩极,一端 12 V,另一端 0 V,那 12 V 的电位,要比 0 V 的电位高,称 12 V 是高电位,0 V 是低电位,负极的电位比正极低。电压的检测如图 1－2 所示。

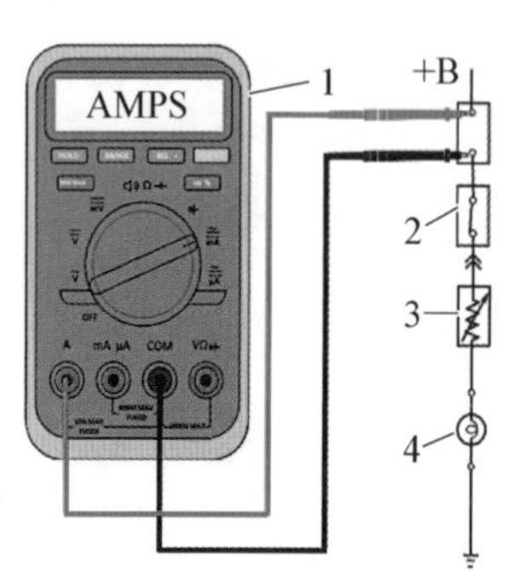

1—万用表 Multimeter
2—开关 Switch
3—电阻 Resistance
4—负载(灯) Load(Lamp)
安培 AMPS

注:+B 接蓄电池正极。
图中为日系车电路符号。

图 1－1　电流的检测
Fig. 1－1　Current detection

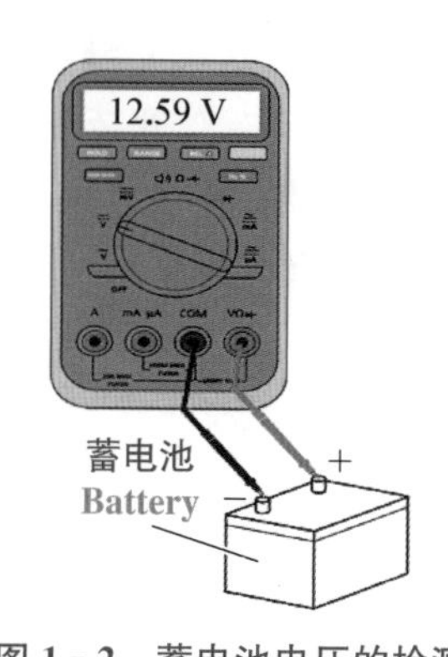

图 1－2　蓄电池电压的检测
Fig. 1－2　Battery voltage detection

3. 电压降

电流在通过用电器或者导体时,都会受到一定的阻力,在一定电位差的作用下,电路克服这种阻力顺利通过用电器,但流过该用电器后,电压下降了,电阻越大,电压下降得就越多,这种在流过用电器(导体)后产生的电压大小的差别就是电压降。

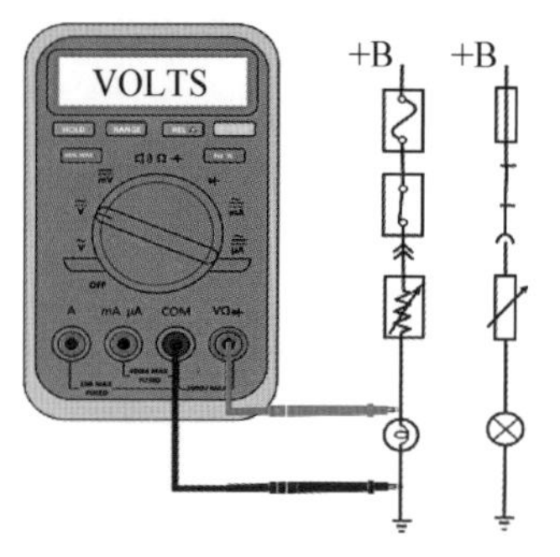

图 1－3　电压降的含义
Fig. 1－3　Voltage drop

注:VOLTS——伏特;图中电路符号——左为日系车,右为德系车。

电路中每一个组成部分都会产生电压降,如图 1－3 所示,该电路中灯产生光和热,所以有最大的电压降,可变电阻器根据调节灯光亮度产生小的电压降,其他元器件(保险丝,导线,线束等)也都会产生很小的电压降。电压降的测量方法如图 1－3 所示。

一般来说在所有电路中,电压损失最大为电源电压的 3%,那么在 12 V 电源的汽车上最大电压降应为 0.36 V,在电路中如果电压降超过 0.40 V,为电路中存在异常,即有高电阻存在。电压降测试法可以应用于任何电路,是电路检测中非常重要的方法。

二、电气基础元件

1. 电阻

(1) 电阻的作用

① 分压、调节电流大小。例如风扇转速的调节、仪表灯光的微调。

② 作为加热元件，最直观的是后窗除雾，如图 1-4 所示。

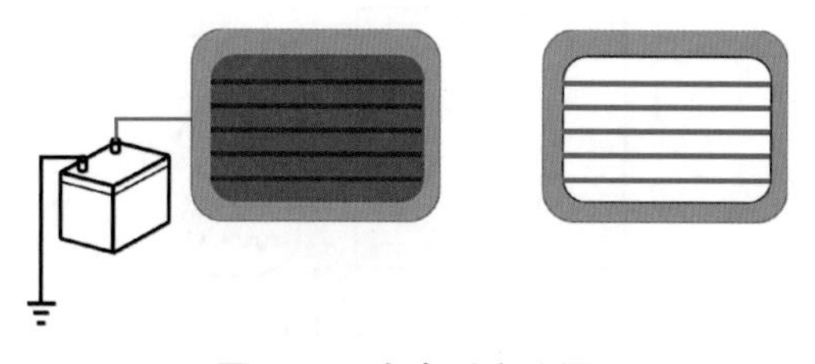

图 1-4 汽车后窗除雾

Fig. 1-4 Defogging of rear windshield

(2) 电阻的种类

① 固定电阻器，电阻的阻值固定不变。测量方式如图 1-5 所示。

② 可变电阻器，改变滑动端子的位置来改变电阻值，使得电路电压及电流升高或降低，达到控制灯光亮度的效果。灯光调节如图 1-6 所示。

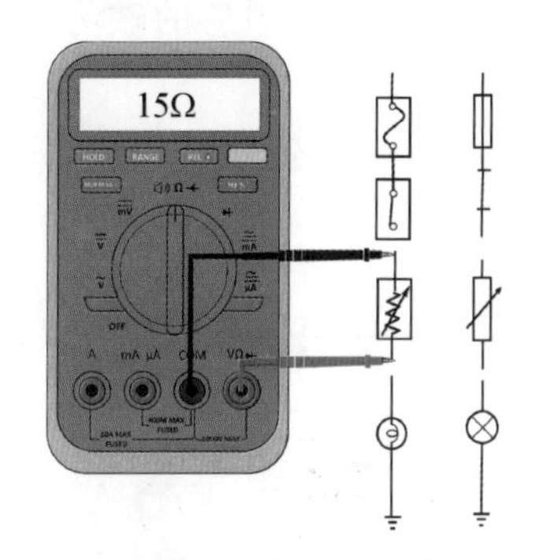

图 1-5 电阻的测量

Fig. 1-5 Resistance detection

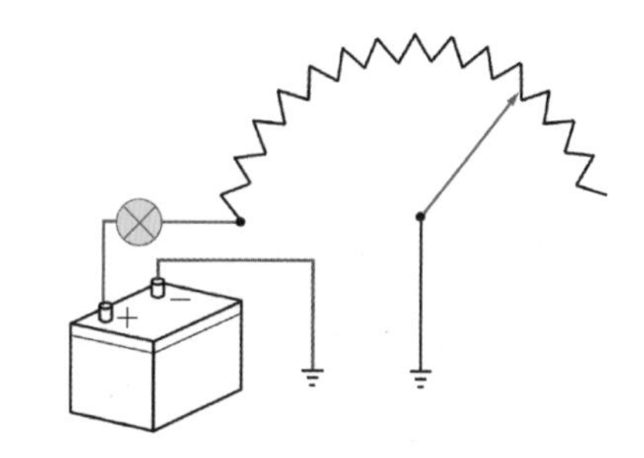

图 1-6 滑动电阻器实现灯光亮度调节

Fig. 1-6 Light tuning by sliding rheostat

③ 分接式电阻器，在电阻的路径上有多个分接点，每个分接点的电阻值不同，如图 1-7 所示。可以实现如空调系统中鼓风机的转速控制。

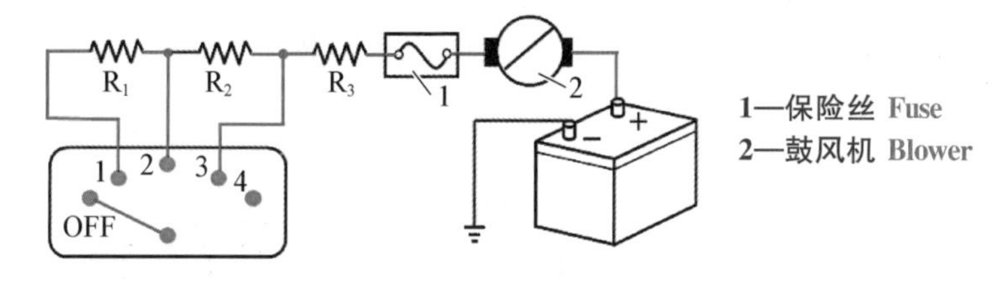

图 1-7 分接式电阻实现鼓风机转速控制

Fig. 1-7 Blower speed regulation by series resistor

④ 电位计，如图 1-8 所示，通过浮子和机械机构的位置移动改变滑动端子位置，改变电阻和电路的电压，即将油位转换为电压信号 V，反馈给 ECU，并通过仪表盘显示油位。

⑤ 热敏电阻，电阻值随着温度的改变而改变的一种特殊的电阻。通常可以分为正温度系数的热敏电阻 PTC(温度升高阻值增大)和负温度系数(温度升高阻值降低)的热敏电阻 NTC。在汽车中，通常用来检测温度的大多数使用 NTC 电阻。负温度系数的热敏电阻的特性如图 1-9 所示。

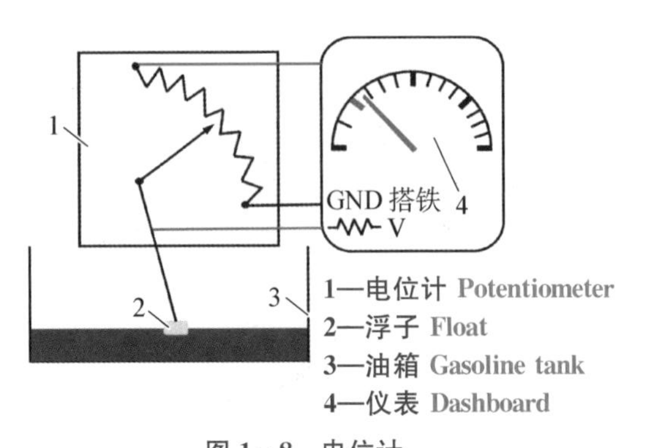

图 1-8 电位计
Fig. 1-8 Potentiometer

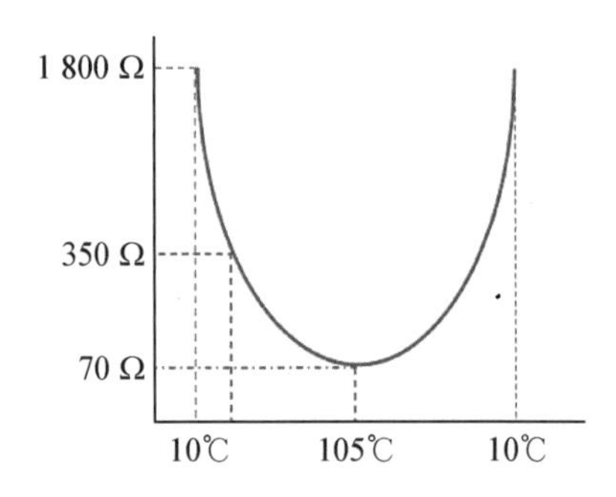

图 1-9 NTC 电阻特性
Fig. 1-9 NTC resistance characteristic

2. 电感器

电感器也称为线圈，如图 1-10 所示，是导线绕成一系列的环。电感的磁场变化特性在汽车上应用广泛，如点火线圈、电磁阀、继电器等。

(1) 电磁铁，在线圈中心包一个铁心，通过电流，即可产生电磁铁的效果，如图 1-11 所示。

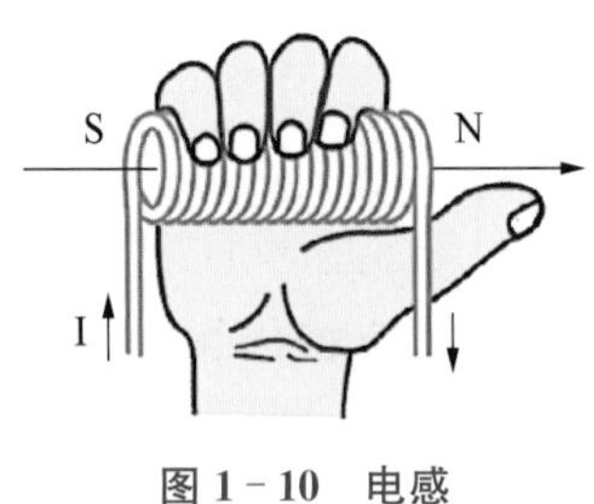

图 1-10 电感
Fig. 1-10 Inductor

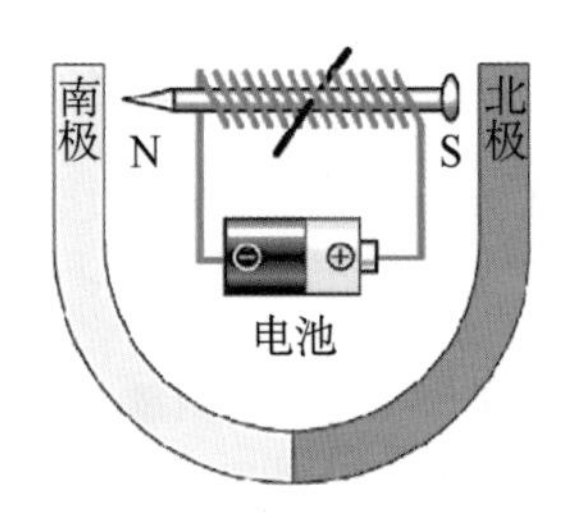

图 1-11 电磁铁
Fig. 1-11 Electromagnet

(2) 点火线圈，当一线圈中的电流发生变化时，在临近的另一线圈中产生感应电动势，在次级线圈产生高压电，汽车点火系统中的点火线圈就应用此原理。如图 1-12 所示，点火线圈符号中可以看到线圈和铁心。

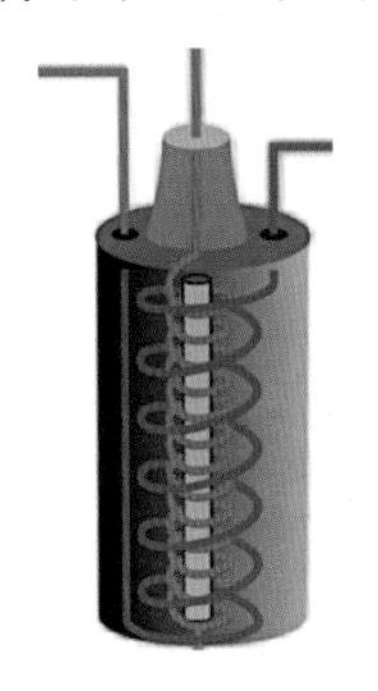

(a) 点火线圈

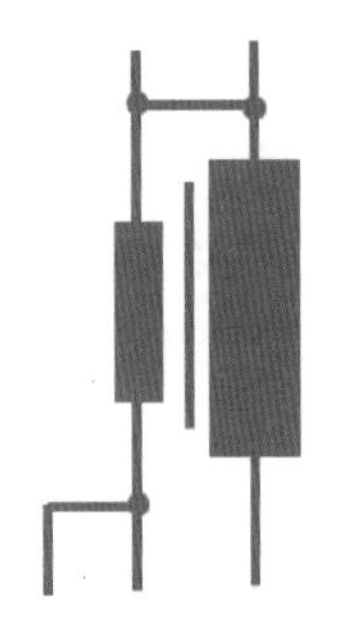

(b) 德系车点火线圈符号

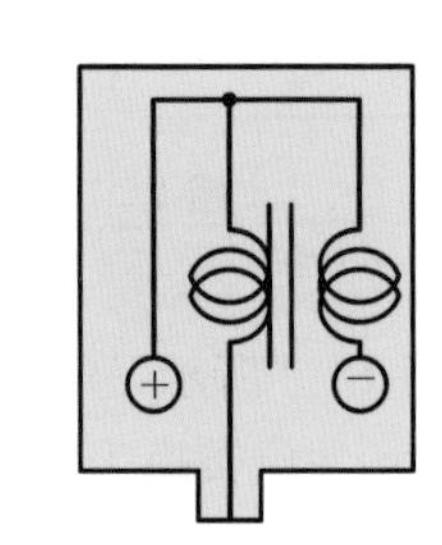

(c) 日系车点火线圈符号

图 1-12 点火线圈
Fig. 1-12 Ignition coil

（3）继电器

如图 1－13 所示继电器的符号可以看出，继电器就是线圈加开关构成，当线圈通电，控制开关开启或闭合。

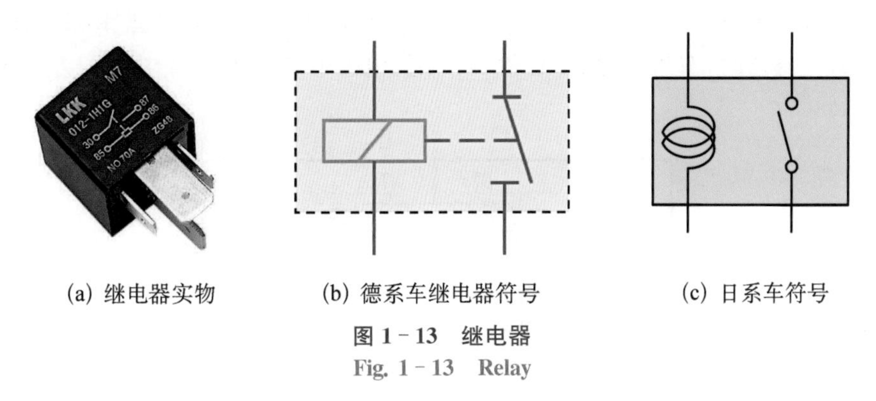

(a) 继电器实物　(b) 德系车继电器符号　(c) 日系车符号

图 1－13　继电器

Fig. 1－13　Relay

继电器的控制电路，如图 1－14 所示。控制电路中继电器的线圈通电，触点被吸合，执行回路中灯泡或电机工作。

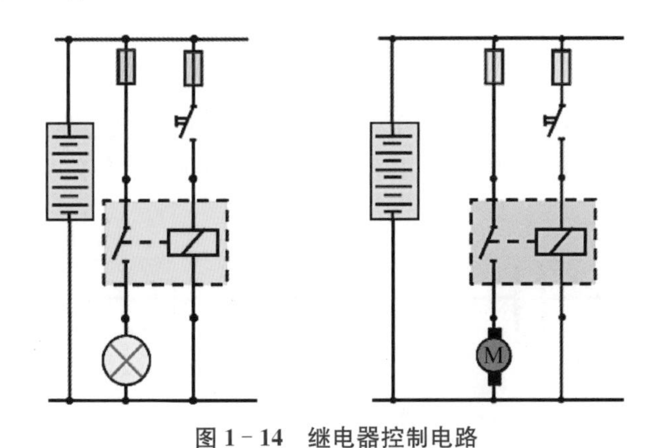

图 1－14　继电器控制电路

Fig. 1－14　Control circuit by relay

汽车上的继电器现在大多由 ECU 控制，如图 1－15 所示，小电流经由开关到 85 和 86 端子接通并通过 ECU 搭铁，继电器线圈工作；线圈产生磁场将触点吸住导通；大电流经由触点流向电灯泡。

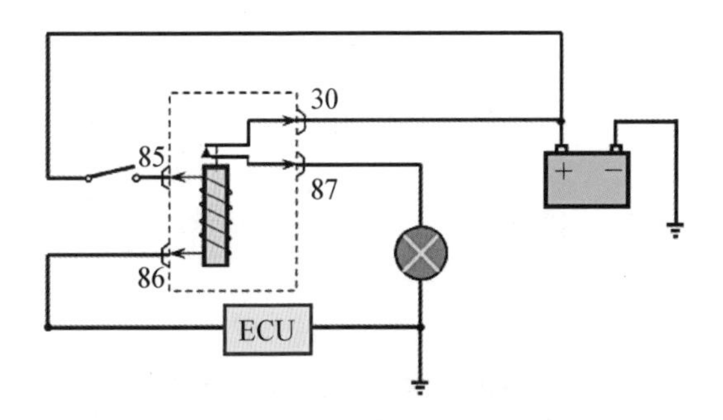

图 1－15　继电器控制灯泡电路

Fig. 1－15　Light control by relay

汽车电路中，常需要实现电机正反转，如电动车窗、中控锁电路等，常用的就是利用继电器搭建 H 型电路。如图 1－16 所示，当开关全部断开时，左右两只继电器的 30 与 87a 接通，电路接地，电位相同，形成防止因震动导致的电机自行运动，即电机产生阻尼刹车；当左边开关导通时，左边继电器 30 和 87 导通，电机中电流从左到右，通过右边继电器接地，电机正转；当右边开关导通时，右边继电器 30 和 87 导通，电机中电流从右到左，通过左边继电器接地，电机反转。

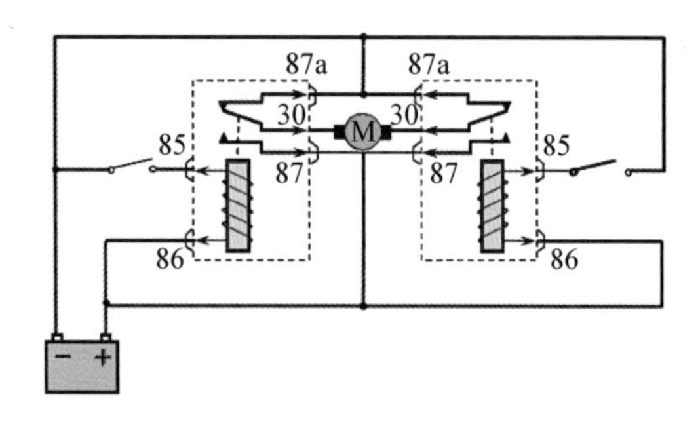

图 1－16　继电器控制电机正反转电路
Fig. 1－16　Relay circuit in the motor positive and reversion

3. 电容

电容的单位是法拉(Farad)，简写成 F，1 法拉的定义为：当电容充 1 V 的电压时，电容极板间存满 1 库伦的电量，1 F＝10^6 μF。电容在任何电子电路中都有。电容的符号如图1－17 所示。

固定电容 Fixed capacitor　　极性电容 Polar capacitor

图 1－17　电容
Fig. 1－17　Capacitor

通常电容不会单独出现在电路中，而是在一些元器件或 ECU 中，如发电机、发动机控制单元、继电器中。其主要功能是滤波，以及消除自感应电动势，继电器线圈中加装电容器，能有效降低自感应电动势，降低对电子设备的干扰。如图 1－18 所示。

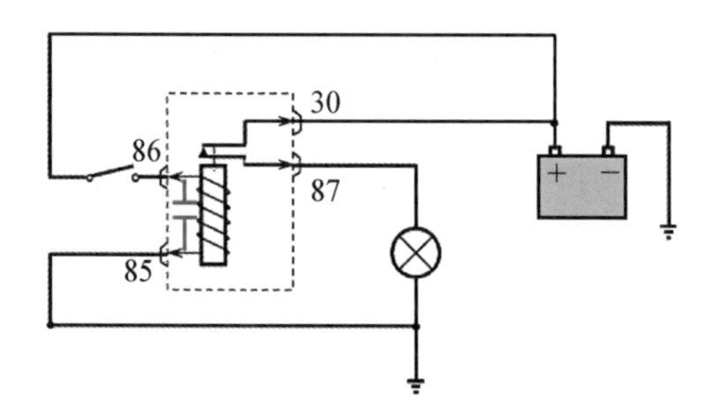

图 1－18　带保护电容的继电器
Fig. 1－18　Relay with capacitor

4. 二极管

二极管是用半导体材料（硅、硒、锗等）制成的一种电子器件。它具有单向导电性能，即给二极管阳极和阴极加上正向电压时，二极管导通；当给阳极和阴极加上反向电压时，二极管截止。二极管除整流作用外，在电子电路中，可实现逻辑控制，在继电器中加装二极管具有消除自感应电动势作用，但注意不能装反。二极管符号如图 1－19 所示。

图 1－19　二极管符号
Fig. 1－19　Symbol of diode

5. 三极管

三极管是半导体基本元器件之一，是电子电路的核心元件。三极管是在一块半导体基片上制作两个相距很近的 PN 结，两个 PN 结把整块半导体分成三部分，中间部分是基区，两侧部分是发射区和集电区，排列方式有 PNP 和 NPN 两种，如图 1－20 所示。三条引线分别称为发射极 E(Emitter)、基极 B (Base)和集电极 C (Collector)。

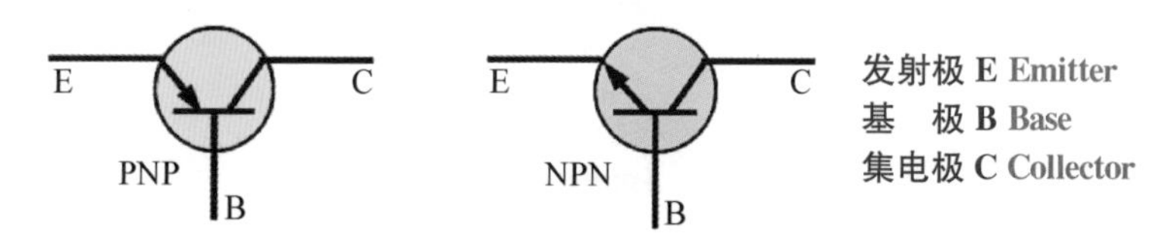

图 1－20　三极管符号
Fig. 1－20　Symbol of triode

三极管控制电流的方向如图 1－21 所示。

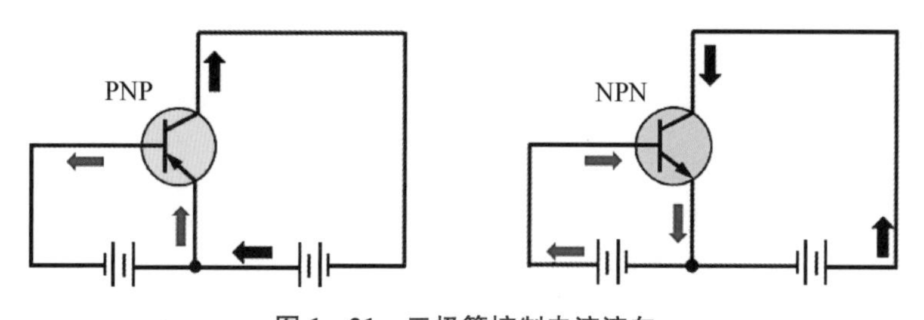

图 1－21　三极管控制电流流向
Fig. 1－21　Triode control current

（1）若基极和发射极间无电流，整个三极管不通电；

（2）基极和发射极之间的小电流能够控制发射极和集极间的大电流。

三极管在电路中用途非常广泛，在汽车 ECU 中至少会有数十个三极管在工作，其大多数作为开关控制元器件的负极线路通断。如点火系统中的初级电流控制（如图1－22所示）、继电器线圈控制、喷油器电路控制等。这些三极管现大多数都已集成在 ECU 里面，也有少

数单独设计成一个模块。

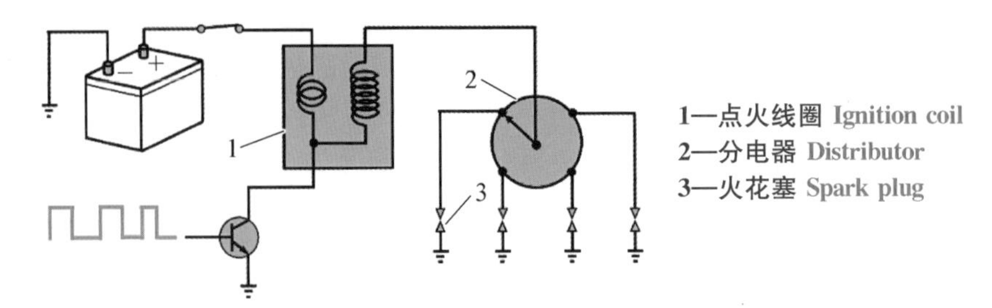

图 1-22 三极管在点火系统中的应用
Fig. 1-22 Application in ignition system

利用三极管来控制发动机喷油嘴的喷油量(时间),如图 1-23 所示。发动机 ECU 向三极管控制电路发送脉冲信号,当方波为 0 V 时,三极管截止,喷油嘴线圈无电流,没有喷油,当方波为 5 V 时,三极管导通使得喷油线圈工作,将油针吸入后喷油,喷油量由三极管导通的时间长短决定。

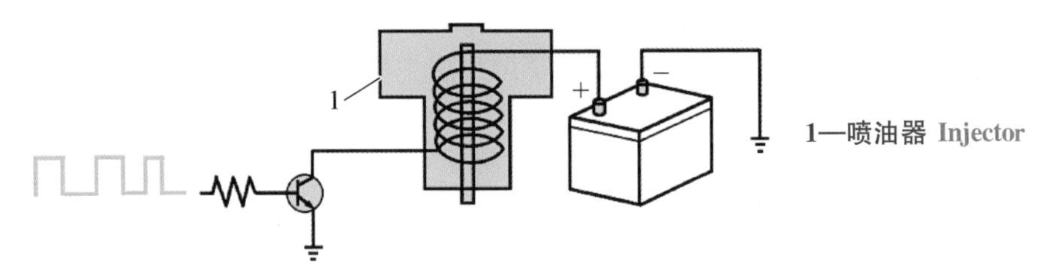

图 1-23 三极管在燃油系统中的应用
Fig. 1-23 Application in fuel system

一、基础电气测试

1. 电路的电压和电流测量

搭建图 1-24 所示电路,将"+"和"−"间的电压设定为 12 V,记录电压表、电流表读数。所需部件:12 V直流电源,1 个开关,1 个保险丝,连接线若干,100 Ω、200 Ω 电阻器各 1 个,1 块万用表。

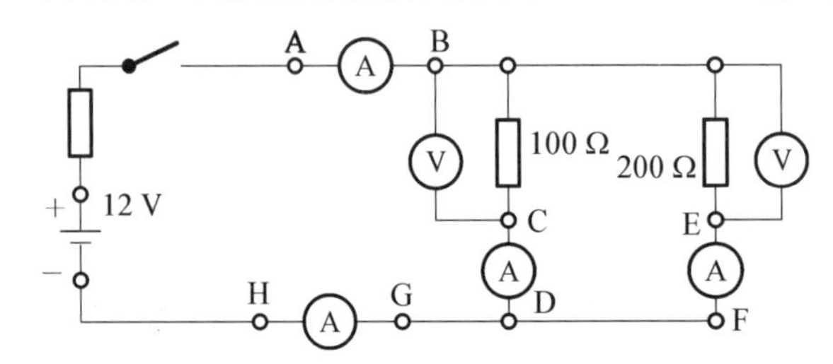

图 1-24 电压和电流的测量
Fig. 1-24 Voltage and current measurement

2. 电压降测量

搭建如图 1－25 所示电路，将“＋”和“－”间的电压设定为 12 V，记录不同位置电压表的读数。所需部件：12 V 直流电源，1 个开关，1 个保险丝，连接线若干，1 个 12 V/3 W 灯泡，1 块万用表。

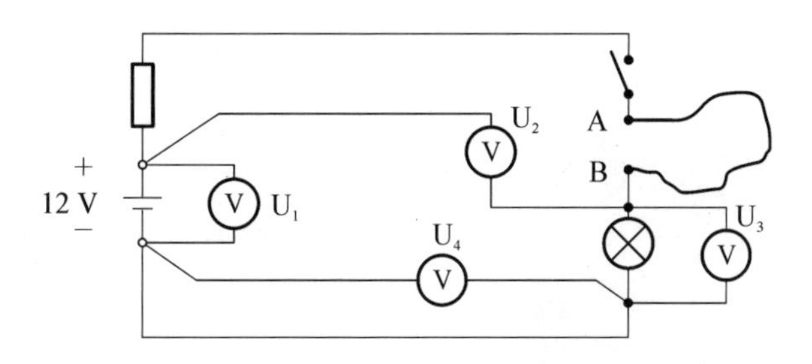

图 1－25　电压降的测量

Fig. 1－25　Voltage drop measurement

3. 五端子继电器转换控制

搭建如图 1－26 所示电路，记录电流表数据。接通电源开关之前，让培训师检查你的电路连接，确保连接正确。所需部件：12 V 直流电源，1 个开关，1 个保险丝，1 个继电器，2 个 12 V 灯泡，连接线若干，1 块万用表。

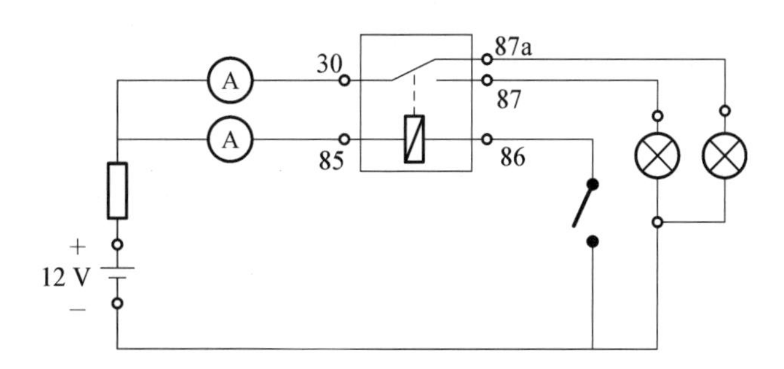

图 1－26　继电器的转换控制

Fig. 1－26　Conversion control by relay

4. 三极管功能实验

搭建如图 1－27 所示的电路，记录电流表的读数，并判断该三极管是开关型还是放大

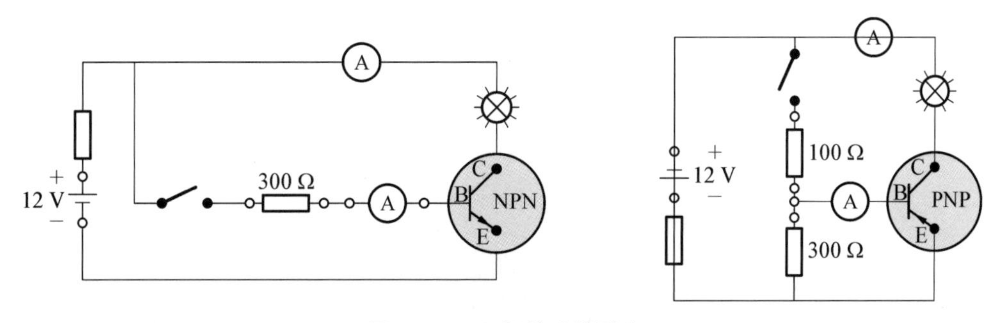

图 1－27　三极管功能测试

Fig. 1－27　Triode function test

型。接通电源开关之前，让培训师检查你的电路连接，确保连接正确。所需部件：12 V 直流电源，1 个开关，1 个保险丝，NPN、PNP 型三极管各 1 个，100 Ω、300 Ω 电阻器各 1 个，连接线若干，1 个 12 V 灯泡。

二、汽车电气系统测试

使用万用表检测车辆蓄电池休眠电流，如图 1－28 所示。

图 1－28　休眠电流测试
Fig. 1－28　Dormancy current test

(1) 打开车辆的机盖，关闭车上所有用电设备，然后把车门锁起来，如果有遥控的车辆，注意要用遥控把车子锁起来；

(2) 蓄电池负极的搭铁线断开；

(3) 将万用表调到电流挡位，注意使用大量程，一般汽车的量程选择在 10 A，有的万用表可以自动调整量程大小，只要挡位选择正确即可；

(4) 然后把调好的万用表红笔与车身搭铁线相连，黑笔与电瓶负极桩头相连；

(5) 以上操作完成后，等待 30 s，读取万用表上的休眠电流数值，从而判断汽车是否存在漏电故障。现在汽车上的用电设备比较多，电流值小于 50 mA 以下都是正常的，如果大于 50 mA，必须要检查漏电设备。

任务 2　认识汽车电气系统

掌握汽车电气系统的组成与特点；
掌握汽车电路的工作状态和检测方法；
掌握汽车电路图读识的方法；
熟练使用工具、仪器测量电路的状态；
培养社会主义核心价值观。

一、汽车电气系统的组成与特点

1. 汽车电气系统的组成

汽车电气系统的功能是保证车辆在行驶过程中的可靠性、安全性和舒适性，如图 1－29 所示。汽车电气系统可以分为以下几个部分：

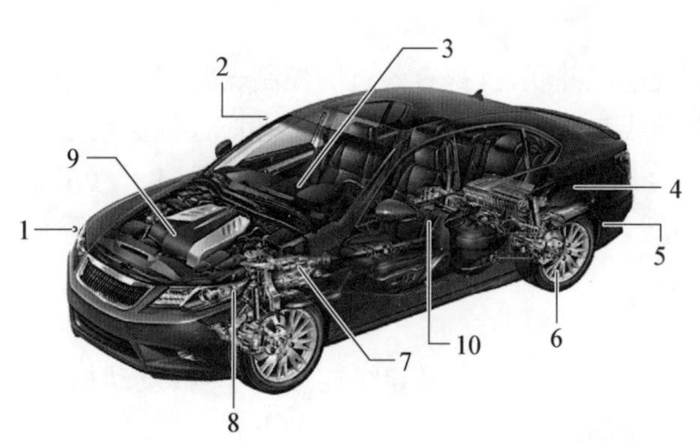

1—LED 车灯 LED power
2—车身电子 Body electronics
3—导航和娱乐系统 Navigation & entertainment
4—电源管理系统 Battery management system
5—排放系统 Exhaust system
6—电子刹车 Electronic braking
7—12 V 转 48 V 电源 12 V to 48 V power
8—电子转向 Electronic steering
9—发动机管理系统 Engine management
10—安全系统 Safety system

图 1－29　汽车电气系统
Fig. 1－29　Automobile electric system

(1) 电源系统

电源系统包括蓄电池、交流发电机及电压调节器。

(2) 起动系统

起动系统包括起动机、起动继电器等。

(3) 点火系统

现代汽车的点火系统包括点火开关、点火线圈、电控单元(ECU)、传感器、火花塞等。

(4) 照明系统

包括前照灯、雾灯、牌照灯、车内顶灯、仪表板照明灯、行李箱灯等。

(5) 仪表系统

包括转速表、车速表、里程表、燃油、冷却液温度表等。

(6) 信号系统

包括声音信号和灯光信号，制动信号灯、转向信号灯、倒车信号灯以及各种报警指示灯。

(7) 其他辅助电气系统

雨刮及清洗系统、电动车窗、电动座椅、中控门锁、防盗系统、空调系统、驾驶安全系统等。

(8) 配电设备

常用的配电装置有汽车线束、开关、保险丝、继电器、插接器等。

(9) 电子控制系统

常见的有发动机管理系统、防抱死制动系统(ABS)、安全气囊(SRS)、动力转向助力系统(ESP)、自动变速器控制系统等。

2. 汽车电气系统的特点

不同品牌的汽车，布线方式、电器设备数量、控制逻辑等各具特点，但都遵循以下规律。

(1) 低压

汽车用电设备的额定电压有 12 V 和 24 V 两种。汽油车上普遍采用 12 V，重型柴油车多采用 24 V。

但随着汽车电气系统的发展，目前汽油车辆上也有需要用到 48 V，甚至 75 V 以上的电压。

(2) 直流

汽油车的用电设备采用直流电，由蓄电池和硅整流交流发电机提供。

(3) 单线并联

并联是指汽车上的用电设备与蓄电池、发电机并联，且都有各自的控制支路，互不干扰。

单线是指汽车上的用电设备正极采用导线与蓄电池、发电机的正极相连，负极则通过导线或自身壳体与车身、发动机、变速器等金属部分与电源负极相连，形成回路。汽车车身等金属部件作为用电设备的公共负极导线，可以简化线路，便于维修，减轻重量，降低油耗。

(4) 负极搭铁

搭铁是指在单线制的连接方式中，蓄电池的负极通过一根导线连接到车身、发动机、变速器等金属部分，用电设备负极连接到就近的金属部件，从而形成回路的方式。

二、汽车电路的组成

所有的汽车电路都有五个基础组成部分：电源、保护装置、控制装置、负载、导线，如图1-30所示。

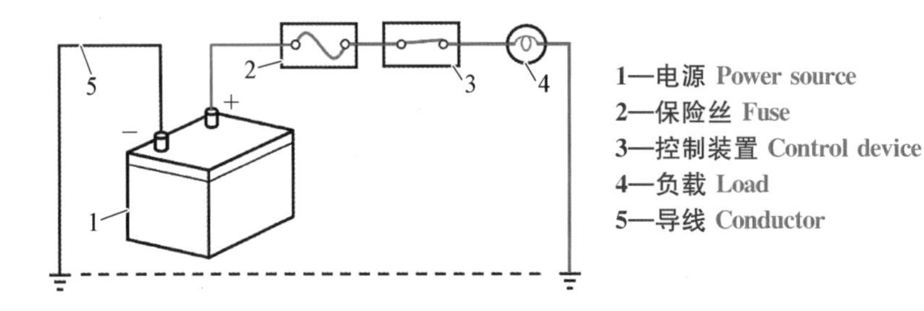

图1-30 汽车电路的基础组成
Fig. 1-30 Composition of automotive circuit

1. 电源

汽车电路中，电源就是指蓄电池和发电机，负极常称为搭铁或接地。电流回路如图1-31所示。

2. 保护装置

电流大会产生过热，容易损坏导线或元器件，甚至发生危险。因此，电路中常常需要安装熔断器，俗称保险丝(如图1-32所示)、易熔线或者断路器，来进行过电流保护与过热保护。当回路中电流过大产生较多的热量，温度达到保护装置熔点时，就自动熔断，起到保险的作用。

图1-31 汽车电流回路
Fig. 1-31 Current circuit

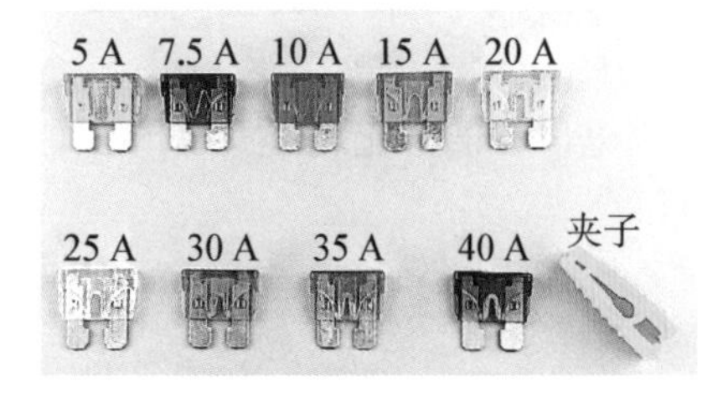

图1-32 汽车保险丝
Fig. 1-32 Fuse

3. 负载

负载就是消耗电能的元器件。所有会消耗电能的电器设备，都称为负载。常见的汽车电路中的负载有：车灯、线圈、电机、汽车空调、汽车音响等。

4. 控制装置

最简单的控制装置就是开关，通过操作开关来控制负载的工作。控制装置不仅仅是控制回路的通与断，比如灯光亮度调节开关就通过控制回路中电流的大小来控制车灯的亮度。常见的汽车控制装置有：继电器，晶体管(二极管、三极管)，电子控制单元(ECU)等。

5. 导线与线束

导线有低压导线和高压导线之分，高压线根据耐压等级选用，采用线芯截面积小，但绝缘包层很厚的电线。

低压电路导线主要根据工作电流大小和机械强度选择。随着汽车上使用的电器增多，导线数量增多，为便于安装和检修，采用色线布置，色线分单色和双色线(如图 1-33 所示)，双色线主色为基础色(2/3)，辅色为环布导线的条色带或螺旋色带(1/3)，且标注时主色在前，辅色在后。

线束，在汽车上，为了使线路布局清晰，安装方便和绝缘保护，汽车导线除高压线和蓄电池导线外，都用绝缘材料(如薄聚氯乙烯带)缠绕包扎成束，称为线束，如图 1-34 所示。

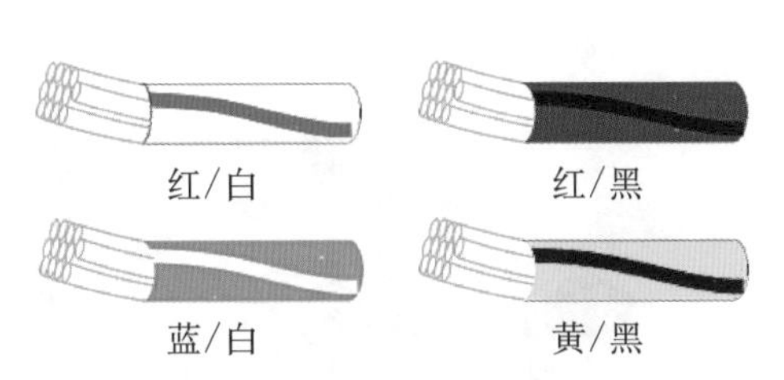

图 1-33　双色导线
Fig. 1-33　Two-color conductor

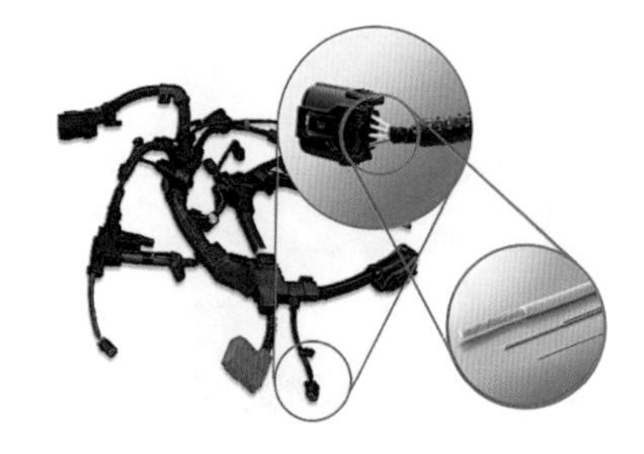

图 1-34　汽车线束
Fig. 1-34　Wire harness

汽车线路的连接常用到插接器，插接器可分以下两类：第一类是连接线束和电器元件；第二类是连接线束与线束。插接器如图 1-35 所示。

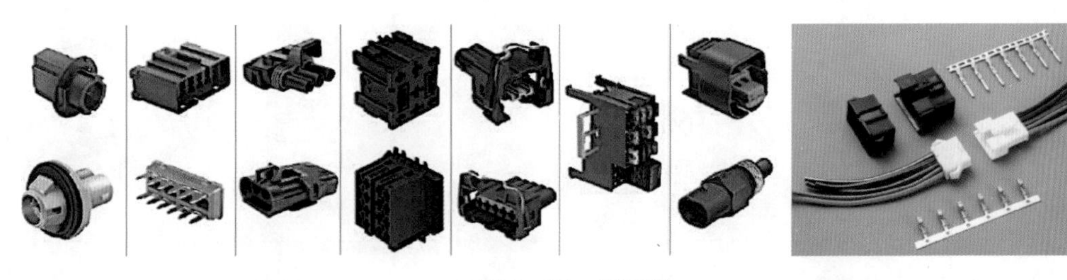

图 1-35　插接器
Fig. 1-35　Connectors

三、汽车电路的识读

不同品牌，不同车型电路图各具特点，但都同样具有上述五个基本组成部分。读懂电路图首先要理解电路的基本原理，其次要掌握汽车各个系统的基本组成和原理。比如空调系统，该系统由哪些元器件组成？这些元器件是如何连接的？如何实现其功能的？（如风扇转动需要由电动机带动，电机需要电源、搭铁、开关等形成回路）。最后根据各厂商的具体电路特点识读电路图。

识读电路图有以下注意要点和技巧：

（1）分清三类电路：① 电源和搭铁线路，电流由蓄电池经配电盒或保险丝架后，如何到达用电器，用电器如何接地；② 控制线路，控制线路一般由控制单元发出，到各执行器，分清楚执行器的驱动信号线、供电线、搭铁线；③ 信号线路，汽车电路中常见为各种开关输入信号以及传感器的输入信号。

（2）学会将电路化繁为简，所有线路均可以化简到电路的五个基本部分。

（3）正确判断电路的串并联关系，搞清楚有无导线共用，搭铁共用等。

1. 大众车系电路图识读

大众汽车车型较多，电路图的表达方式相同或相近，只要读懂了任一车型的电路图以后，识读大众各类车型的电路图也就容易了。

（1）大众汽车电路图符号

大众汽车电路图符号与实物对照见表 1－1，其中列举了部分元件的实物。

表 1－1　电路图符号与实物对照表

Tab. 1－1　Electrical symbol and material object

电路图符号	实物	电路图符号	实物	电路图符号	实物
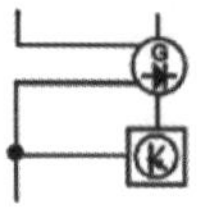 交流发电机		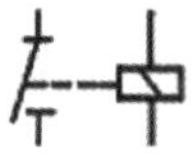 继电器		 发光二极管	
 压力开关		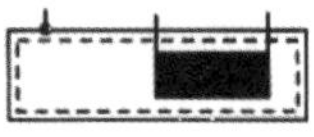 感应式传感器		 电阻	
 机械开关		 保险丝		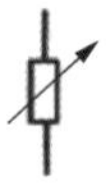 可变电阻	
 温控开关		 内部照明灯		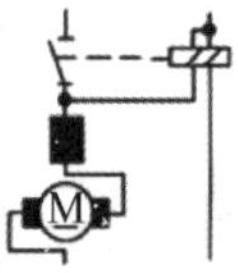 起动机	
 电机		 灯泡		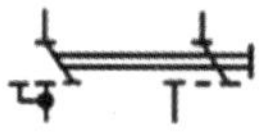 多挡手动开关	 车灯开关

续表

电路图符号	实物	电路图符号	实物	电路图符号	实物
按键开关		显示仪表		氧传感器	
电子控制器		电磁阀	喷油器	喇叭	
爆燃传感器		双速电机	刮水器电动机	蓄电池	
扬声器		插头连接		火花塞和火花塞插头	
点烟器		元件上多针插头连接	发动机控制单元插脚	点火线圈	
电热丝		电磁离合器	手动开关	接线插座	

(2) 大众汽车元器件字母代号含义

元器件在电路图中是主体,用框图辅以相应的代号表示,通常用字母或字母加数字的组合对元器件进行标注,大众汽车字母代号含义见表 1-2。

表 1-2　大众汽车字母代号含义

Tab. 1-2　Volkswagen letters

字母代号	代号的含义	字母代号	代号的含义	字母代号	代号的含义
A	蓄电池	J	继电器、控制单元	T	插接器
B	起动机	K	指示灯类	U	点烟器、插座类
C	交流发电机	L	雾灯、开关/照明类	V	电动机类
C1	电压调节器	M	车外照明、信号类	W	车内照明类
D	点火开关	N	电磁线圈类	X	牌照灯
E	手动开关	P	火花塞插头	Y	模拟表、数字钟类
F	自动开关	Q	火花塞	Z	加热装置类
G	仪表、传感器类	R	收音机		
H	电喇叭类	S	保险丝类		

(3) 大众汽车电路接线代码说明

在大众汽车电路图中,电路元件的接线点都以接线代码的方式标注出来。这些代码无论在电路的何处出现,相同的代码都代表相同的接点。

图 1－36 中,起动机 B 上有两个接线代码分别为 30 与 50 的接点,而在点火开关 D 上也有代码 30 与 50 的两个接点。这两个元件的代码 30 与 30 之间是相连接的,30 号线表示常电源,直接与蓄电池正极相连接,不受点火开关的控制;代码 50 与 50 之间也是相连接的,50 号线是受点火开关控制的,只有在点火开关位于起动挡时,50 号线才得电并供给负载电路。

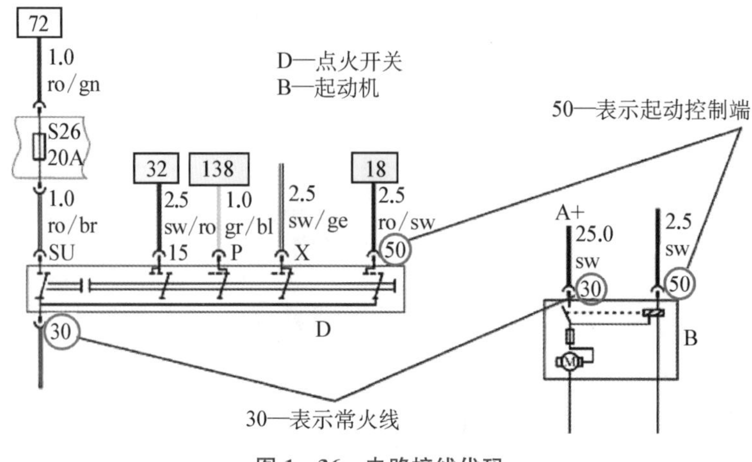

图 1－36 电路接线代码
Fig. 1－36 Wiring code

(4) 保险丝与继电器

大众车系中,保险丝与继电器多采用中央配电盒方式,如捷达、帕萨特、桑塔纳系列轿车等。

如图 1－37 所示,为桑塔纳轿车中央配电盒正面,它几乎集中了全部保险丝,中央配电盒安装在制动踏板上部,保险丝容量用不同的颜色加以区别,全车极少数保险丝设置在蓄电池附近。中央配电盒内也集中了几乎全部继电器。图 1－38 所示为中央配电盒反面,几乎全部主线束均从中央配电盒背面插接后通往各用电器,这样全车线束也都集中在驾驶室的仪表板附近。

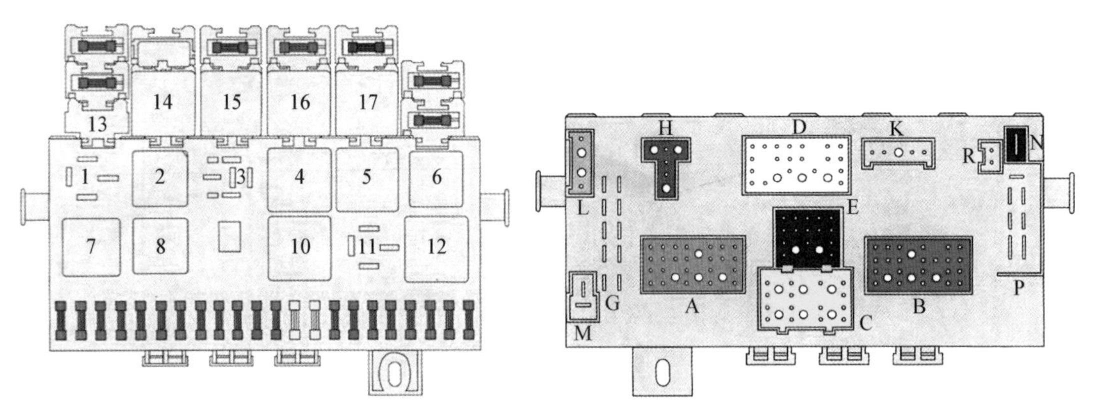

图 1－37 中央配电盒正面
Fig. 1－37 Front side of central distribution box

图 1－38 中央配电盒反面
Fig. 1－38 Back side of central distribution box

目前大众车系中，都采用车载电网控制单元 J519 作为中央配电盒。它具有供电端子控制、灯光控制、雨刮控制、转向信号控制、风挡玻璃加热、个性化设置等功能。图 1－39 所示为迈腾轿车的车载电网控制单元 J519。保险丝盒也自成一体，如图 1－40 所示。

图 1－39　车载电网控制单元
Fig. 1－39　Power management unit

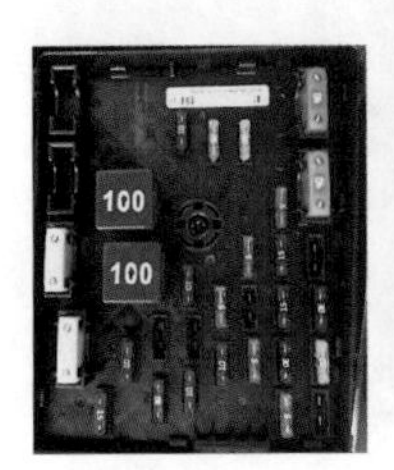

图 1－40　保险丝盒
Fig. 1－40　Fuse box

(5) 电路图中导线的说明

大众汽车电路图表达了两种性质的线路连接方式，即内部连线和外部接线，如图 1－41 所示。

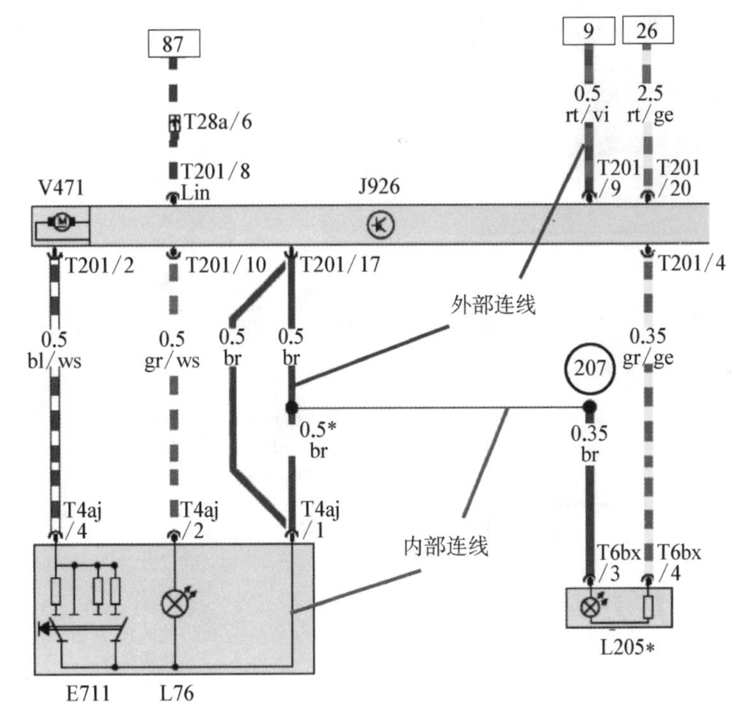

图 1－41　导线的说明
Fig. 1－41　Description of conductors

内部连线，在图中以细线画出，这部分连接是存在的，但线路是不存在的。标示线路只是为了说明这种连接关系，同时使电路图更加容易被理解。

外部接线，在电路中是真实存在的导线，用粗实线画出，每条线上都标注有导线的颜色和截面积。电路导线颜色用字母表示，大众汽车电路导线颜色标码说明见表 1－3。如果导线是双色的，则以两种颜色的字母共同标记，放在前面的是主色，后面的是辅助色，如 sw/ge、gr/ws 等。导线的截面积以数字标示在导线颜色旁边，单位是 mm^2。

表 1-3 大众汽车导线颜色说明

Tab. 1-3 Conductor color description of Volkswagen

缩写	颜色	色标	缩写	颜色	色标
sw	黑色		gn	绿色	
br	褐色		bl	蓝色	
ro 或 rt	红色		vi 或 li	紫色	
or	橘黄色		gr	灰色	
rs	粉红色		ws	白色	
ge	黄色				

(6) 电路图识读

① 电路图结构

大众电路图结构如图 1-42 所示。

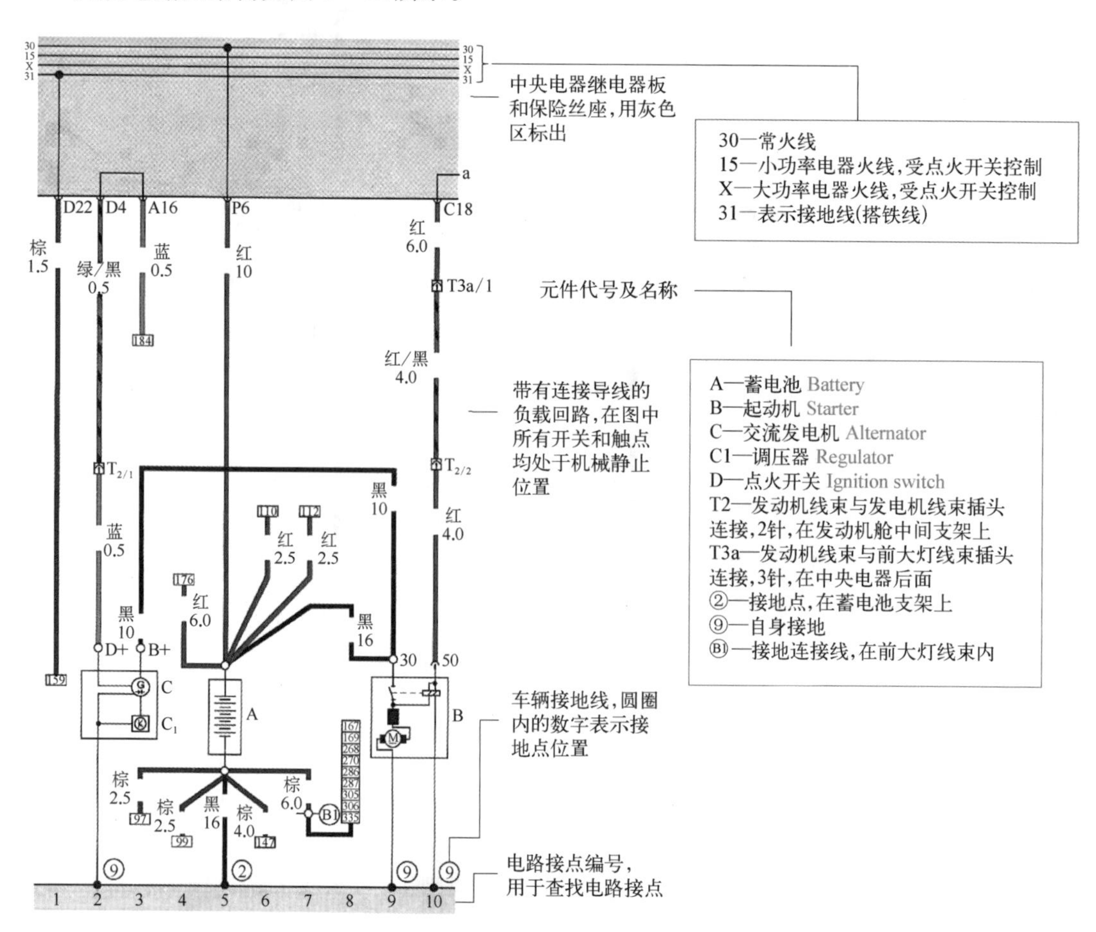

图 1-42 电路图结构

Fig. 1-42 Circuit placement

② 电路图含义说明

以桑塔纳 2000 喷油器控制电路为例说明大众车系电路图的含义，如图 1－43 所示。图中各部分含义如下：

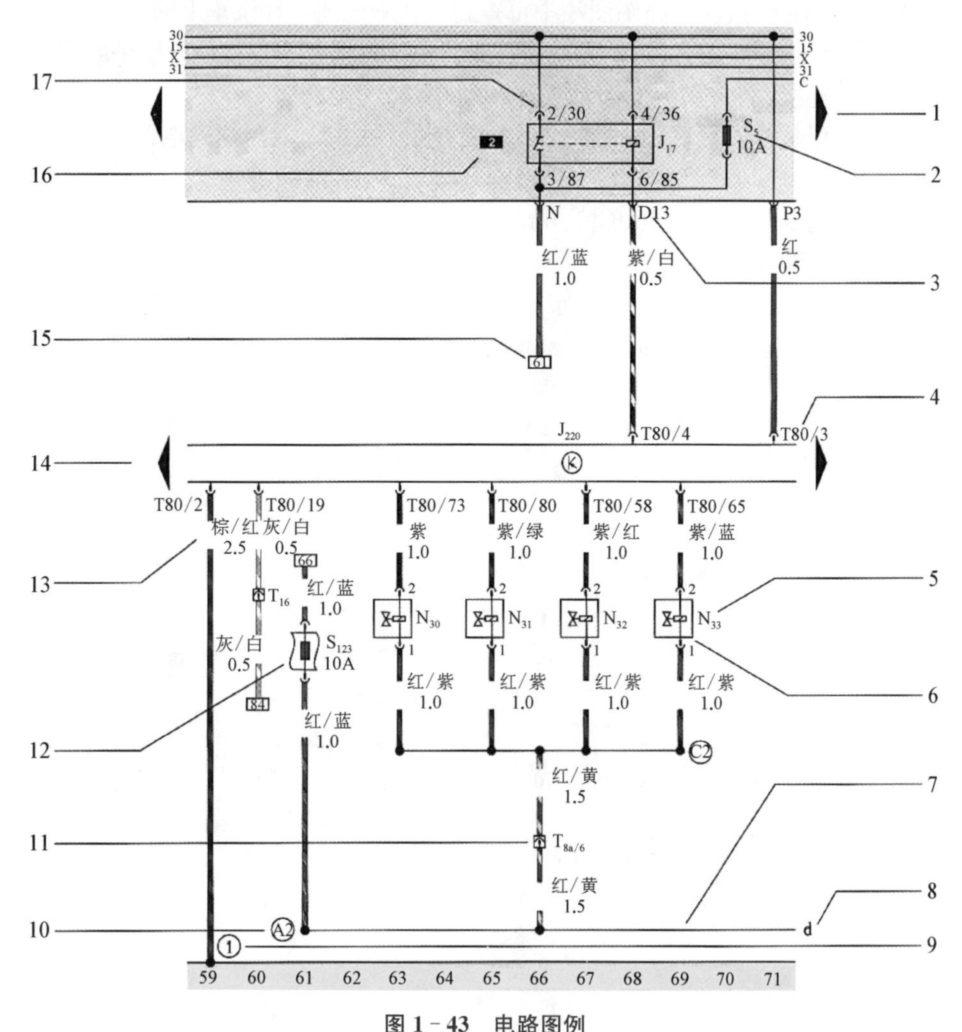

图 1－43　电路图例

Fig. 1－43　Wiring diagram description

1——三角箭头：表示下接下一页电路图。

2——保险丝代号：图中 S5/10 A 表示该保险丝位于保险丝座 5 号位，10 安培。

3——继电器板上（中央配电盒）插头连接代号：表示多针或单针连接和导线的位置，例如 D13 表示多针插头连接，D 区域的 13 号针脚。

4——接线端子代号：表示电器元件上接线端子数/多针插头连接针脚号码，如 T80/3 表示 80 个接线端子中的第 3 号针脚。

5——元件代号：在电路图图注中可以查到元件名称。

6——元件的符号：可参见电路图符号说明。

7——内部接线（细实线）：该接线并不是作为导线设置，而是表示元件或导线束内部的电路。

8——指示内部接线的去向：字母表示内部接线在下一页电路图中与标有相同字母的接线相连。

9——接地点的代号：在电路图图注中可查到该代号接地点在汽车上的位置。

10——线束内连接线的代号：在图注中可查到该不可拆卸式连接位于哪个导线束内。

11——插头连接：例如 T8a/6 表示 8 针 a 插头第 6 号针脚。

12——附加保险丝符号：例如 S123/10 A 表示在中央配电盒附加继电器板上第 23 号保险丝，10 安培。

13——导线的颜色和截面积(单位：mm^2)：见表 1-3 的相关说明。

14——三角箭头：指示元件接续上一页电路图。

15——指示导线的去向：框内的数字指示导线连接到哪个接点编号，如图 1-44 所示。

16——继电器位置编号：表示继电器板上继电器位置编号。

17——继电器板上的继电器或控制器接线代号：该代号表示继电器多针插头的各个针脚，如图 1-45 所示。例如 2/30 中 2 表示继电器板上 2 号继电器的 2 号脚，30 表示继电器/控制器的 30 号端子。

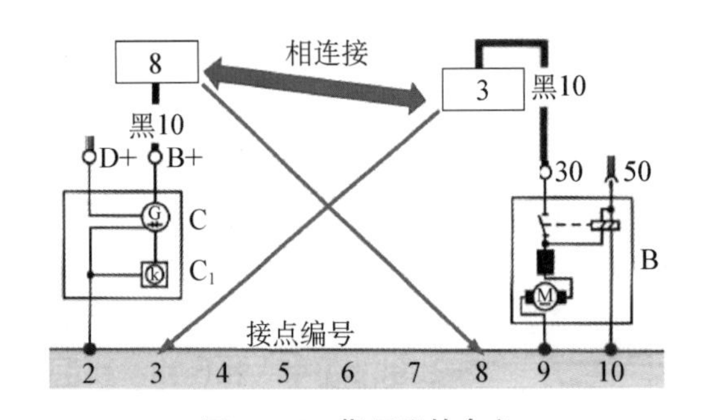

图 1-44 指示码的含义
Fig. 1-44 Indicator code description

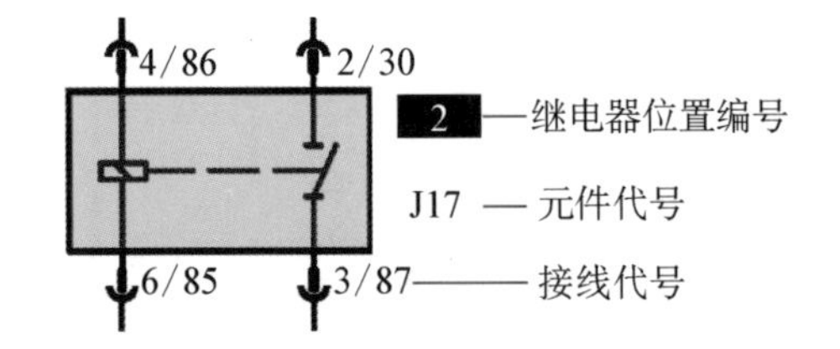

图 1-45 继电器相关含义
Fig. 1-45 Relay description

③ 指示导线读图方法

大众电路图中，某些导线因画图幅面或不交叉原则而未画完整，在断开处会有一个方框，内有数字编码，称为指示代码，以图 1-44 所示为例。其读图方法如下：第一步，遇到指示代码[8]垂直向下，在地址栏中找到接点编号 3；第二步，根据指示代码[8]在地址栏中找到相同的接点编号 8；第三步，在接点编号 8 处垂直向上，找到指示代码[3]。指示代码[8]与[3]对应的导线，即为相连接的同一根导线。

2. 日系汽车电路图识读

不同车系电路图表达方式、布局等差异较大，但电路识读的方法大同小异，在读懂了大众车系电路图以后，识读日系车的电路图也就容易了。本书以丰田卡罗拉车型为例分析识读电路方法。

(1) 丰田汽车电路图符号

丰田汽车的电路图符号和术语如图 1-46 所示。

(2) 丰田汽车线路颜色

丰田汽车导线配色如图 1-47 所示。

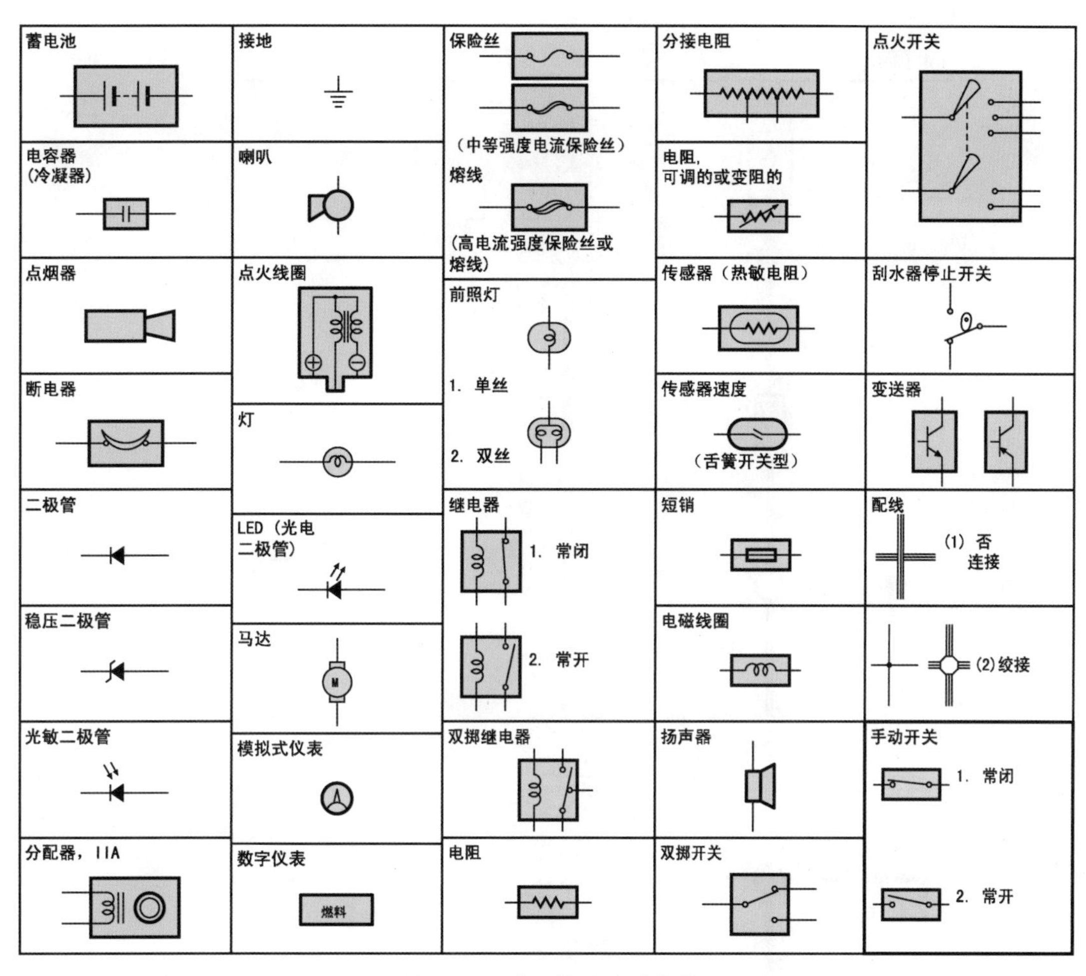

图 1-46　丰田汽车电路符号

Fig. 1-46　Toyota electrical symbol

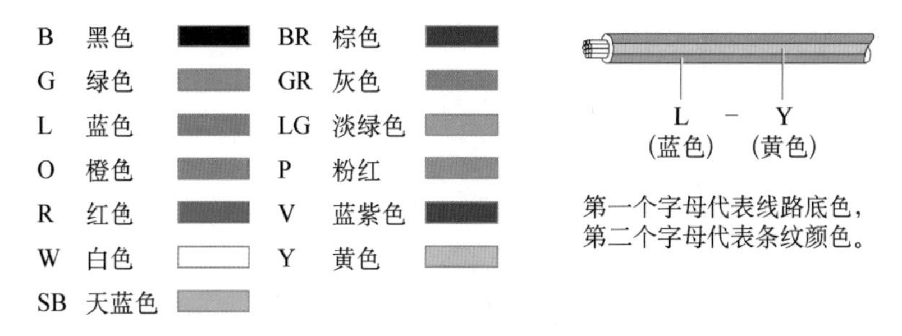

图 1-47　丰田汽车导线的颜色

Fig. 1-47　Colors of Toyota conductors

(3) 丰田汽车电路识读

以卡罗拉制动灯电路为例说明丰田电路图的含义，如图 1-48 所示。

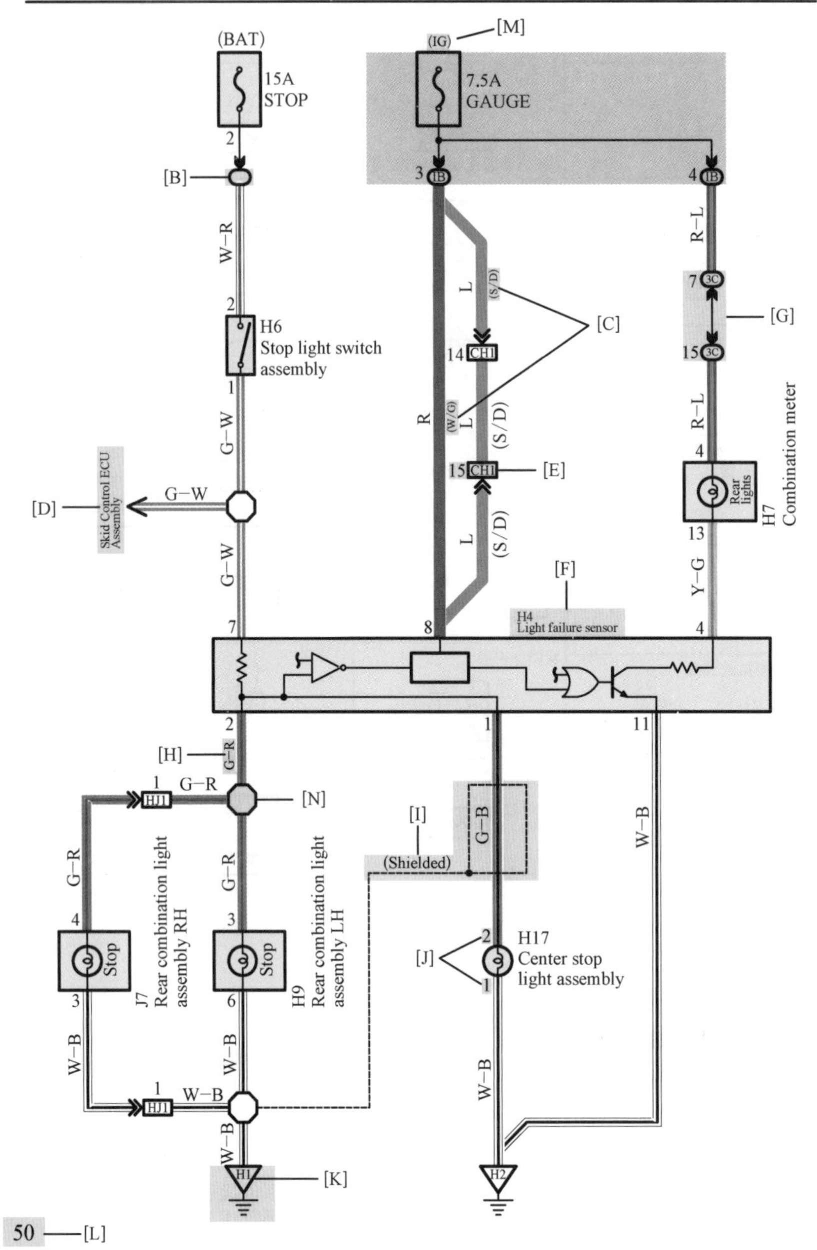

图 1 - 48　丰田汽车电路图例

Fig. 1 - 48　Toyota wiring diagram description

[A]——系统名称。

[B]——表示继电器盒,无阴影表示仅显示继电器盒号以区别接线盒。如图 1 - 49 所示,①表示 1 号继电器盒。

[C]——当车辆型号、发动机类型或规格不同时,用()来表示不同的配线和连接器。

[D]——表示相关系统。

[E]——表示用以连接两根线束的(阳或阴)连接器的代码,如图 1 - 50 所示。该连接器代码由两个字母和一个数字组成。连接器代码的第一个字符表示指示带阴连接器的线束的字母代码,第二个字符表示带阳连接器的线束的字母代码。第三个字母表示在出现多种相同的线束组合时,用于区分线束组合的系列号(如 CH1 和 CH2)。符号(≚)表示阳端子连接器。连接器代码外侧的数字表示阳连接器或阴连接器的引脚编号。

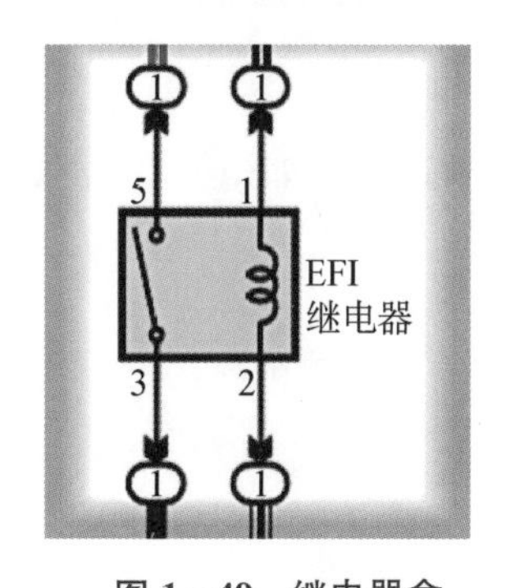

图 1 - 49　继电器盒

Fig. 1 - 49　Relay block

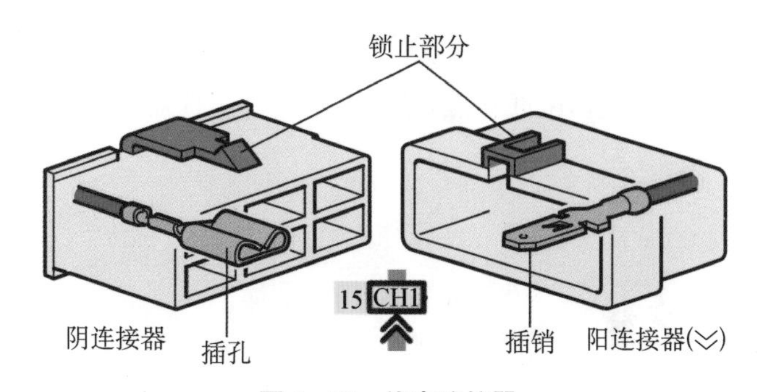

图 1 - 50　线束连接器

Fig. 1 - 50　Wire harness connector

[F]——表示零件(所有零件用天蓝色表示)。此代码与零件位置图中所用的代码相同。图 1 - 48 中 H4 表示零件代码,Light failure sensor 表示零件名称。

[G]——表示接线盒(圈内的数字是接线盒号,旁边为连接器代码)。接线盒用阴影标出,以便将它与其他零件清楚地区别开来。接线盒含义如图 1 - 51 所示。

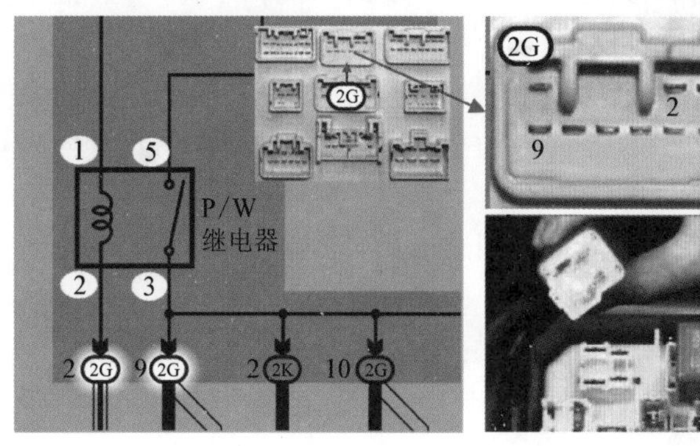

1—(2G)中 2 表示接线盒号码,字母 G 表示连接器代码;2、9 表示连接器插脚号

2—①②③⑤表示 P/W 继电器插脚号

图 1 - 51　接线盒含义

Fig. 1 - 51　Junction block

[H]——表示导线颜色,如图 1 - 47 所示。

[I]——表示屏蔽电缆。

[J]——表示连接器引脚的编号。读取方式如图 1 - 52 所示。

[K]——表示搭铁点。该代码由两个字符组成,第一个字符表示线束代码,第二个字符表示在同一线束有多个搭铁点时作区别用的系列号,如图 1 - 53 所示。

[L]——表示页码。

[M]——表示保险丝通电时的点火开关位置。

阴连接器

阳连接器

图 1-52　连接器编号
Fig. 1-52　Connector blocks

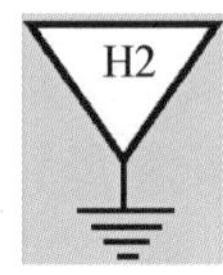

H—表示线束代码
1、2—表示不同的搭铁点位置

图 1-53　搭铁点编号
Fig. 1-53　Ground points

[N]——表示配线接点,接合点不通过连接器直接与线路相连。例如Ⓑ7,B7 表示接点代码。

一、大众电路图的拆画

为了弄懂某个系统电路的工作原理,常需要从整车电路图中拆出某个需要研究的系统电路,将重点部位进行放大、绘制并加以说明,以便更好地理解电路,分析和检修汽车电路故障。桑塔纳 2000 部分电路如图 1-54 所示。从中拆画的起动电路如图 1-55 所示。

汽车电路识读与拆画方法如下:

(1) 化整为零,分系统、分元件进行分析。按照整车电路系统的功能和工作原理,把整车电气系统划分成若干独立的电路系统,按系统进行分析。

(2) 掌握系统功用、技术参数等。在分析某个电路系统前,要清楚该电路中所包括的各部件的功能和作用、技术参数等。例如电路中的各种自动控制开关在什么条件下闭合或断开。

(3) 掌握回路原则。在阅读和拆画电路图时,应掌握回路原则,即电路中工作电流是由电源正极流出,经用电设备后流回电源负极。

(4) 按操纵开关的功能及不同工作状态来分析电路的工作原理。如点火系供电,点火开关应处于点火挡或起动挡。在标准画法的电路图中,开关总是处于零位,即断开状态。

(5) 含线圈、触点的继电器的处理。阅读和拆画电路图时,把含有线圈和触点的继电器,看成是由线圈工作的控制电路和触点工作的主电路两部分。主电路中的触点只有在线圈电路中有工作电流流过后才能动作。在电路图中画出的是继电器线圈处于失电状态。

(6) 正确判断接点标记、线型、色码标志等。要正确绘制接点标记、线型和色码标记。

(7) 看懂标题栏及技术说明。

(8) 按上述方法分析完电路后,合理布局,去除与该系统无关的多余部分电路,完成电路拆画。

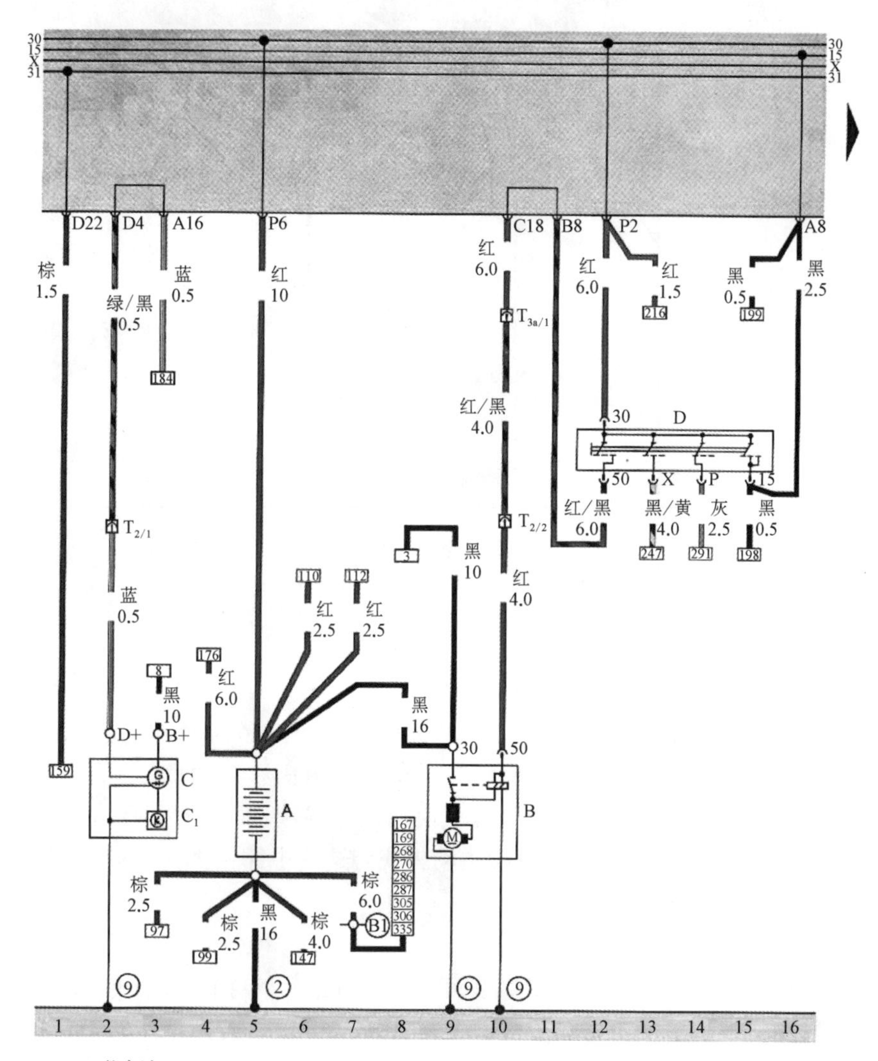

A—蓄电池
B—起动机
C—交流发电机
C1—调压器
D—点火开头
T2—发动机线束与发电机线束插头连接，2针，在发动机舱中间支架上
T3a—发动机线束与前大灯线束插头连接，3针，在中央电器后面
②—接地点，在蓄电池支架上
⑨—自身接地
Ⓑ1—接地连接线，在前大灯线束内

图 1-54　桑塔纳 2000 部分电路图
Fig. 1-54　Circuit diagram of Santana 2000

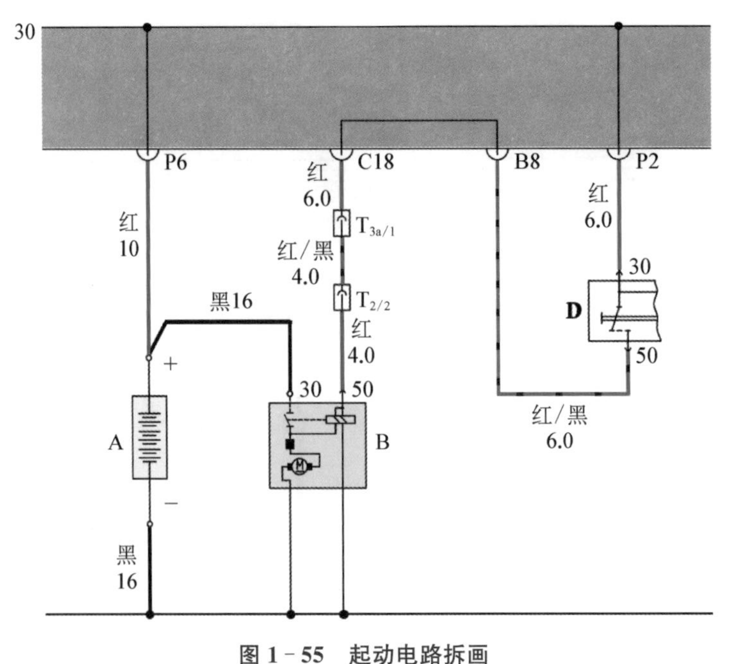

图 1－55　起动电路拆画

Fig. 1－55　Stater system diagram

二、丰田卡罗拉起动电路识读

分析起动系统的基本组成和工作原理，思考驾驶汽车时是如何起动的：对于自动挡的车，换挡杆要在 P 挡或 N 挡(有些车需要踩住刹车)，再用钥匙起动；对于手动挡汽车，在空挡或低挡位，同时踩住离合器才能起动。这就说明汽车要起动，必须要有挡位信号(刹车信号)、离合器开关信号等。再看电路图就能主动去找到这些电路。图 1－56 所示为卡罗拉非一键起动系统的起动机控制电路。

1. 驻车/空挡开关信号识别

起动机由点火开关控制，发动机控制单元负责识别驻车/空挡开关信号和起动信号。接通点火开关，发动机控制单元通过端子 STAR 输出 12 V 电压，若换挡杆处于 P 挡和 N 挡以外的挡位，驻车/空挡开关断开，发动机控制单元端子 STAR 上的电压为 12 V，发动机控制单元依此判定换挡杆位于 P 挡和 N 挡以外的挡位；若换挡杆位于 P 挡或 N 挡，驻车/空挡开关闭合，发动机控制单元端子 STAR、连接器、驻车/空挡开关和起动继电器形成回路，此时发动机控制单元端子 STAR 内部串联的电阻产生压降，发动机控制单元端子 STAR 实际得到的电压小于 2.7 V，即起动继电器得到的供电小于 2.7 V，发动机控制单元依此判定换挡杆位于 P 挡或 N 挡。由此可知，发动机控制单元通过端子 STAR 上的电压识别换挡杆是否位于 P 挡或 N 挡。

发动机控制单元识别的驻车/空挡开关状态通过发动机数据流中的“Neutral position SW signal”(空挡位置开关信号)显示，正常情况下，接通点火开关，当换挡杆位于 P 挡或 N 挡时，该项数据为“ON”，否则为“OFF”。

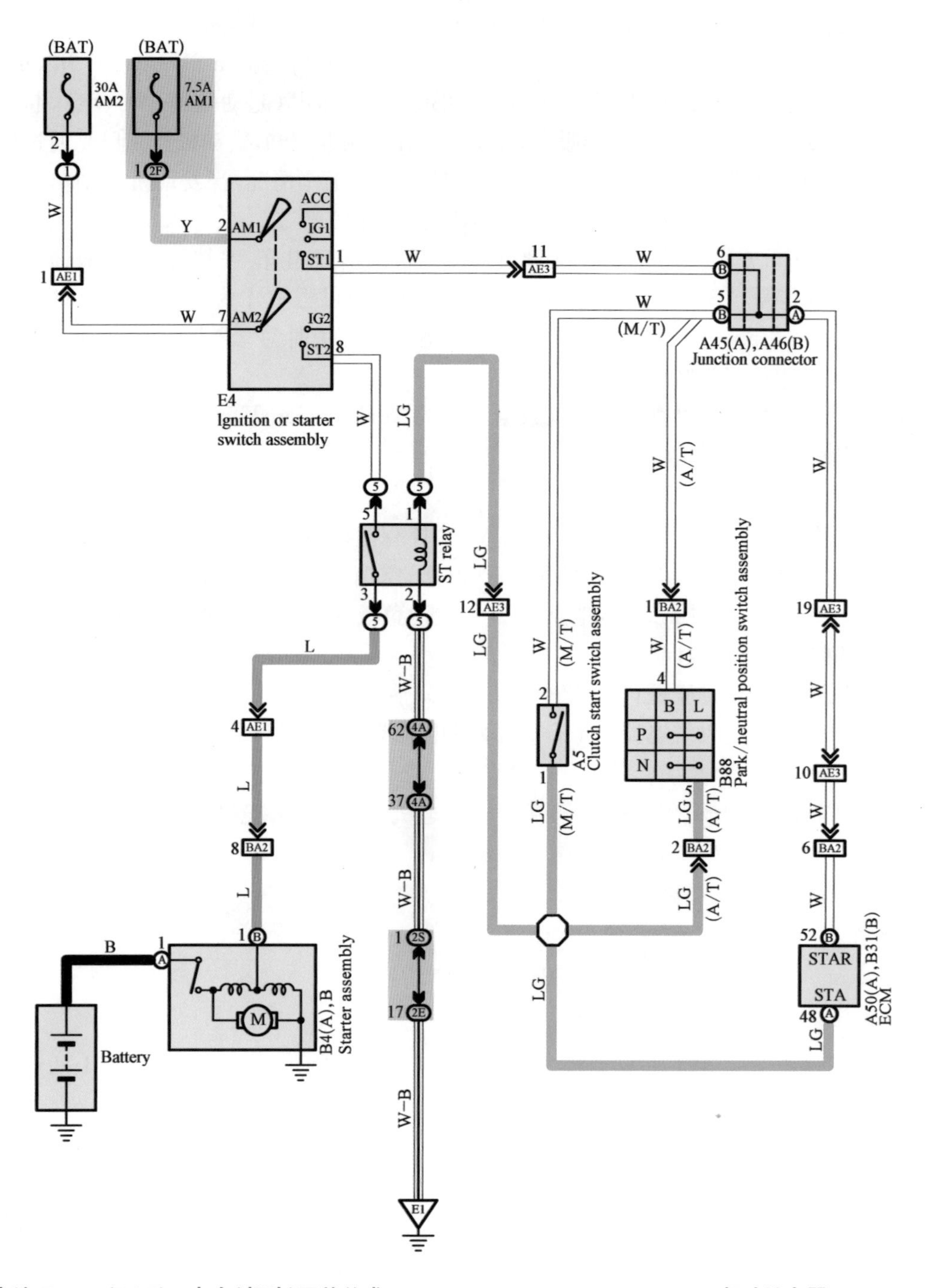

蓄电池 Battery(BAT)　点火(起动)开关总成 Ignition or starter switch assembly　起动继电器 ST relay
起动机总成 Stater assembly　连接器 Junction connector　离合器起动开关总成 Clutch start switch assembly
驻车/空挡位置开关总成 Park/neutral position switch assembly　发动机控制单元 ECM

图 1－56　丰田卡罗拉起动系统

Fig. 1－56　Toyota Carola starter system

2. 起动信号监测

当换挡杆位于P挡或N挡时，将点火开关旋至起动挡(点火开关端子AM1与端子ST1接通)，发动机控制单元端子STAR得到12 V电压，“Neutral position SW signal”为“OFF”；发动机控制单元端子STA也得到12 V电压，“Starter signal”(起动信号)为“ON”，起动继电器也得到12 V电压，起动继电器吸合，起动机工作。由此可知，发动机控制单元通过端子STA监测起动继电器电磁线圈的供电，以判断起动机的工作情况，当发动机控制单元端子STA上的电压为12 V时，发动机控制单元便认为起动机工作了。

由上述分析可知，发动机控制单元通过端子STAR监测驻车/空挡开关状态，通过端子STA监测起动信号，“Starter signal”数据只有在起动的过程中才为“ON”，其他时间均为“OFF”；“Neutral position SW signal”数据在接通点火开关时为“ON”，在起动的过程中为“OFF”，起动结束后又为“ON”。

在故障诊断时，可通过查看发动机数据流中的“Starter signal”数据和“Neutral position SW signal”数据快速判断故障点。

3. 起动机控制电路

控制电路一：蓄电池正极(BAT)→7.5 A/AM1保险丝→点火开关端子2(AM1)→点火开关端子1(ST1)→连接器Ⓑ6→连接器Ⓑ5→驻车/空挡开关(离合器起动开关)→起动继电器端子1→起动继电器端子2→接地点E1→蓄电池负极。此时，起动继电器线圈通电，触点闭合，起动继电器端子5和3导通。

控制电路二：蓄电池正极(BAT)→30 A/AM2保险丝→点火开关端子7(AM2)→点火开关端子8(ST2)→起动继电器端子5→起动继电器端子3→起动机Ⓑ1。

4. 起动机主电路

蓄电池正极→起动机Ⓐ1→电磁开关→直流电机→起动机外壳搭铁→蓄电池负极。

一、选择题

1. 在讨论断路故障时，技师甲说：“整条电路无电。”技师乙说：“只有该支线上的负载受到影响，其他支路负载仍可形成闭合回路，继续工作。”你认为(　　)。

A. 技师甲正确　　B. 技师乙正确

C. 两人均正确　　D. 两人均不正确

2. 在讨论短路故障时，技师甲说：“电路发生短路故障而导致熔断器烧损，若不排除最终原因，只更换熔断器，可能会导致二次故障发生。”技师乙说：“其实搭铁也是一种短路。”你认为(　　)。

A. 技师甲正确　　B. 技师乙正确

C. 两人均正确　　D. 两人均不正确

3. 在修复验证时，技师甲说：“换件法一般是针对元件老化、损坏或错用类故障的检修方法。”技师乙说：“找到故障的根本原因是减少二次维修的最好方法。”你认为(　　)。

A. 技师甲正确　　　　　　　　　B. 技师乙正确

C. 两人均正确　　　　　　　　　D. 两人均不正确

二、判断题

1. 前后雾灯均属于照明用的灯具。（　　）
2. 电路最常见的故障是短路、断路、搭铁和电阻值不符合要求。（　　）
3. 有源试灯可以测量任何电路有无电压存在。（　　）
4. 技师只要知道故障就行，至于故障的原因无关紧要，可以不去查找。（　　）
5. 连接器松动、过脏或腐蚀，都是导致电阻值减小，电流增大的原因。（　　）

三、思考题

1. 汽车电气系统的特点有哪些？
2. 汽车电气系统故障诊断的常用工具和仪器有哪些？有何特点？
3. 简述汽车电路图识读的方法与技巧。

电源系统检修

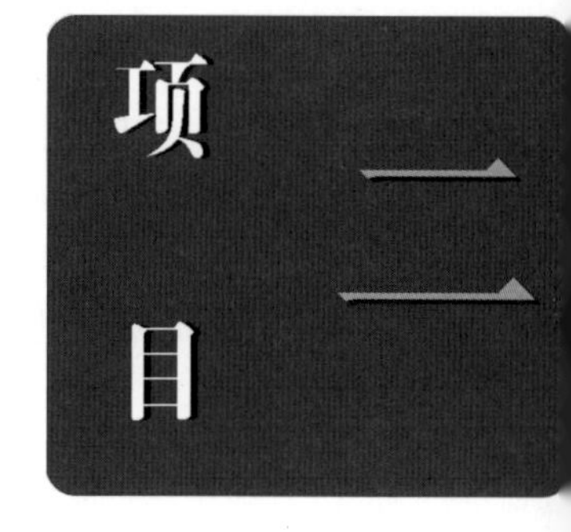

我们要坚持教育优先发展、科技自立自强、人才引领驱动，加快建设教育强国、科技强国、人才强国，坚持为党育人、为国育才，全面提高人才自主培养质量，着力造就拔尖创新人才，聚天下英才而用之。

汽车电源系统是由交流发电机、电压调节器、蓄电池等组成。电源系统的作用是供给全车用电设备的电力需要，其中蓄电池主要用于发动机起动时短时间内向起动机及点火系统供电；发动机正常工作时则由发电机向全车用电设备供电，同时剩余的电力向蓄电池充电，保证蓄电池拥有足够的电力；电压调节器在发电机上保证其输出的电压稳定在一定范围内，防止因电压起伏过大而烧毁用电设备。

任务1　蓄电池的结构与检修

熟悉蓄电池各组成部分的结构；
理解蓄电池的工作原理；
熟练使用工具、仪器对蓄电池进行检测；
了解不同类型蓄电池的特点；
培育创新文化，弘扬科学家精神。

一、蓄电池的作用

蓄电池是汽车上的两个电源之一，它是一种可逆直流电源，在汽车上与发电机并联，主要作用是：

(1) 发动机起动时，向起动机和点火系统供电。

(2) 发电机不发电或电压较低时，向用电设备供电。

(3) 当用电设备同时接入较多使得发电机超载时，协助发电机供电。

(4) 当发电机的端电压高于蓄电池的电动势时，它可将电能转变为化学能储存起来。

(5) 此外，蓄电池还相当于一个容量很大的电容器，在发电机转速和用电负载发生较大变化时，可保持汽车电网电压相对稳定。蓄电池还可吸收电网中随时出现的瞬间过电压，以保护用电设备尤其是电子元器件不被损坏，这一点对装有大量电子系统的汽车是非常重要的。

二、蓄电池的结构

蓄电池的种类很多，本节只介绍铅酸蓄电池，并简称为蓄电池。蓄电池的核心部分是极板和电解液，蓄电池建立电动势、放电和充电就是通过极板上的活性物质与电解液的电化学反应实现的。

如图 2-1 所示，为 12 V 蓄电池的结构图。它由 6 个单体电池组成。每个单体内均盛装有电解液，插入正、负极板组便成为单体电池。每个单体电池的标称电压为 2 V，将 6 个单体电池串联后便成为一只 12 V 蓄电池总成。

蓄电池主要由极板、隔板、外壳、电解液、极桩等组成。

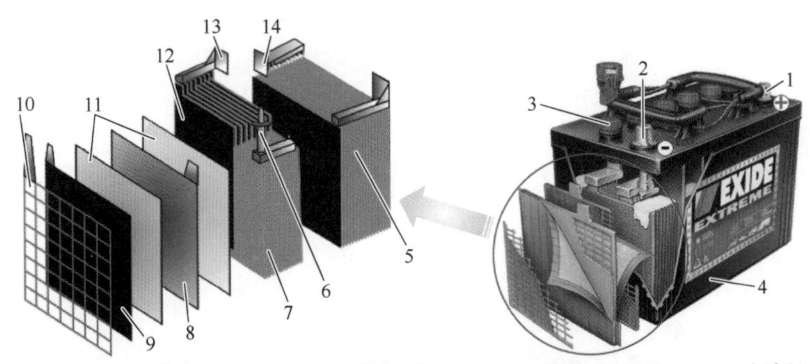

1—正极桩 Positive　2—负极桩 Negative　3—排气阀 Valve　4—壳体 Container　5—极板组 Plate block
6—负极柱 Negative pole　7—负极板组 Negative plate pack　8—负极板 Negative plate　9—正极板 Positive plate
10—格栅板 Grid plate　11—多孔隔板 Separator　12—正极板组 Positive plate pack
13—正极板联条 Positive cell connection　14—负极板联条 Negative cell connection

图 2-1　蓄电池的结构
Fig. 2-1　Structure of the battery

1. 极板和极板组

极板是蓄电池的核心，分正极板和负极板两种，均由栅架和填充在其上的活性物质构成。蓄电池充、放电过程中，电能和化学能的相互转换是依靠极板上活性物质和电解液的化学反应来实现的。正极板上的活性物质是二氧化铅(PbO_2)，呈深棕色。负极板上的活性物质是海绵状纯铅(Pb)，呈青灰色。蓄电池极板如图 2-2 所示。

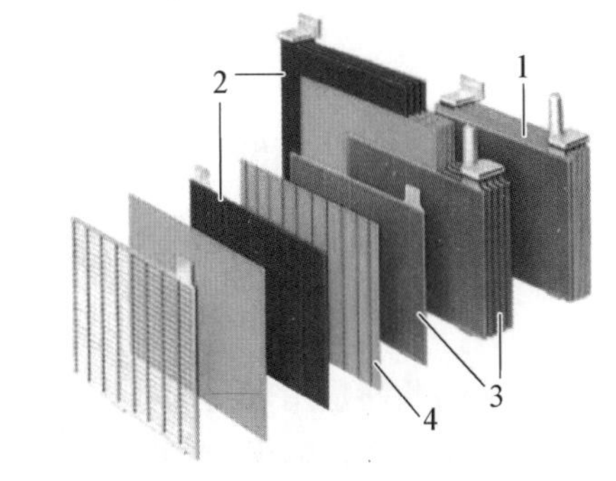

1—极板组 Plate block　2—正极板 Positive plate
3—负极板 Negative plate　4—隔板 Separator

图 2-2　极板与极板组
Fig. 2-2　Plate & plate block

为了增大蓄电池的容量，将多片正极板和负极板各自用横板焊接并联起来，组成正极板组和负极板组。将正、负极板相互嵌合(中间用隔板隔开)的极板组置于存有电解液的容器中,就构成了单格电池。

每个单格电池的正极板总比负极板少一片，这是为了使每片正极板都置于两片负极板之间，使之两面的放电均匀。因为正极板上的活性物质比较疏松，若单面放电，容易造成极板拱曲而使活性物质脱落。

2. 隔板

正、负极板安装应尽量靠近,以减小蓄电池的外形尺寸。为了避免正、负极板彼此接触而造成短路,正、负极板间用绝缘的隔板隔开。隔板应具有多孔性,以利于电解液渗透。此外,隔板材料还应具有良好的耐酸性和抗氧化性。常用的隔板材料有木质、微孔橡胶、微孔塑料(聚氯乙烯、酚醛树脂)、玻璃纤维等,以微孔塑料隔板使用最为普遍。近年来出现了袋状的微孔塑料隔板,它将正极板紧紧地套在里面,可防止正极板活性物质的脱落。图 2-3 所示为铅酸蓄电池隔板。

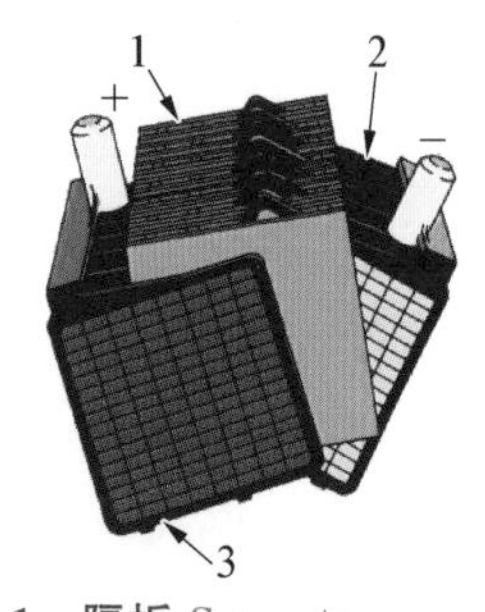

1—隔板 Separator
2—负极板 Negative plate
3—正极板 Positive plate

图 2-3　隔板
Fig. 2-3　Separator

在组装时,隔板有沟槽的一面应朝向正极板,在充、放电时正极板附近的电化学反应比负极板激烈,沟槽能保证电解液上下流通,密度均匀。

3. 壳体

蓄电池的外壳是用来盛放电解液和极板组的,如图 2-4 所示。外壳应耐酸、耐热、耐震。以前外壳多用硬橡胶制成。现在普遍采用聚丙烯塑料外壳。这种壳体不但耐酸、耐热、耐震,而且强度高,壳体壁较薄、重量轻、外形美观。

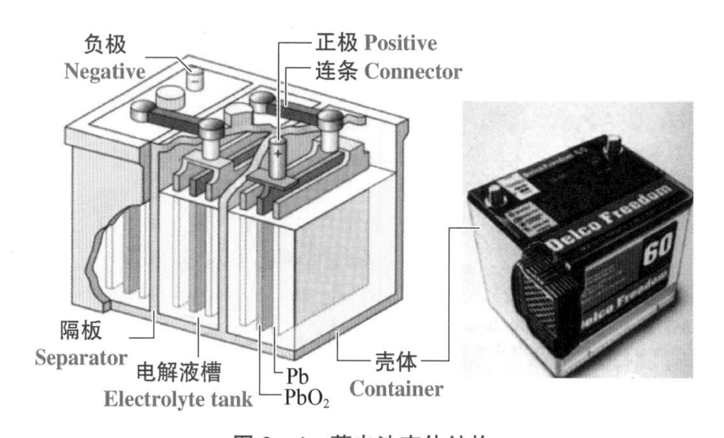

图 2-4　蓄电池壳体结构
Fig. 2-4　Structure of the container

壳体底部的凸筋是用来支持极板组的,并可使脱落的活性物质掉入凹槽中,以免正、负极板短路。若采用袋式隔板,则可取消凸筋以降低壳体高度。

4. 电解液

电解液是蓄电池内部发生化学反应的主要物质,由化学纯净硫酸和蒸馏水按一定的比例配制而成。

电解液的纯度和密度对蓄电池寿命和性能影响极大，如用工业硫酸和非蒸馏水配制，将带进有害物质（如铁、盐酸、锰、硝酸、铜、砷、醋酸及有机化合物等）而引起蓄电池内部自行放电，减少蓄电池容量。电解液密度低，冬季易结冰；电解液密度大，可以减少冬季结冰的危害，同时可使蓄电池电动势增高，但若密度过大，则电解液黏度增加，蓄电池内阻增大，同时将加速隔板、极板的腐蚀而使其使用寿命缩短。电解液的密度一般为 1.24～1.31 g/cm^3。

三、蓄电池的工作原理

蓄电池是由浸渍在电解液中的正极板[二氧化铅（PbO_2）]和负极板[海绵状纯铅（Pb）]组成，电解液是硫酸（H_2SO_4）的水溶液。当蓄电池和负载接通放电时，正极板上的 PbO_2 和负极板上的 Pb 都变成 $PbSO_4$，电解液中的 H_2SO_4 减少，相对密度下降。充电时按相反的方向变化，正、负极板上的 $PbSO_4$ 分别恢复成原来的 PbO_2 和 Pb，电解液中的硫酸增加，相对密度变大。

1. 放电过程

铅酸蓄电池放电时，在蓄电池的电位差作用下，负极板上的电子经负载进入正极板形成电流 I，同时在电池内部进行化学反应，如图 2－5 所示。

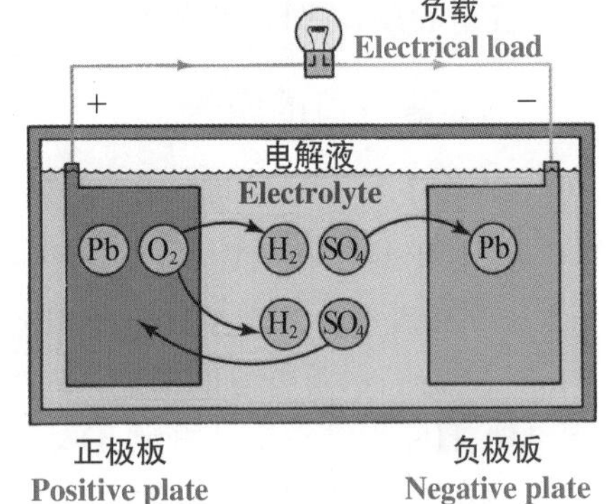

图 2－5　蓄电池放电
Fig. 2－5　Battery discharge

负极板：铅原子放出两个电子后，生成的铅离子（Pb^{+2}）与电解液中的硫酸根离子（SO_4^{-2}）反应，在极板上生成难溶的硫酸铅（$PbSO_4$）。反应方程式如下：

$$Pb + H_2SO_4 \longrightarrow PbSO_4 + 2\ H^+ + 2\ e^-$$

正极板：铅离子（Pb^{+4}）得到来自负极的两个电子（2e）后，变成二价铅离子（Pb^{+2}）与电解液中的硫酸根离子（SO_4^{-2}）反应，在极板上生成难溶的硫酸铅（$PbSO_4$）。正极板水解出的氧离子（O^{-2}）与电解液中的氢离子（H^+）反应，生成稳定物质水。反应方程式如下：

$$PbO_2 + H_2SO_4 + 2\ H^+ + 2\ e^- \longrightarrow PbSO_4 + 2\ H_2O$$

电解液中存在的硫酸根离子（SO_4^{-2}）和氢离子（H^+）在电力场的作用下分别移向电池的正、负极，在电池内部形成电流，整个回路形成，蓄电池向外持续放电。

放电时 H_2SO_4 浓度不断下降，正、负极上的硫酸铅（$PbSO_4$）增加，电池内阻增大（硫酸铅不导电），电解液浓度下降，电池电动势降低。

图 2－6　蓄电池充电
Fig. 2－6　Battery charge

2. 充电过程

充电时，外接一充电机，使正、负极板在放电后生成的物质恢复成原来的活性物质，并把外界的电能转变为化学能储存起来，如图 2－6 所示。

正极板：在外界电流的作用下，硫酸铅被离解为二价铅离子（Pb^{+2}）和硫酸根负离子（SO_4^{-2}），由于外电源不断从正极吸取电子，则正极板附近游离的二价铅离子(Pb^{+2})不断放出两个电子来补充，变成四价铅离子(Pb^{+4})，并继续反应，最终在正极极板上生成二氧化铅(PbO_2)。反应方程式如下：

$$PbSO_4+2\,H_2O \longrightarrow PbO_2+H_2SO_4+2\,H^++2\,e^-$$

负极板：在外界电流的作用下，硫酸铅被离解为二价铅离子(Pb^{+2})和硫酸根负离子(SO_4^{-2})，由于负极不断从外电源获得电子，则负极板附近游离的二价铅离子(Pb^{+2})被中和为铅(Pb)，并以绒状铅附在负极板上。反应方程式如下：

$$PbSO_4+2\,H^++2\,e^- \longrightarrow Pb+H_2SO_4$$

电解液中，正极不断产生游离的氢离子(H^+)和硫酸根离子(SO_4^{-2})，负极不断产生硫酸根离子(SO_4^{-2})，在电场的作用下，氢离子向负极移动，硫酸根离子向正极移动，形成电流。

充电后期，在外电流的作用下，溶液中还会发生水的电解反应。

四、蓄电池的型号

1. 国家标准蓄电池

以型号为 6－QAW－54a 的蓄电池为例，说明如下：

(1) 6 表示由 6 个单格电池组成，每个单格电池电压为 2 V，即额定电压为 12 V；

(2) Q 表示蓄电池的用途，Q 为汽车起动用蓄电池、M 为摩托车用蓄电池、JC 为船舶用蓄电池、HK 为航空用蓄电池、D 表示电动车用蓄电池、F 表示阀控型蓄电池；

(3) A 和 W 表示蓄电池的类型，A 表示干荷型蓄电池，W 表示免维护型蓄电池，若不标表示普通型蓄电池；

(4) 54 表示蓄电池的额定容量为 54 A·h(充足电的蓄电池，在常温以 20 h 率放电电流放电 20 h 对外输出的电量)；

(5) a 表示对原产品的第一次改进，名称后加 b 表示第二次改进，依次类推。

注：

① 型号后加 D 表示低温起动性能好，如 6－QA－110D。

② 型号后加 HD 表示高抗震型。

③ 型号后加 DF 表示低温反装，如 6－QA－165DF。

2. 德国 DIN 标准蓄电池

其型号由 5 个数字组成，分为前、后两部分，中间由空格隔开。

(1) 前 3 个数字表示蓄电池的额定电压和容量，后两个数字表示蓄电池的特殊性能；

(2) 3 个单格蓄电池首位数字基数为“0”，6 个单格蓄电池首位数字基数为“5”；当额定容量超过 100 A·h 后，每增加 100 A·h，首位数字要加“1”；

(3) 第二、三位数字表示蓄电池的额定容量的十位数和个位数。如：098 11，额定电压为 6 V、额定容量为 98 A·h；135 12，额定电压为 6 V、额定容量为 135 A·h；554 15MF，额定电压为 12 V、额定容量为 54 A·h、MF 表示免维护型。

3. 美国 BCI 标准蓄电池

按 BCI 标准生产的蓄电池，型号由两组数字组成，中间由“-”隔开。第一组数字表示蓄

电池的组号(外形尺寸);第二组数字表示蓄电池的低温起动电流值。

以型号 58 - 430 的蓄电池为例:

(1) 58 表示蓄电池尺寸组号。

(2) 430 表示冷起动电流为 430 A。

一、蓄电池的电压测试

1. 静态电压检测

若蓄电池刚充过电或车辆刚行驶过,应接通前照灯远光 30 s,消除“表面充电”现象,然后熄灭前照灯,切断所有负载,用万用表测量蓄电池的开路电压。若测得的电压低于 12 V,说明蓄电池过量放电,需要补充充电;若测得的电压在 12.2～12.5 V 之间,属于部分放电状态;若电压大于 12.5 V,说明蓄电池电量充足。静态电压测量方法如图 2 - 7 所示。

图 2 - 7　蓄电池静态电压测量
Fig. 2 - 7　Voltage test

2. 起动电压检测

(1) 就车检测

将万用表调至电压挡,红、黑表笔连接蓄电池正、负极,起动发动机,观察万用表在起动瞬间的电压值。若电压在 10.6～11.6 V 之间,说明电量充足;若电压在 9.6 V 以上,说明电池性能良好。

(2) 蓄电池检测仪检测

高率放电计检测:将 12 V 高率放电计的两个放电针压在蓄电池正、负极桩上,保持 2～3 s,观察指针的所处的区域。若在绿色区域,说明蓄电池状态良好;若处于黄色区域,蓄电池需要补充充电;若在红色区域,该蓄电池需要修复或更换。

高率放电计的测量是一个模拟发动机起动的大电流放电的过程,因此,每次测量时间不能超过 5 s。高率放电计如图 2 - 8 所示。

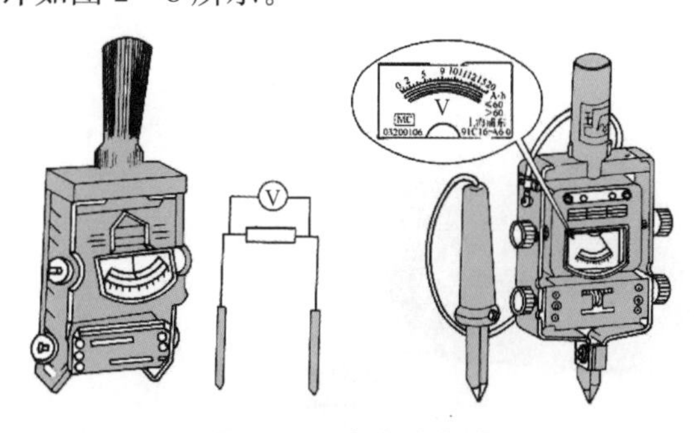

图 2 - 8　高率放电计
Fig. 2 - 8　Hight-power discharge meter

蓄电池检测仪检测：将检测仪的红黑测试线分别连接蓄电池正、负极，选择合适的测量模式(有些测试仪具有自动测量功能，无须选择模式)，按确认键开始测量。测试完成后，蓄电池的参数将会显示在测试仪的 LED 面板上，如图 2－9 所示。

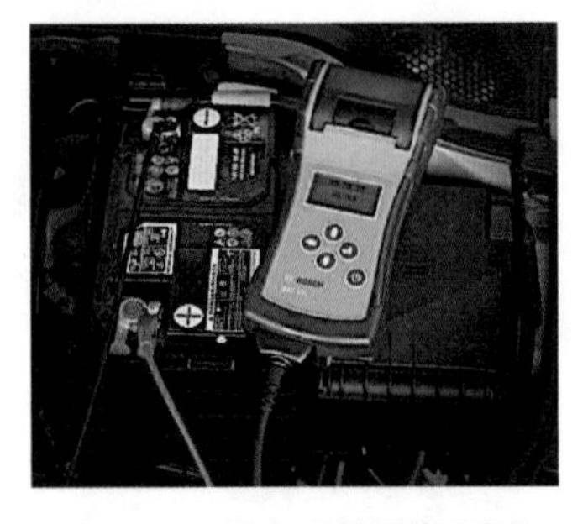

图 2－9 蓄电池检测仪测试
Fig. 2－9 Battery tester test

二、电解液密度检测

1. 吸取电解液

捏住密度计的橡胶球，将密度计吸管插入蓄电池加液孔，慢慢松开橡胶球，使电解液吸入玻璃管中，吸入的电解液能够使密度计浮子浮起但不应顶住，如图 2－10 所示。

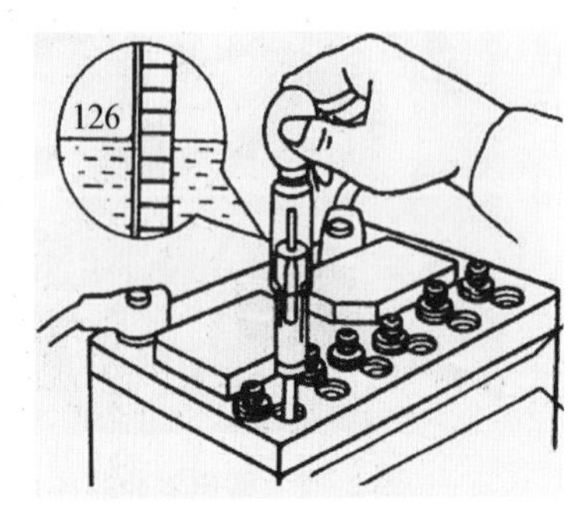

图 2－10 吸取电解液
Fig. 2－10 Absorbing electrolyte

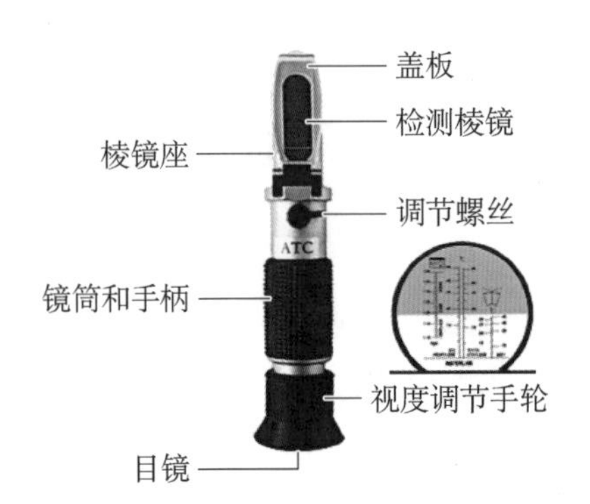

图 2－11 折射仪
Fig. 2－11 Refractometer

2. 读取电解液密度值

密度计读取：使密度计的浮子浮在玻璃管中央，眼睛与刻度平齐，读出密度值。

折射仪读取：将吸出的电解液滴在折射仪上，从折射仪的观察孔，观察读数，如图 2－11 所示。

三、蓄电池的充电

充电时应将蓄电池的正、负极与对应的充电机的正、负极相连接。若极性接反，会造成蓄电池的损坏，如图 2－12 所示。

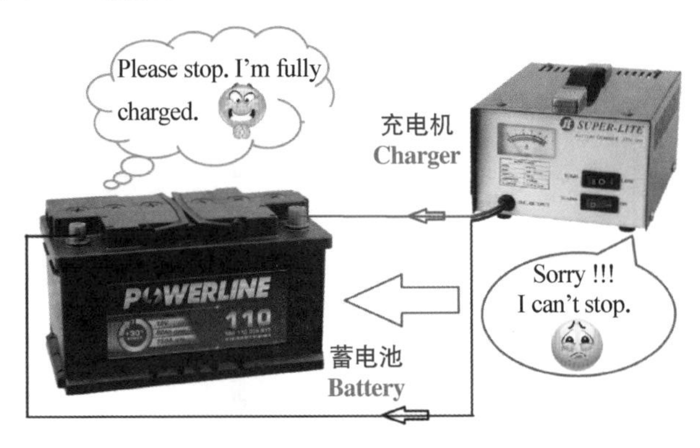

图 2－12 蓄电池充电
Fig. 2－12 Battery charge

蓄电池的正、负极桩上一般都分别标有“ + ”“ − ”记号，或正极桩上涂红色。如标记模糊不清，可将万用表调至电压挡，红、黑表笔接蓄电池的两极，观察数值前是否有“ − ”号，以此判断其正、负极。

四、免维护蓄电池的观测

免维护蓄电池内部设有内装式密度计，即技术状态指示器，可以根据指示器的颜色判断蓄电池的放电程度，如图 2 − 13 所示。不同蓄电池，指示器的显示颜色略有不同，每个蓄电池都贴有读取方法。

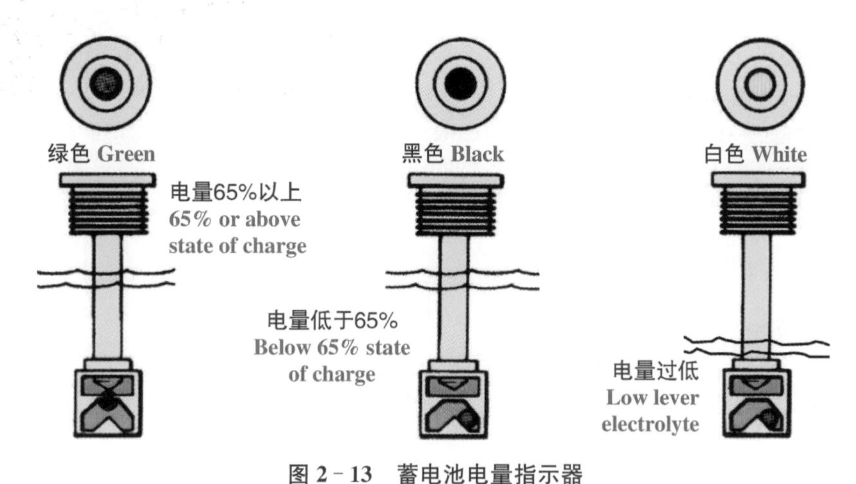

图 2 − 13　蓄电池电量指示器
Fig. 2 − 13　Battery charge indicator

任务 2　交流发电机的结构与检修

掌握发电机各组成部分的结构；
理解发电机的工作原理；
熟练使用工具、仪器对发电机进行检修；
涵养优良学风，营造创新氛围。

一、发电机的作用

发电机是汽车电气系统的主要电源，由汽车发动机驱动，它在正常工作时，对除起动机以外的所有用电设备供电，并向蓄电池充电以补充蓄电池在使用中所消耗的电能，如图2－14所示。家用轿车的发电机安装在发动机前端，由发动机皮带驱动，如图2－15所示。

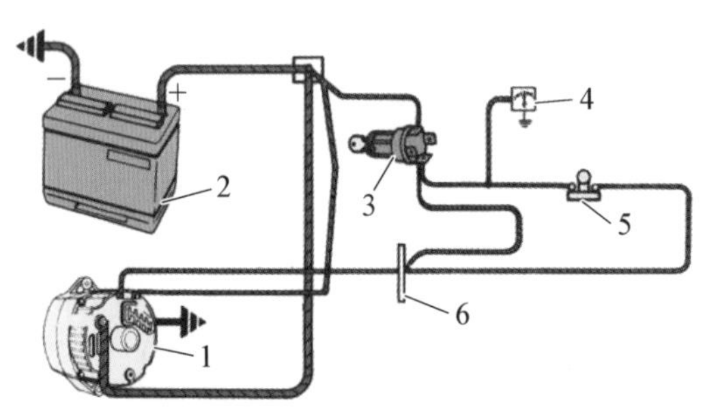

1—交流发电机 Alternator　2—蓄电池 Battery
3—点火开关 Ignition switch　4—电压表 Voltmeter
5—指示灯 Warning light　6—连接器 Connector

图2－14　充电电路
Fig. 2－14　The charging circuit

图2－15　发电机的安装位置
Fig. 2－15　Position of generator

二、交流发电机的结构

普通交流发电机一般由转子、定子、整流器、前后端盖、皮带轮等组成，如图2－16所示。

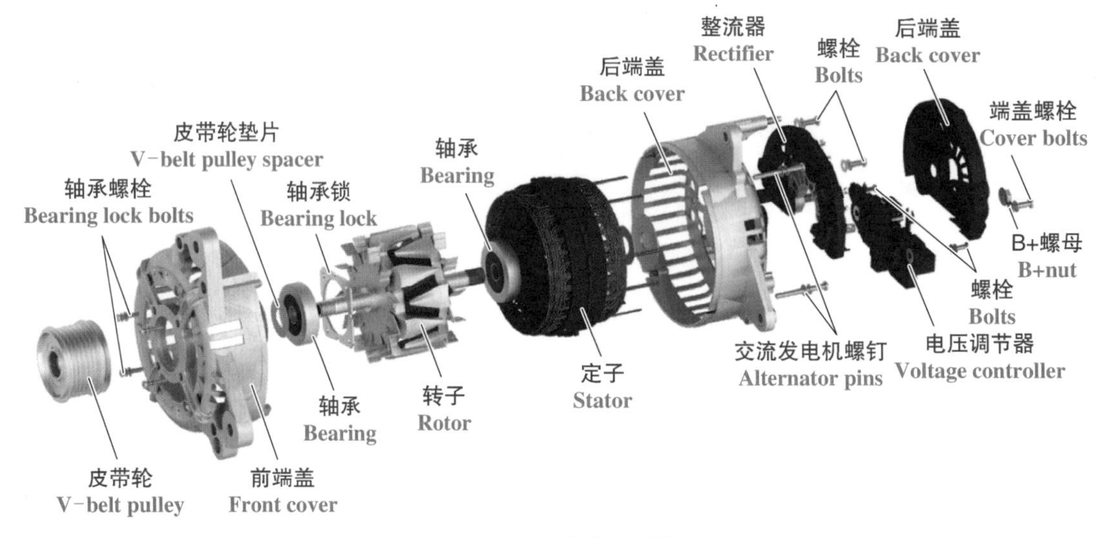

图2－16　交流发电机结构图
Fig. 2－16　Construction of the alternator

1. 转子

转子的作用是产生磁场。主要由爪极、磁场绕组、集电环(滑环)和转子轴等组成，如图2－17所示。

两块爪极各具有6个鸟嘴形磁极，压装在转子轴上，在爪极的空腔内装有磁轭，其上绕

有磁场绕组(又称励磁绕组或转子线圈)。磁场绕组的两引出线分别焊在与轴绝缘的两个滑环上，滑环与装在后端盖上的两个电刷接触。当两电刷与直流电源接通时，磁场绕组中便有磁场电流通过，产生轴向磁通，使得一块爪极被磁化为 N 极，另一块爪极为 S 极，从而形成了 6 对相互交错的磁极。

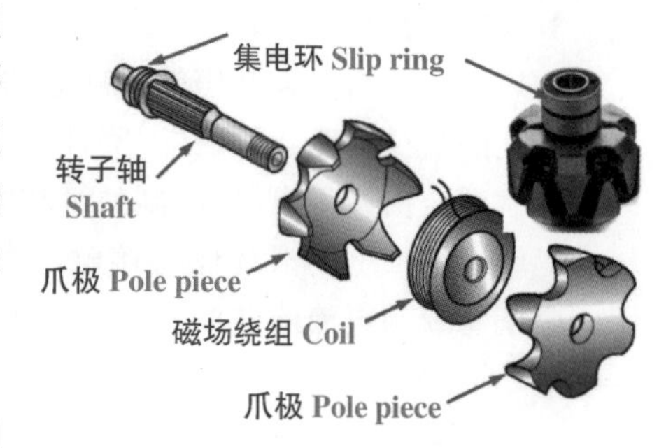

图 2－17　发电机转子
Fig. 2－17　Construction of rotor

2. 定子

定子又叫电枢，由铁心和三相绕组组成，其功用是产生三相交流电。定子铁心由相互绝缘的内圆带槽的环状硅钢片叠成，定子槽内置有三相电枢绕组。

三相电枢绕组的连接方法有星形接法(亦称 Y 形接法)和三角形接法(亦称△形接法)两种，如图 2－18 所示。

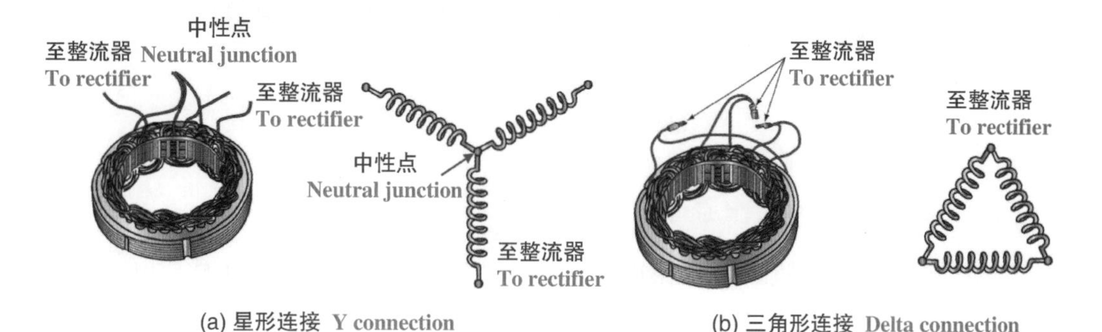

图 2－18　发电机定子
Fig. 2－18　Construction of stator

3. 整流器

整流器的功用是将发电机定子绕组产生的交流电变换为直流电。一般由 6 只整流硅二极管和安装二极管的散热板组成，如图 2－19 所示。整流器由正、负整流板组成，每个板上安装 3 个硅二极管。

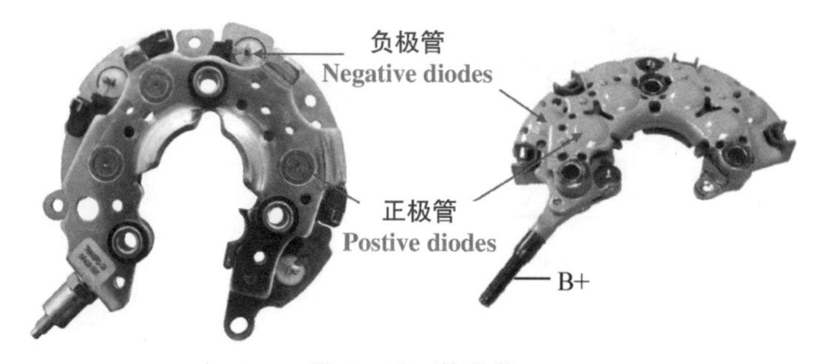

图 2－19　整流器
Fig. 2－19　Rectifier

外壳为负极(与发电机输出端相连)，中心引线为正极的二极管，称为正极管；外壳为正极(与发电机壳体相连)，中心引线为负极的二极管，称为负极管。

4. 端盖与电刷总成

前后端盖均由铝合金压铸或砂模铸造而成，并具有轻便、散热性能良好的优点。为了提高轴承孔的机械强度，增加其耐磨性，在端盖的轴承座孔内镶有钢套。

电刷总成由两只电刷、电刷弹簧和电刷架组成。电刷装在电刷架的孔内，借电刷弹簧的压力与转子总成上的滑环保持接触。电刷的作用是将电源通过集电环引入转子的励磁绕组。电刷总成与电流流向如图 2－20 所示。

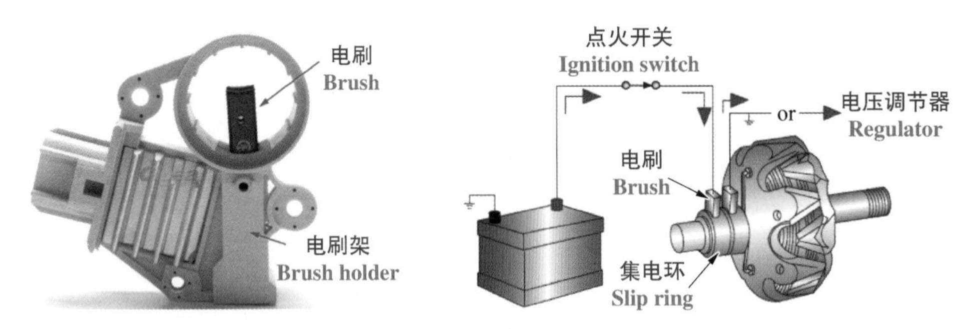

图 2－20　电刷总成
Fig. 2－20　Brush assembly

三、交流发电机的工作原理

发电机的工作原理是基于法拉第电磁感应定律，即因磁通量变化产生感应电动势的现象。例如，闭合电路的一部分导体在磁场里做切割磁感线的运动时，导体中就会产生电流，产生的电流称为感应电流，产生的电动势（电压）称为感应电动势。

交流发电机中，外部电源通过电刷总成向转子线圈提供励磁电流，转子产生磁场，使爪极磁化为 N 极和 S 极，转子转动，磁通交替地在相位差为 120°的三相定子绕组中变化，因此，三相绕组中便产生三相交流电。发电机的发电原理如图 2－21 所示。

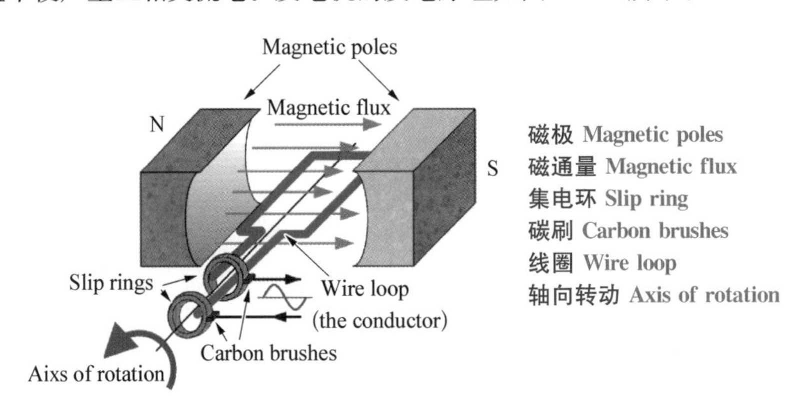

图 2－21　交流发电机发电原理
Fig. 2－21　Electricity generation

四、整流原理

定子绕组中所感应出的交流电，要靠硅二极管组成的整流器改变为直流电。在交流发

电机中,6 只硅二极管组成了三相桥式全波整流电路,如图 2－22 所示。

当发动机起动后,发电机定子三相绕组连续不断地产生交流电动势,输送到整流器二极管,由于二极管具有单向导通性,经过整流器的三相桥式全波整流后输出为直流电压。图 2－23 所示为交流发电机输出电压整流前后的对比关系。其整流原理是:在任一时刻,相电位最高所对应的正二极管和相电位最低所对应的负二极管导通,构成回路,输出电压。

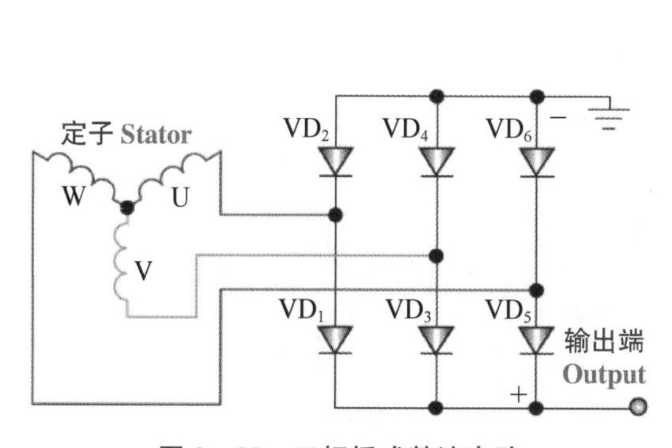

图 2－22 三相桥式整流电路

Fig. 2－22 Three-phase bridge rectifier

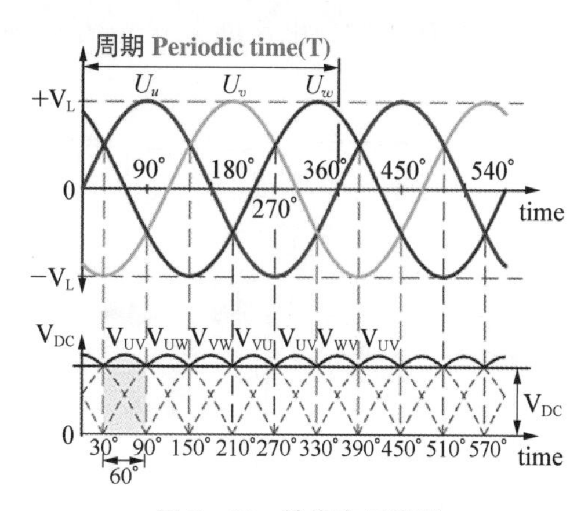

图 2－23 输出电压波形

Fig. 2－23 Output voltage waveform

五、交流发电机的励磁

给发电机转子线圈通入电流从而产生磁场,称为励磁。根据发电机的工作原理,非永磁式交流发电机都需要励磁,才能产生磁场而发电。

交流发电机的励磁方式有他励和自励有种。交流发电机的励磁过程是先他励后自励。当发动机达到怠速状态时,发电机的输出电压高出蓄电池 2 V 左右,此时,发电机由他励转为自励。

1. 他励

在发动机未能从静止状态达到怠速运行期间,此时的发电机自身不能发电或发出的电压低于蓄电池电压,需要蓄电池为发电机提供励磁电流。这种由蓄电池提供励磁电流的方式称为他励,电流流向与充电指示灯电路一致,如图 2－24 红色箭头标记所示。

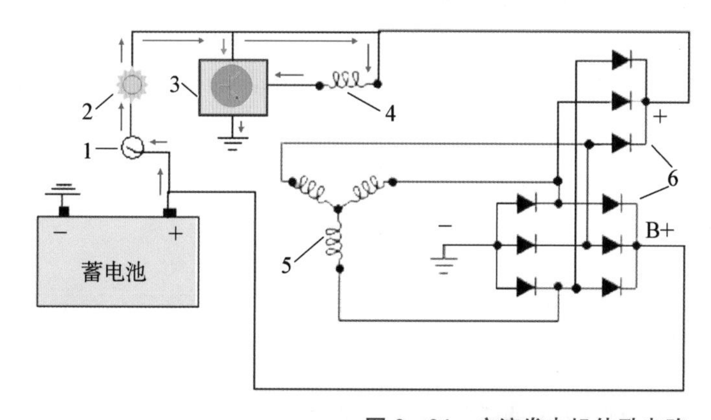

图 2－24 交流发电机他励电路

Fig. 2－24 Separately excited

此时充电指示灯亮，电流流向为：蓄电池正极→点火开关 1→充电指示灯 2→励磁绕组 4→电压调节器 3→搭铁→蓄电池负极。

2. 自励

随着发动机转速的提高，发电机输出电压升高，当发电机输出电压高于蓄电池电压时，发电机对车辆的负载供电，对蓄电池进行充电，还能对自身的励磁绕组进行供电，这种由自身提供励磁电流的方式称为自励。自励的电流流向如图 2－25 红色箭头标记所示。

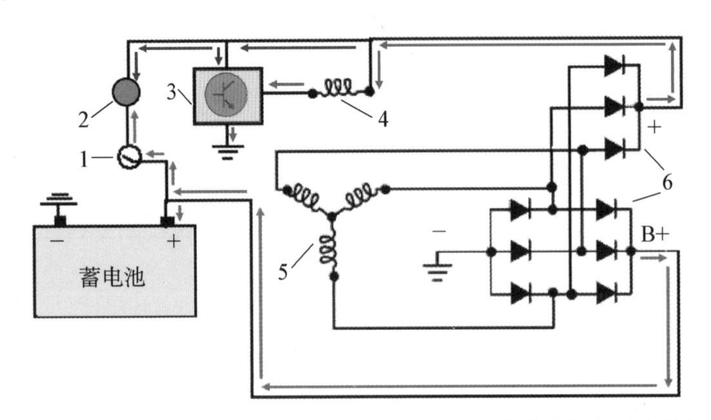

图 2－25　交流发电机自励电路
Fig. 2－25　Self excited

自励电路：发电机输出端＋→励磁绕组 4→电压调节器 3→搭铁→蓄电池负极。

充电电路：发电机输出端 B＋→蓄电池正极；发电机壳体搭铁→蓄电池负极。

此时充电指示灯两端电位都来自交流发电机，因此电位相等，无电流流过，指示灯熄灭。

六、电压调节器

发电机由发动机驱动旋转，其转速随着发动机转速的变化而变化，转速升高时输出电压也升高，而汽车上的电器设备要求发电机输出电压保持稳定。因此，硅整流发电机必须配用电压调节器使得其输出的直流电压在一定的转速范围内基本保持恒定。

1. 电压调节原理

硅整流发电机输出的直流电压 U 正比于交流发电机的感应电动势 E_φ，而感应电动势 E_φ 正比于发电机转速与励磁绕组的磁通，即

$$E_\varphi = C_e \Phi n$$

式中：E_φ ——感应电动势，单位 V；

C_e ——发电机的结构常数；

Φ ——转子的磁极磁通，单位 Wb；

n ——发电机的转速，单位 r/min。

因此，当发电机转速变化时，相应地改变励磁绕组的磁通才能达到保持电压恒定的目的，而励磁绕组磁通的大小取决于发电机励磁电流 I_f 的大小，故在发电机转速变化时，只要

自动调节发电机的励磁电流 I_f 便可使发电机输出电压保持恒定。电压调节器就是利用这一原理调节发电机电压的。

2. 电压调节器的结构与工作原理

现在的轿车发电机大多采用集成电路式电压调节器，或电脑控制的电压调节器，都是利用内部三极管的开关特性控制励磁电路通断。图 2 - 26 所示为集成电路式电压调节器的一种，安装于发电机的内部（又称内装式调节器），减少了外接线，并且冷却效果得到了改善。

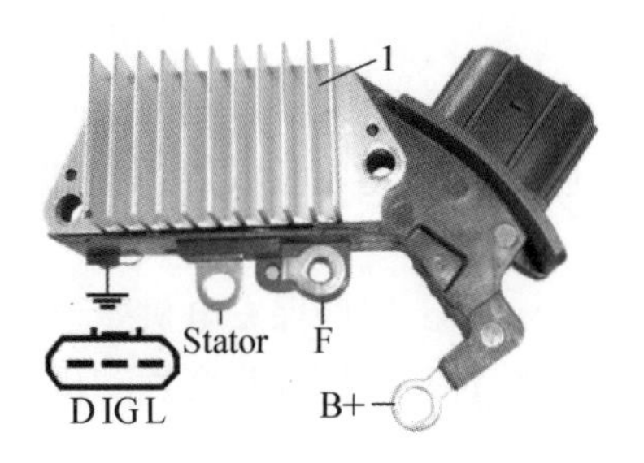

1—散热片 Heat sink
B+端子—连接交流发电机输出端
F 端子—连接励磁绕组
Stator 端子—连接至某一相定子绕组
D—连接蓄电池，监测蓄电池电压
IG—连接点火开关
L—连接充电指示灯

图 2 - 26　电压调节器
Fig. 2 - 26　Voltage regulator

电脑控制的电压调节器，由负荷检测器来检测系统总负载，进而把信号发送给发动机电脑，然后由发动机电脑控制发电机电压调节器，适时地接通和断开磁场电路，既能可靠地保证电器系统正常工作，使蓄电池充电充足，又能减轻发动机负荷，提高燃油经济性。图 2 - 27 所示为一种电脑控制的电压调节器原理图，图中 S 端子即蓄电池负荷监测点。

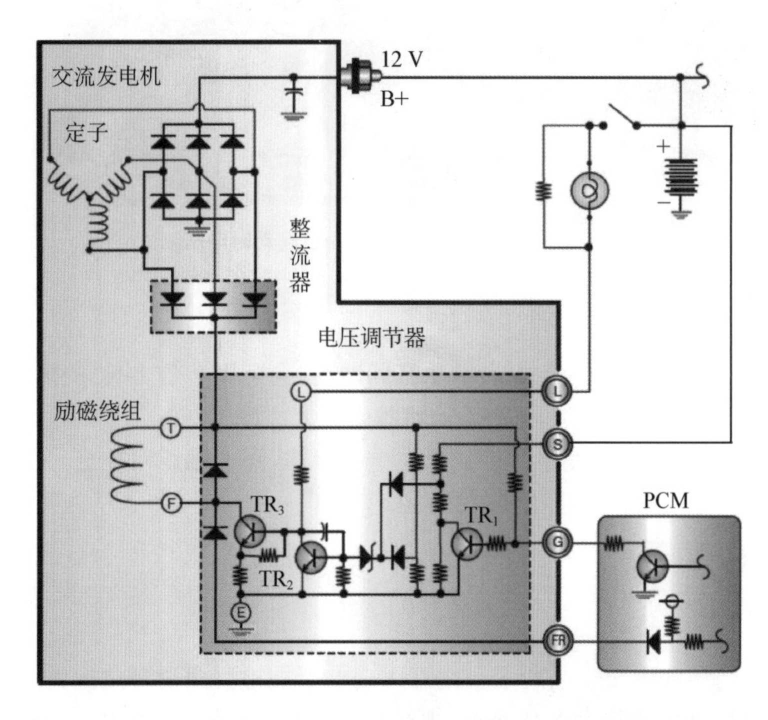

交流发电机 AC generator
定子 Stator
整流器 Rectifier
励磁绕组 Field
电压调节器 Voltage regulator

图 2 - 27　电压调节器示意图
Fig. 2 - 27　Schematic of voltage regulator

一、发电机的就车检测

1. 发电机输出电压检测

发电机就车运行状况检测步骤如下：

(1) 不起动车辆，拔出车钥匙，关闭所有用电设备，用万用表电压挡检测蓄电池电压，电压值应为 12 V 以上，否则需要对蓄电池进行充电，如果电池电量太低，发电机有可能因为励磁能量不足而不能工作，如图 2－28 所示；

(2) 起动车辆，保持发动机转速在 2 000 r/min 以上，以确保发电机处于发电状态；

(3) 再次用万用表检测蓄电池电压，电压值应为 13 V 以上，改变发动机转速，电压值应在 13～14.5 V 之间波动，如果电压保持不变或减少，那么发电机是出现了故障，如图2－29所示；

(4) 打开大灯、空调等电器设备，保持发动机转速在 2 000 r/min，电压值应为 13 V 以上。

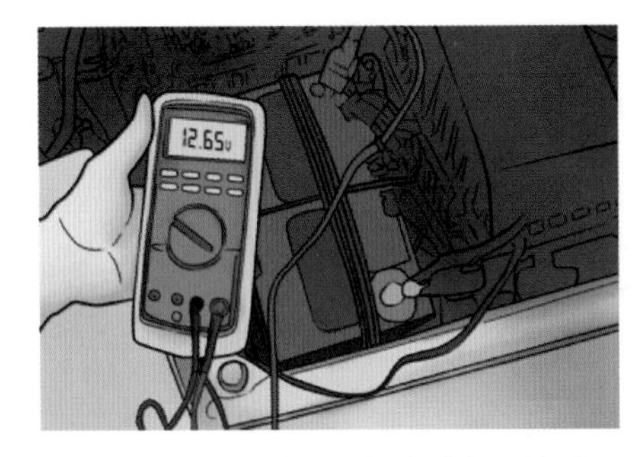

图 2－28　发动机不起动时电压检测

Fig. 2－28　Test the voltage with the engine off

图 2－29　发动机起动时电压测试

Fig. 2－29　Test the voltage with the engine on

2. 发电机运行状况检测

(1) 发动机运转时注意听发电机的声音。如果轴承有问题，将会听到车前方传来很刺耳的声音，随着众多电器部件使用的功率增加，这种声音将越来越大。

(2) 起动发动机，几分钟后关掉，触摸发电机。如果发电机很烫，那么轴承可能已经磨损或是绝缘的铜绕组被损坏了，这表明发电机很快就会失去作用了。

二、发电机拆解后检测

1. 转子的检测

励磁绕组的短路与断路检测，如图 2－30 所示。用万用表电阻挡检测两滑环之间的电阻，若磁场绕组电阻值符合该发电机的技术参数要求，则说明磁场绕组良好；若电阻小于规定值，说明磁场绕组有短路处；若电阻值为无穷大，则说明磁场绕组断路。

励磁绕组的搭铁测量，如图 2－31 所示，用万用表电阻挡检测转子绕组与转子轴（或铁芯）之间的绝缘情况。若电阻为零，说明有搭铁故障；无穷大为正常状态。

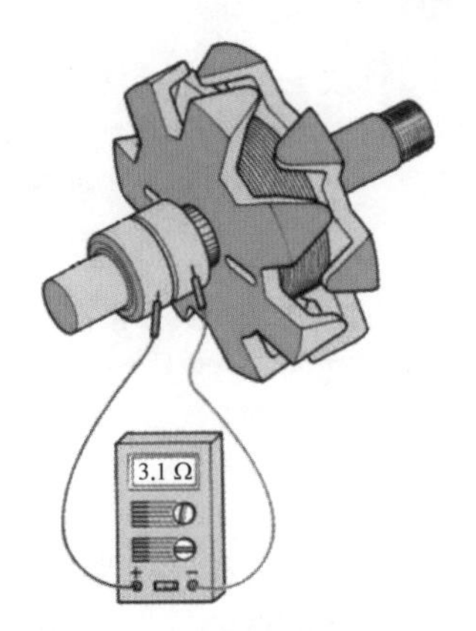

图 2－30　转子的断路与短路测试
Fig. 2－30　Open and short test of rotor

图 2－31　转子的搭铁测试
Fig. 2－31　Check for short to ground of rotor

2. 定子的检测

定子绕组的断路和短路检测，用万用表电阻挡检测定子绕组的三相接线端子，两两端子分别测量，如图 2－32 所示。阻值小于 1 Ω，表示正常；阻值为无穷大，说明断路；阻值为零，表示存在短路故障。如果有断路或短路故障，则需要更换定子或发电机总成。

定子绕组的搭铁检测，用万用表电阻挡检测定子绕组与定子铁芯之间的电阻，如图 2－33所示。阻值为无穷大，表示正常；若出现较小的阻值读数，说明绕组存在搭铁故障，需要更换定子或发电机总成。

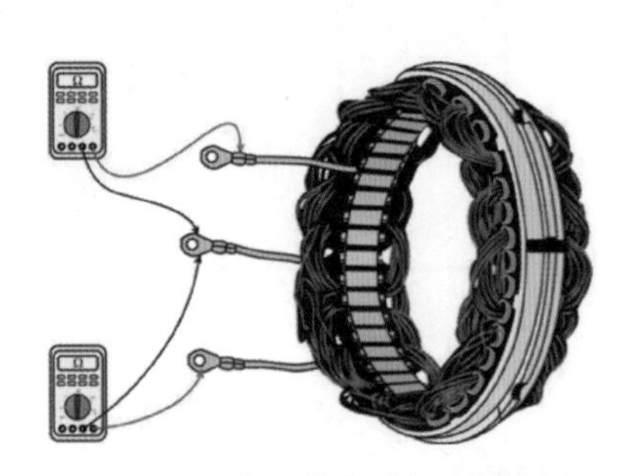

图 2－32　定子的断路与短路测试
Fig. 2－32　Open and short test of stator

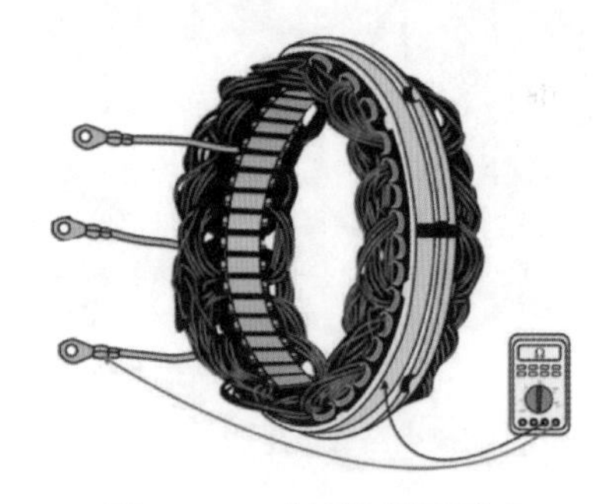

图 2－33　定子的搭铁测试
Fig. 2－33　Check for short to ground of stator

3. 整流器的检测

整流器是由二极管组成，测量方法与单个二极管测量方法一致。

正极管的检测，用数字万用表的电阻挡，黑笔接整流器输出端 B，红笔分别接整流器与定子绕组的连接点 P1/P2/P3/P4，均应导通，否则说明该二极管断路；把红、黑表笔连接点调换，电阻应为 MΩ 级或无穷大，如导通说明该二极管被击穿。测量方法如图 2－34 所示。

负极管的检测，用数字万用表的电阻挡，红笔接整流器外壳上的螺栓孔 E，黑笔分别接整流器与定子绕组的连接点 P1/P2/P3/P4，均应导通，否则说明该二极管断路；把红、黑表笔连接点调换，电阻应为 MΩ 级或无穷大，如导通说明该二极管被击穿。测量方法如图 2－35 所示。

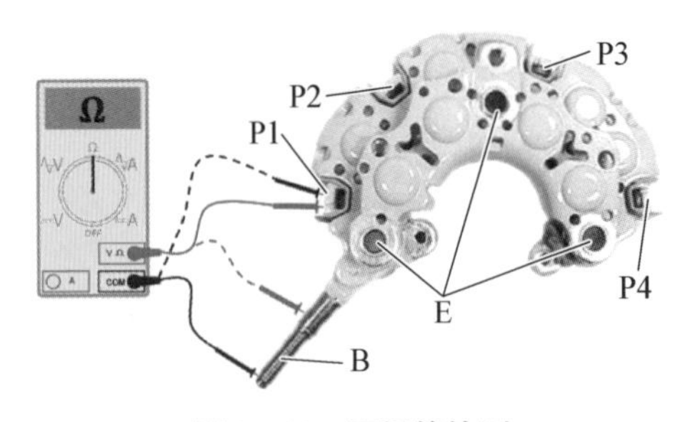

图 2-34　正极管检测
Fig. 2-34　Positive diodes test

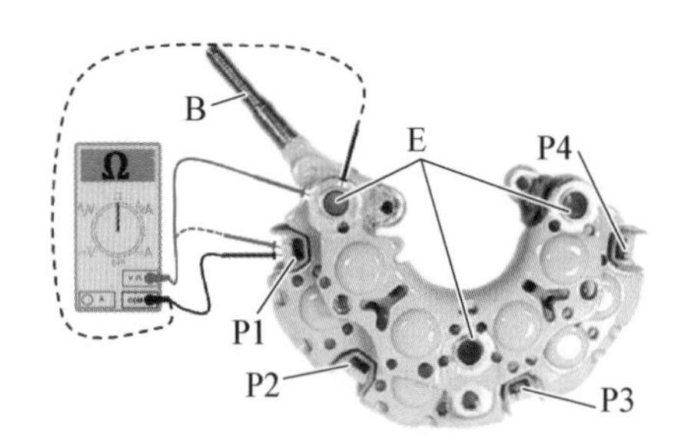

图 2-35　负极管检测
Fig. 2-35　Negative diodes test

三、电压调节器的检测

电压调节器的检测，可以用直流可调电源、试灯等器件模拟励磁电路，当可调电源的电压高于调节器的上限调节电压时，试灯熄灭；当电压逐渐下调，至调节器的下限调节电压时，试灯恢复亮度。若测试的现象与上述不符，则表示电压调节器损坏，需要更换。如图 2-36 所示，图(a)为集成电路式电压调节器实验线路连接方法，图(b) 为电子式电压调节器测试电路原理图。

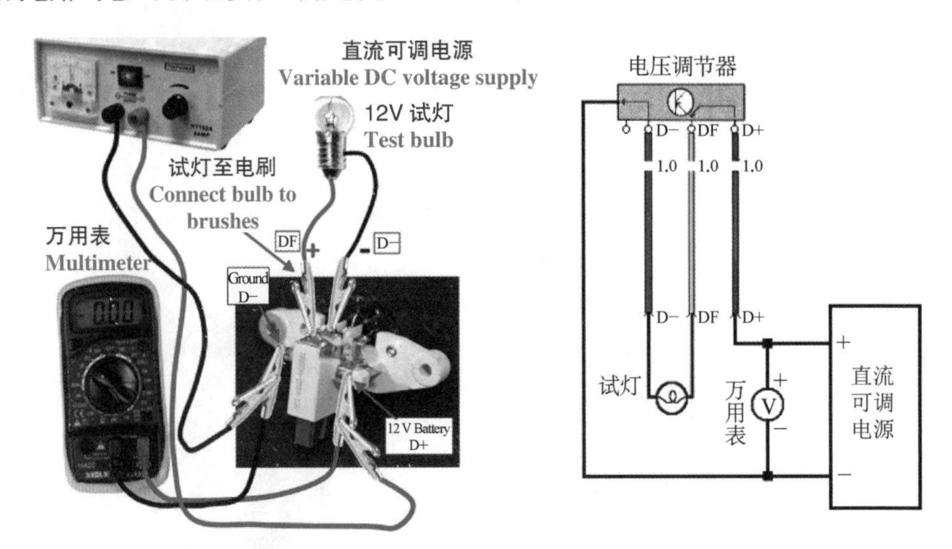

(a) 集成电路式电压调节器实验电路　　(b) 电子式电压调节器实验电路

图 2-36　电压调节器测试
Fig. 2-36　Regulator test

任务 3　电源系统电路分析与检修

掌握电源系统电路分析的方法；
掌握发电机的励磁电路原理；

掌握不同车系电源系统电路原理；
熟练使用工具、仪器对电源系统电路进行检修；
培养造就德才兼备的高素质人才。

一、大众汽车电源电路分析

汽车电源电路主要由供电电路、充电指示灯电路(发电机他励电路)和发电机对蓄电池的充电电路三部分组成。以桑塔纳 2000 电源系统为例分析各电路的特点和电流流向，图 2－37 所示为拆画的桑塔纳 2000 电源电路。

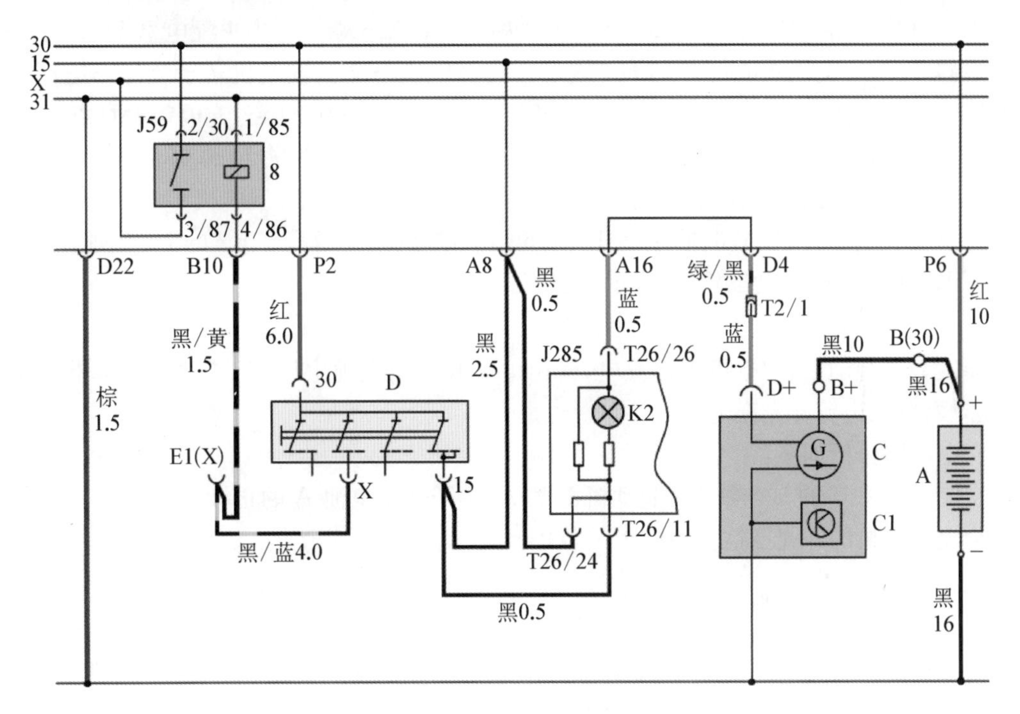

A—蓄电池　B(30)—起动机 30 接线端子　C—交流发电机　C1—电压调节器　D—点火开关
E1—灯光开关　J285—组合仪表　K2—充电指示灯　J59—X 接触继电器　T2—线束插头　T26—插接器

图 2－37　桑塔纳 2000 电源电路

Fig. 2－37　Power circuit of Santana 2000

1. 供电电路

中央接线盒 30 供电：蓄电池 A 的正极→中央配电盒 P6 端子→中央配电盒 30。

中央接线盒 15 供电：蓄电池 A 的正极→中央配电盒 P6 端子→中央配电盒 30→中央配电盒 P2 端子→点火开关 D 的 30 端子→点火开关的 15 端子→中央配电盒 A8 端子→中央配电盒 15。

中央接线盒 X 供电：点火开关打到 ON 挡，点火开关 D 的 30 端子→点火开关 D 的 X 端子→车灯开关 E1→中央配电盒 B10 端子→J59 线圈→中央配电盒 31→中央配电盒 D22 端子→车身搭铁→蓄电池负极；此时卸荷继电器(J59)工作，触点闭合，中央配电盒 30→J59 触点→中央配电盒 X。

2. 充电指示灯电路分析

汽车发动机运转时，电源电路的工作状态是靠充电指示灯来监测。点火开关处于 ON 挡时，仪表中的充电指示灯点亮；点火开关处于 ST 挡时，在起动发动机的瞬间，发电机还未能正常工作，仪表中的充电指示灯依然点亮；当发动机起动后，发电机工作，除了对负载供电，还对蓄电池进行充电，此时充电指示灯熄灭。当充电指示灯出现异常时，说明充电系统发生故障，应该及时诊断并排除。

充电指示灯电路与发电机的他励电路一致，电流流向如下：

蓄电池 A 的正极→中央配电盒 P6 端子→中央配电盒 30→中央配电盒 P2 端子→点火开关 D 的 30 端子→点火开关的 15 端子→J285 和线束的插接器 T26/11 端子→充电指示灯 K2→J285 和线束的插接器 T26/26 端子→中央配电盒 A16 端子→中央配电盒 D4 端子→线束插接器 T2/1→交流发电机 C 的 D+端子→内部电刷→交流发电机转子绕组→电压调节器 C1→搭铁→蓄电池负极。此时，电流流经充电指示灯，且构成回路，充电指示灯点亮。

当发电机正常工作以后，发电机 B+端子输出电压到点火开关 D 的 30 端子，经由点火开关的 15 端子、插接器 T26/11 端子，加到充电指示灯 K2 的下端；发电机 D+端子产生的电压，由中央配电盒的 D4、A16、插接器 T26/26 端子，加到充电指示灯 K2 的上端。此时，充电指示灯 K2 上下两端的电位相等，指示灯熄灭。

3. 充电电路分析

当发动机起动后，发电机正常发电，输出电压高于蓄电池电压，除了对车辆电器设备供电，还对蓄电池进行补充充电。

充电电路分析如下：

交流发电机 C 的 B+端子→起动机 B 的 30 端子→蓄电池 A 的正极；

交流发电机的外壳搭铁→蓄电池的负极。

二、丰田汽车电源电路分析

以丰田卡罗拉汽车电源电路为例，如图 2 - 38 所示。图中带＊号的数字说明如下：

＊1——表示光感应仪表盘(optitron meter)；

＊2——表示除光感应仪表盘之外的其他类型仪表盘(except optitron meter)；

＊3——表示自动空调(automatic A/C)；

＊4——表示手动空调(manual A/C)。

1. 充电指示灯电路

点火开关(IG)→7.5A/METER 熔断丝→组合仪表 E46 的 33 端子→充电指示灯 Charge→组合仪表 E46 的 39 端子→发电机 B4(L)端子→IC 电压调节器(控制三极管)→发电机外壳搭铁。此电路控制充电指示灯的亮与灭。

2. 电压调节器供电电路

点火开关 IG→10 A/ECU－IG 熔断丝→发电机 B2(IG＋) 端子。

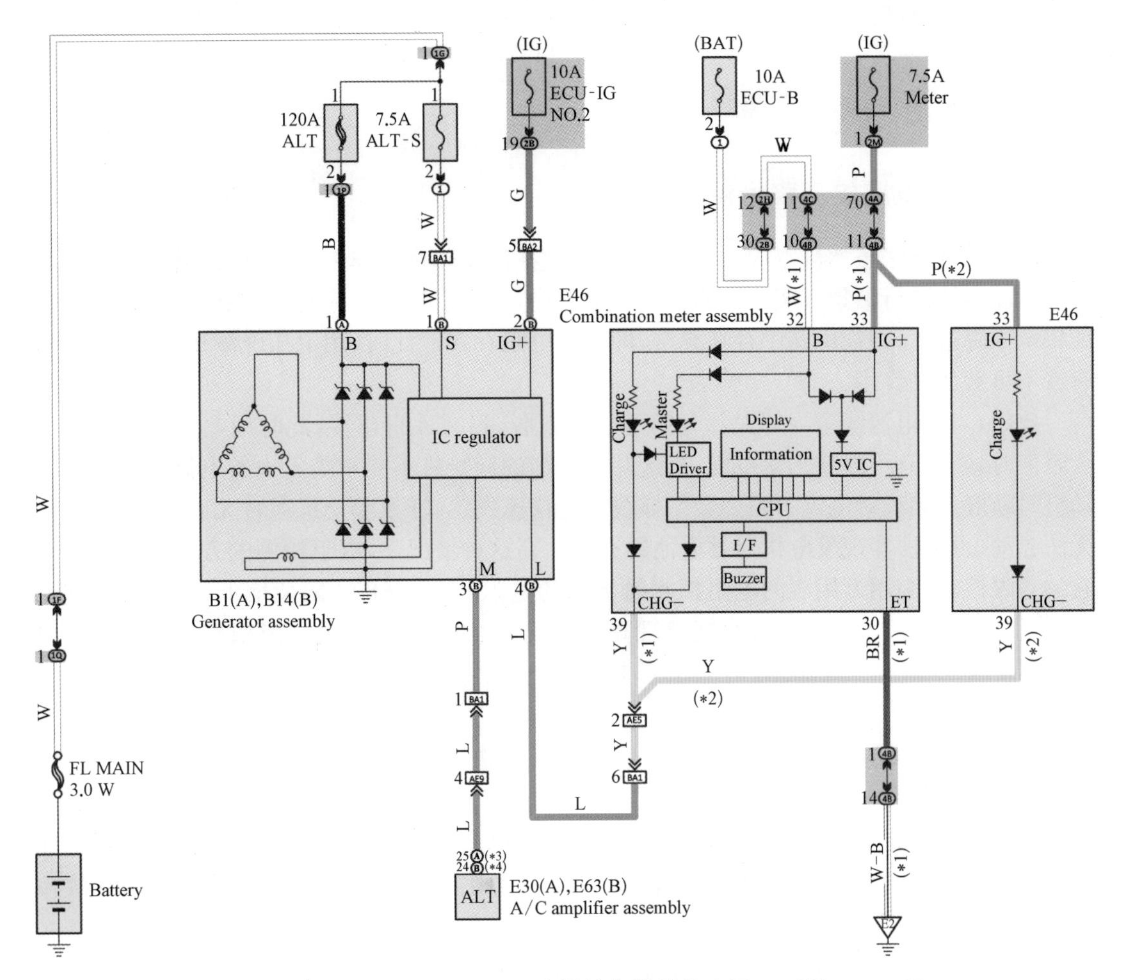

发电机总成 Generator assembly 空调放大器总成 A/C amplifier assembly

组合仪表总成 Combination meter assembly 驱动器 LED driver

蜂鸣器 Buzzer 充电指示灯 Charge

图 2-38 丰田卡罗拉电源电路

Fig. 2-38 Power circuit of Toyota Carola

3. 蓄电池端电压检测电路

蓄电池正极→FL/MAIN 熔断丝→7.5A/ALT—S 熔断丝→发电机 B1(S)端子。

4. 充电电路

发电机 A1(B)插接器是交流发电机的输出端，发电机输出端 B→120 A 的 ALT 熔断丝→蓄电池正极；

发电机外壳搭铁→蓄电池负极。

一、充电电路电压降检测

电压降测试法虽然可以应用于任何电路，但在汽车修理工作中，最常用的就是对充电电路和起动电路进行测量。实验证明在所有电路中，电压损失最大为充电电路电压，在电路中如果电压降过大，则视电路中存在异常，即有高电阻存在。此时，用电压降测试法诊断故障，有着不可替代的作用。

比如，当蓄电池线束内部大部分铜丝已经断脱，只有几根连接，此时用电阻挡测量该导线阻值时，阻值有可能在正常范围，但这几根纤细的导线将不能承受过大的电流。在起动发动机时断股的导线对电流的阻力会使导线自身快速发热，导致起动机运转无力，导致发动机无法起动，也无法实现发电机对蓄电池的充电。在这种情况下，电阻检测的方法就表现出了它的局限性，因为用万用表的电阻挡测量导线的电阻，不会表现出阻值增加，看似没有问题的测量结果会让技术人员难以直接发现真实状况，无法处理存在的故障隐患。如果利用电压降测试法，在起动发动机时对不同部位进行电压测试，则能准确快捷地找到线路中的故障。

1. 发电机输出端与蓄电池正极之间的电压降测量

如图 2－39 所示，将万用表调至电压挡，红表笔连接发电机电压输出端，万用表的黑表笔连接蓄电池的正极，确保表笔与测试点接触良好，起动发动机记录万用表的读数。如果测量值小于 0.4 V，表示线路正常；若高于 0.4 V，则需要进行分段测量，找到准确的故障部位。

2. 发电机壳体与蓄电池负极之间的电压降测量

如图 2－40 所示，将万用表调至电压挡，红表笔连接发电机壳体，万用表的黑表笔连接蓄电池的负极，确保表笔与测试点接触良好，起动发动机记录万用表的读数。如果测量值小于 0.2 V，表示线路正常。

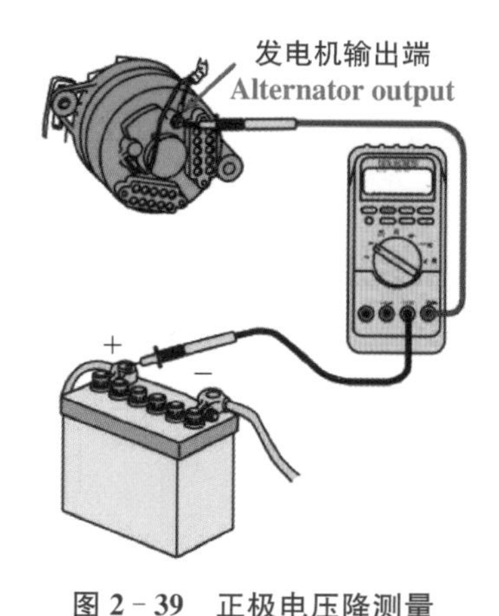

图 2－39　正极电压降测量
Fig. 2－39　Voltage drop test of insulated circuit

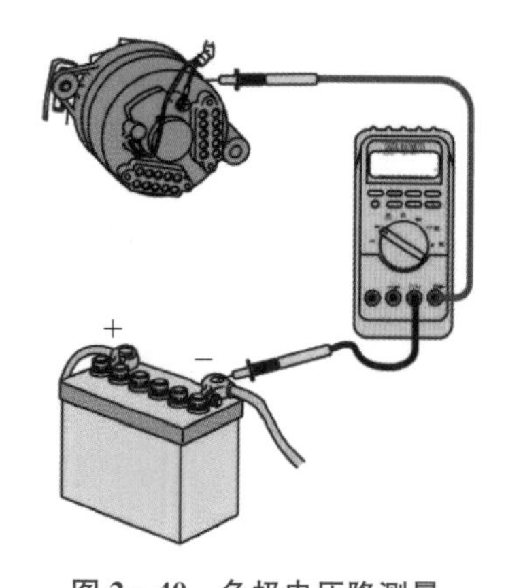

图 2－40　负极电压降测量
Fig. 2－40　Voltage drop test of ground circuit

二、充电电路波形检测

示波器可以测得工作元件的直流、交流等电信号在一段时间内随时间变化的完整波形，可以观测到其工作信号的波动性和故障发生时的细小轻微变化，便于维修人员了解其在一段时间内的工作状态是否正常。

通过测量交流发电机的输出电压和电流，可以正确诊断充电电路故障，可以避免不必要地更换蓄电池、交流发电机和导线等。充电电路波形分析，可以检测任何常见的充电系统中损坏的交流发电机、蓄电池、连线、连接件等。

如图 2－41 所示，为充电电路电压和电流的波形测试。测试方法：示波器通道一的测试线分别连接蓄电池正极（或发电机 B＋端子）和蓄电池负极；示波器通道二的大量程电流钳夹在发电机对蓄电池的正极充电线路中（注意电流钳的方向）；起动发动机并保持在怠速状态；调节示波器显示屏上的功能键，使测得的波形处于最佳观测状态；可以保持、存储和打印测得的波形图。测试的充电电压和电流波形如图 2－42 所示。

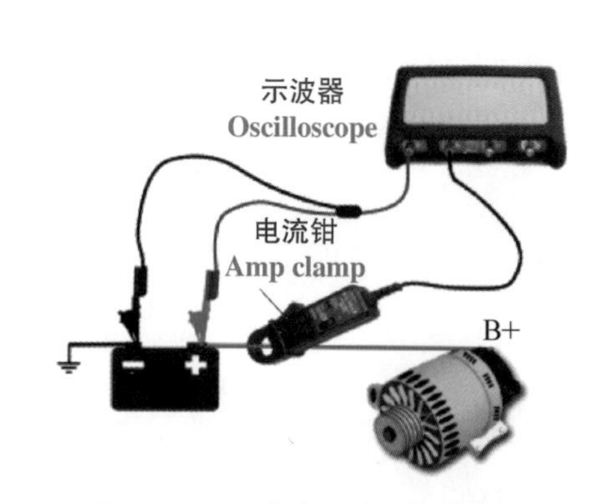

图 2－41　充电电路输出波形测试
Fig. 2－41　Charging circuit performance test

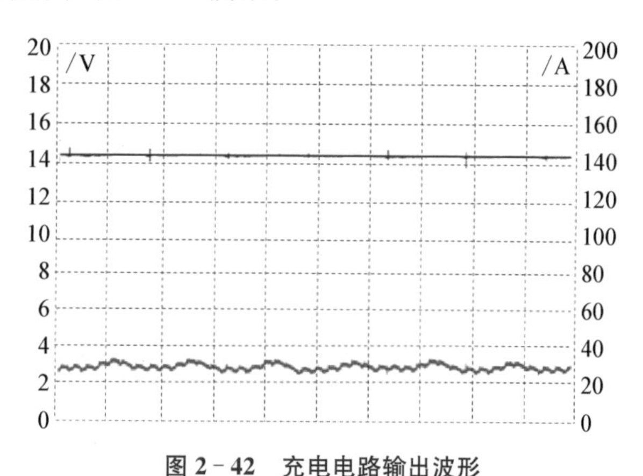

图 2－42　充电电路输出波形
Fig. 2－42　Charging circuit waveform

一、选择题

1. 从汽车上拆下蓄电池时，首先应拆下________电缆，将蓄电池安装在汽车上时，应首先安装________电缆（　　）。

A. 负极　正极　　B. 正极　负极

C. 正极　正极　　D. 负极　负极

2. 电压调节器触点控制的电流是发电机的（　　）。

A. 励磁电流　　B. 定子电流

C. 充电电流

3. 汽车行驶时，充电指示灯由亮转灭，说明（　　）。

A. 发电机处于他励状态　　B. 发电机处于自励状态

C. 充电系统有故障

二、判断题

1. 蓄电池能吸收汽车电路中的瞬时过电压,但不能保护电子元件不被破坏。 (　　)
2. 交流发电机在高速运转时,突然失去负载对交流发电机及晶体调节器影响不大。 (　　)
3. 硅整流发电机从汽车上拆下,应先拆下蓄电池搭铁线。 (　　)
4. 发电机正常运转时,蓄电池供给点火系统、起动系统用电。 (　　)

三、思考题

1. 简述发电机就车检测的方法。
2. 蓄电池技术状态检测的项目有哪些?
3. 拆画任一车型的电源系统电路。

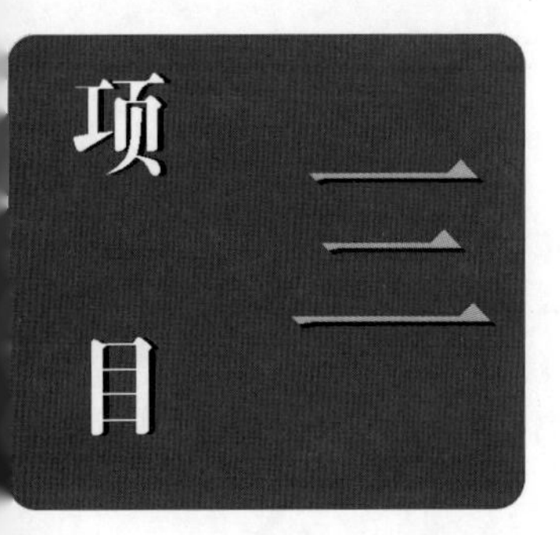

起动系统检修

项目导入

教育、科技、人才是全面建设社会主义现代化国家的基础性、战略性支撑。必须坚持科技是第一生产力、人才是第一资源、创新是第一动力，深入实施科教兴国战略、人才强国战略、创新驱动发展战略，开辟发展新领域新赛道，不断塑造发展新动能、新优势。

要使发动机由静止状态过渡到工作状态，必须先用外力转动发动机的曲轴，使活塞作往复运动，气缸内的可燃混合气燃烧膨胀做功，推动活塞向下运动使曲轴旋转。发动机才能自行运转，工作循环才能自动进行。因此，曲轴在外力作用下开始转动到发动机开始自动地怠速运转的全过程，称为发动机的起动。完成起动过程所需的装置，称为发动机的起动系统。

任务 1　起动机的结构与检修

掌握起动机各组成部分的结构；
理解起动机的工作原理；
熟练使用工具、仪器对起动机进行检修；
了解不同类型起动机的特点；
培养爱党报国、敬业奉献、服务人民的素质。

一、起动机的作用

起动系统将储存在蓄电池内的电能转换为机械能，要实现这种转换，必须使用起动机。起动机的功用是由直流电动机产生动力，经传动机构带动发动机曲轴转动，从而实现发动机的起动。

起动系统包括以下部件：蓄电池、点火开关(起动开关)、起动机总成、起动继电器等，如图 3－1 所示。

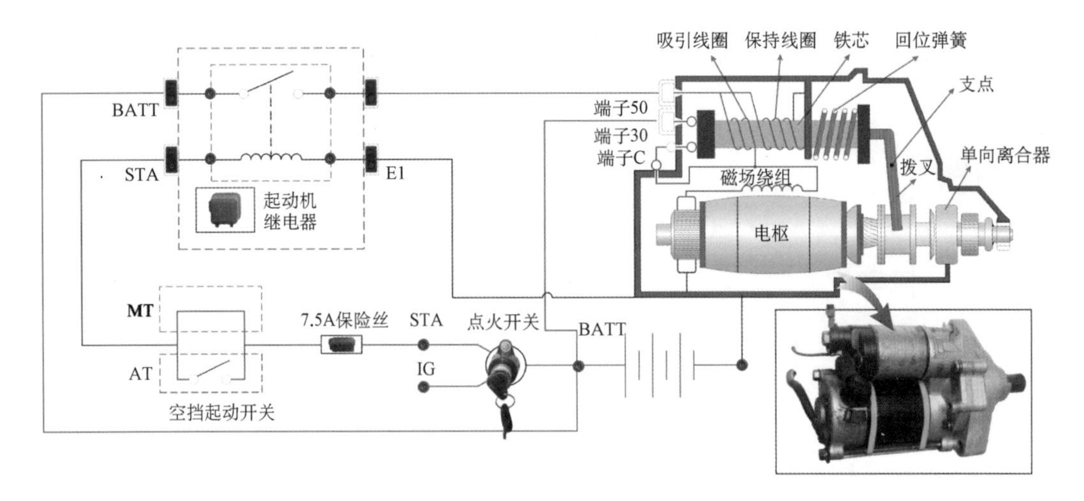

图 3－1 汽车起动系统
Fig. 3－1 Starter system

二、起动机的结构

起动机是由直流电动机产生动力，经传动机构带动发动机曲轴转动，从而实现发动机的起动。直流电动机引入来自蓄电池的电流并且使起动机的驱动齿轮产生机械运动；传动机构将驱动齿轮啮入飞轮齿圈，同时能够在发动机起动后自动脱开；起动机电路的通断则由电磁开关来控制。

汽车用起动机一般由串励直流电动机、传动机构和操纵机构三个部分组成，如图 3－2 所示。

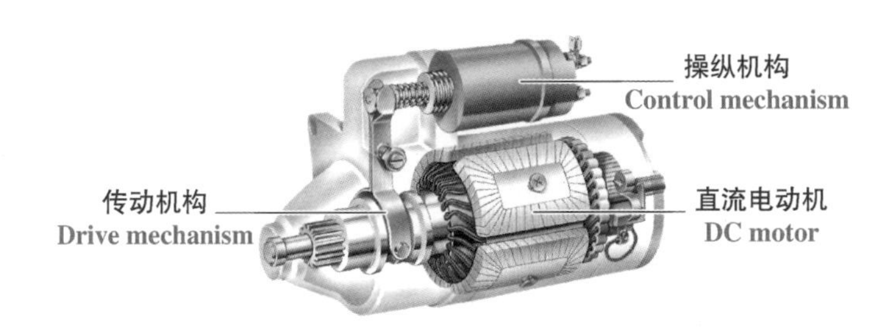

图 3－2 起动机结构图
Fig. 3－2 Component of the starter

如图 3－3 所示，起动机机壳的一端有 4 个检查窗口，中部有一个与壳体绝缘的电流输入接线柱，并在内部与励磁绕组的一端相连。端盖分前、后两个，前端盖由灰铸铁浇铸而成，后端盖由钢板压制而成。前后端盖均压装有青铜石墨轴承套或铁基含油轴承套，外围有 2 个或 4 个组装螺孔。电刷装在后端盖内，前端盖上有拨叉座，盖口有凸缘和安装螺孔，还有拧紧中间轴承板的螺钉孔。

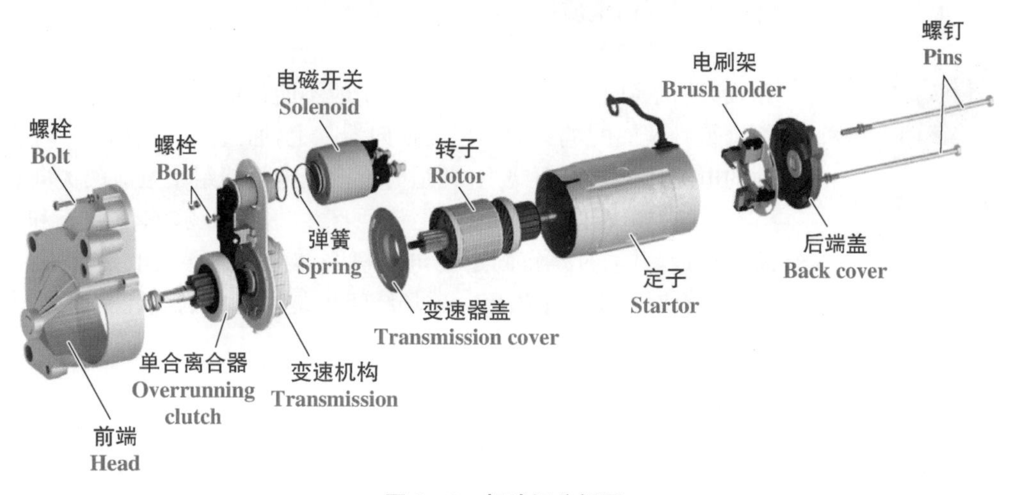

图 3-3　起动机分解图

Fig. 3-3　Decomposition of the starter

1. 直流电动机的结构与原理

(1) 直流电动机的结构

电动机的作用是将蓄电池输入的电能转换为机械能,产生电磁转矩。直流电动机由电枢、磁极、电刷、壳体等主要部件构成,如图 3-4 所示。

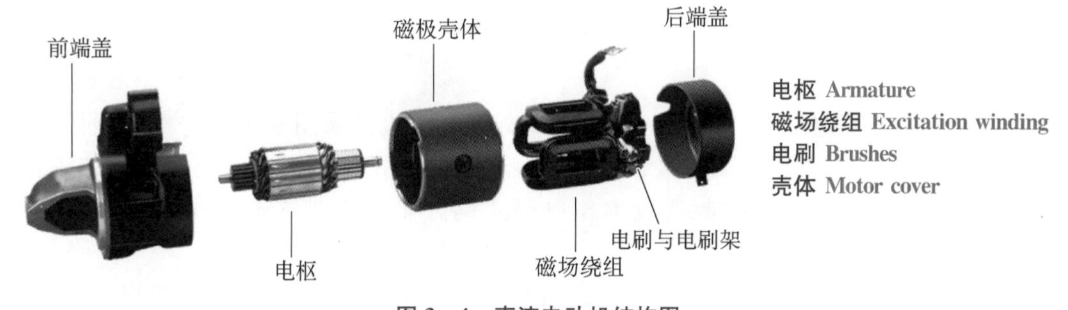

电枢 Armature
磁场绕组 Excitation winding
电刷 Brushes
壳体 Motor cover

图 3-4　直流电动机结构图

Fig. 3-4　Component of DC motor

① 电枢。电枢是直流电动机的旋转部分,包括电枢轴、换向器、电枢铁心、电枢绕组等部分。为了获得足够的转矩,通过电枢绕组的电流一般很大(汽油机为 200~600 A,柴油机可达 1 000 A),因此电枢一般采用较粗的矩形裸铜线绕制而成,如图 3-5 所示。

1—主轴 Spindle
2—转子铁芯 Rotor core
3—转子绕组 Rotor winding
4—换向器 Commutator

图 3-5　电枢

Fig. 3-5　Armature

图 3－6　换向器
Fig. 3－6　Commutator

换向器由铜质换向片和云母片叠压而成，且云母片的高度略低于铜质换向片的高度，为了避免电刷磨损的粉末落入换向片之间造成短路，起动机换向片间的云母的高度一般不能过低，如图 3－6 所示。电枢绕组各线圈的端头均焊接在换向器片上，通过换向器和电刷将蓄电池的电流传递给电枢绕组，并适时地改变电枢绕组中电流的流向。

② 磁极。其作用是通入电流后产生一个磁场，它由铁心和磁场绕组构成，并通过螺钉固定在电动机壳体上。为增大电磁转矩，一般采用四个磁极，大功率起动机有时采用六个磁极。磁场绕组也是用粗扁铜线绕制而成，与电枢绕组采用串联方式，如图 3－7 所示。

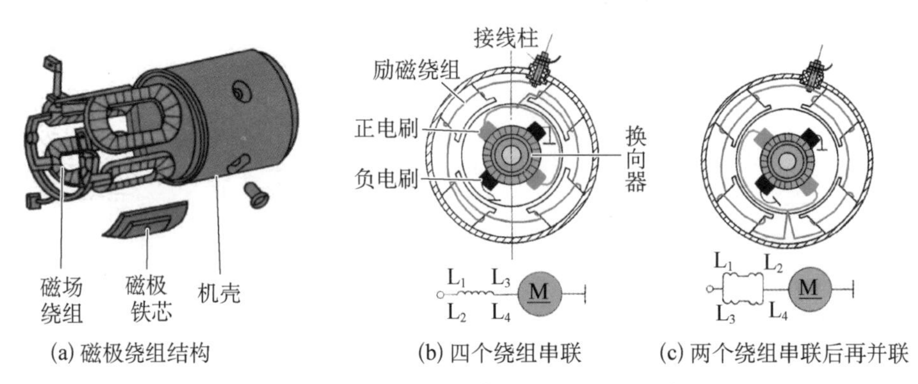

(a) 磁极绕组结构　(b) 四个绕组串联　(c) 两个绕组串联后再并联

磁场绕组 Excitation winding　磁极铁芯 Pole core　机壳 Stator frame

图 3－7　磁极绕组
Fig. 3－7　Excitation winding

现在轿车也有采用永磁式直流电动机，该直流电动机是采用永久磁铁作磁通源。永磁式直流电动机容易达到无刷无接触运行。但永磁材料由于质硬，很难进行机械加工，因而一般来说永磁式电动机的制造成本比电磁式高。而电磁式比永磁式多了一项激磁损耗。

③ 电刷与电刷架。电刷架一般为框式结构，其中正极刷架与端盖绝缘，负极刷架通过机壳直接搭铁。电刷置于电刷架中，正电刷与励磁绕组的末端相连，负电刷与电刷架搭铁。电刷由铜粉与石墨粉压制而成呈棕红色。电刷与电刷架的结构如图 3－8 所示。

1—电刷 Brush
2—电刷架 Brush holder
3—电刷弹簧 Brush spring

图 3－8　电刷与电刷架
Fig. 3－8　Brush & brush holder

(2) 直流电动机的工作原理

直流电动机的基本工作原理是通电的导体在磁场中会受电磁力作用，电磁力的方向遵

循左手定则。如图 3-9 所示，两片换向片分别与环状线圈的两端连接，电刷一端与两换向器片相接触，另一端分别接蓄电池的正极和负极。在环状线圈中电流的方向交替变化，用左手定则判断可知，环状线圈在电磁力矩作用下按顺时针方向连续转动。这样在电源连续对电动机供电时，其线圈就不停地按同一方向转动。为了增大输出力矩并使运转均匀，实际的电动机中电枢采用多匝线圈，随线圈匝数的增多换向片的数量也要增多。

换向器
Commutator

图 3-9　直流电机工作原理
Fig. 3-9　Working principle of DC motor

2. 传动机构

起动机的传动机构由驱动齿轮、单向离合器、拨叉、啮合弹簧等组成，安装在起动机轴的花键部分。

起动时，传动机构使驱动齿轮沿起动机轴花键槽外移与飞轮齿圈啮合，将电动机产生的力矩通过飞轮传递给发动机曲轴，使发动机起动；起动后，飞轮转速提高，将通过驱动齿轮带动电动机轴高速旋转，引起电动机超速。

因此，在发动机起动后，传动机构应使驱动齿轮与电动机脱开，防止电动机超速。

(1) 单向离合器

传动机构中，结构和工作情况比较复杂的是单向离合器，它的作用是传递电动机转矩起动发动机，而在发动机起动后自动打滑，保护起动机电枢不致超速飞车。常用的单向离合器主要有以下几种：

① 滚柱式单向离合器

整个单向离合器总成利用传动导管套在电枢轴的花键上，离合器总成在推动凸缘 7 的作用下，可以在轴上移动，也可以随轴转动，如图 3-10 所示。

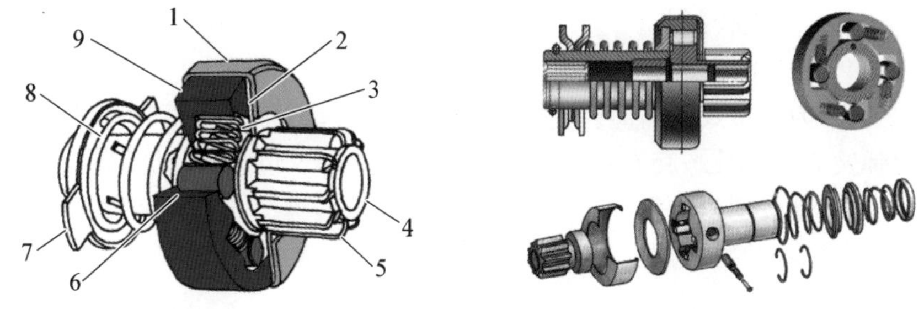

1—外壳 Shell　2—滚柱挡板 Roller retainer　3—滚柱弹簧 Roller spring
4—铜套 Bushing　5—驱动齿轮 Pinion gear　6—滚柱 Roller
7—推动凸缘 Drive flange　8—缓冲弹簧 Mesh spring　9—离合器外环 Clutch housing

图 3-10　滚柱式单向离合器
Fig. 3-10　Roller type overrunning clutch

发动机起动时，拨叉将离合器总成沿电枢轴花键推出，驱动齿轮 5 与发动机飞轮齿圈啮合，同时起动机通电，转矩由电枢轴传递到离合器外环 9，滚柱弹簧 3 压迫滚柱 6 滚向逐渐收缩的豁口，滚柱楔紧驱动齿轮。这样，驱动齿轮 5 和离合器外环 9 锁定在一起，起动机转矩传递到发动机飞轮齿圈而起动发动机。

当发动机起动并以自身动力运转时，发动机飞轮齿圈企图拖动驱动齿轮以比起动机电枢轴快得多的速度旋转，在摩擦力的作用下，滚柱滚到楔形槽宽敞的空隙部分。从而释放驱动齿轮，使驱动齿轮轴可以相对于电枢自由打滑。这样转矩就不能从驱动齿轮传到电枢，从而防止了电枢超速飞散的危险。

② 摩擦片式单向离合器

摩擦片式单向离合器多用于柴油发动机使用的功率较大的起动机上。图 3 - 11 所示为摩擦片式单向离合器的结构。

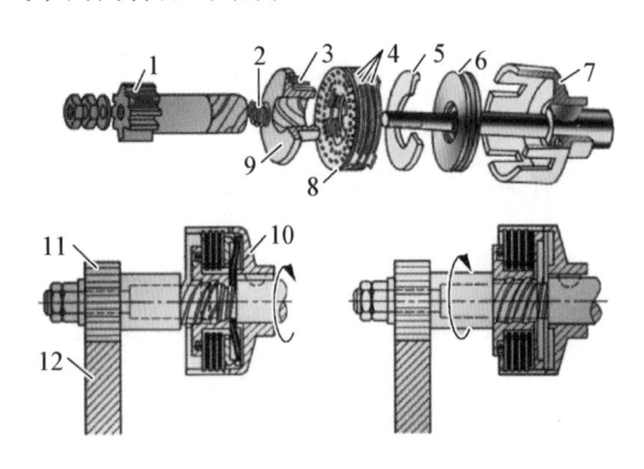

1、11—驱动齿轮 Driving gear
2—减震弹簧 Damping spring
3—小弹簧 Small spring
4—主动片 Active friction plate
5—压环 Pressing ring
6—弹性圈 Elastic ring
7、10—外结合鼓 External drum
8—被动片 Passive friction plate
9—内结合鼓 Internal drum
12—飞轮 Flywheel

图 3 - 11　摩擦片式单向离合器
Fig. 3 - 11　Friction disc type overrunning clutch

发动机起动后内接合鼓开始瞬间是静止的，在惯性力作用下，内接合鼓由于花键套筒的旋转而左移，从而使主、被动摩擦片压紧而传力，电枢转矩最终传给驱动齿轮。发动机起动后，飞轮齿圈的转速高于驱动齿轮，于是内接合鼓又沿传动套筒的螺旋花键右移，使主、被动摩擦片出现间隙而打滑，避免了电枢超速飞散。

摩擦片式离合器可以传递较大转矩，并能在超载时自动打滑，但由于摩擦片易磨损，需经常检查调整，其结构也较复杂。

③ 弹簧式单向离合器

图 3 - 12 所示为弹簧式单向离合器的结构。起动发动机时，电枢轴带动花键套筒 8 稍有转动，扭力弹簧 5 顺着其螺旋方向将齿轮柄与花键套筒 8 包紧，起动机转矩经扭力弹簧 4 传给驱动齿轮 2 起动发动机。发动机起动后，驱动齿轮转速高于花键套筒，扭力弹簧放松，驱动齿轮与花键套筒松脱打滑，发动机的转矩不能传给电动机电枢。

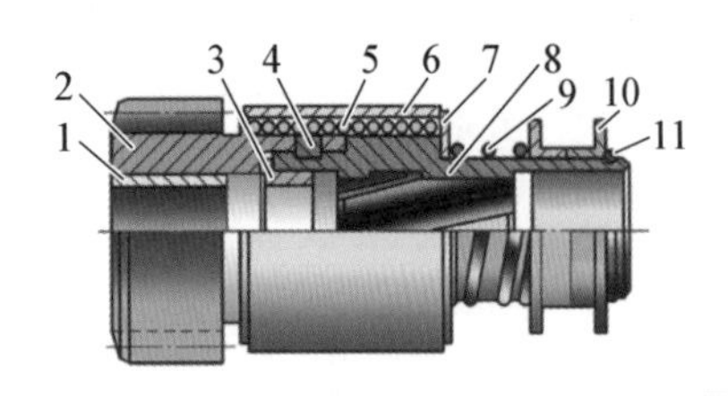

1—衬套 Bushing　2—驱动齿轮 Driving gear
3—挡圈 Retaining ring　4—月形圈 Lunar ring
5—扭力弹簧 Torsion spring　6—护套 Sheath
7—垫圈 Washer　8—传动套筒 Drive bushing
9—缓冲弹簧 Buffer spring　10—移动衬套 Movable bushing
11—卡簧 Circlip

图 3 - 12　弹簧式单向离合器
Fig. 3 - 12　Spring type overrunning clutch

弹簧式单向离合器结构简单，寿命长，成本低。但其轴向尺寸较大，因此主要用在一些

大功率起动机上。

(2) 拨叉

拨叉的作用是使离合器做轴向移动，将驱动齿轮啮入和脱离飞轮齿环。汽车上采用的拨叉一般有机械式拨叉和电磁式拨叉两种(机械式拨叉目前已经被淘汰)。电磁式拨叉结构如图 3 - 13 所示。

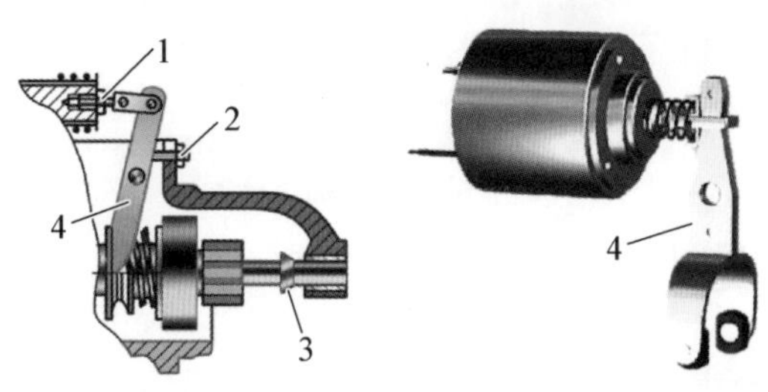

图 3 - 13　拨叉
Fig. 3 - 13　Shift lever

这种电磁式拨叉用外壳封装于起动机壳体上，由可动部分和静止部分组成。可动部分包括拨叉和电磁铁心，两者之间用螺杆活动地联接。静止部分包括绕在电磁铁心钢套外的线圈、拨叉轴和回位弹簧。电磁式拨叉的结构紧凑，操作省力又方便，还不受安装位置的限制。

发动机起动时，按下按钮或起动开关，线圈通电产生电磁力将铁心吸入，于是带动拨叉转动，由拨叉头推出离合器，使驱动齿轮啮入飞轮齿环。发动机起动后，只要松开按钮和开关线圈就断电，电磁力消失，在回位弹簧的作用下，铁心退出拨叉返回，拨叉头将打滑工况下的离合器拨回，驱动齿轮脱离飞轮齿环。

3. 操纵机构

目前起动机的操纵机构普遍采用电磁开关式。电磁开关的作用是控制起动机驱动齿轮与飞轮的啮合与分离，以及电动机电路的通断。电磁开关主要由吸拉线圈、保持线圈、活动铁心、接触盘、触点等组成，如图 3 - 14 所示。

图 3 - 14　电磁开关结构图
Fig. 3 - 14　Structure of solenoid switch

以图 3 - 15 为例说明电磁开关的工作原理。

(1) 接通起动开关，电磁开关通电，其电流路径为：

① 电源→起动机开关→继电器 13 的线圈→搭铁→蓄电池负极，继电器 13 的触点 2、3 闭合。

② 蓄电池 1 正极→继电器触点 2→继电器触点 3→吸拉线圈 4→直流电机磁场绕组和电枢绕组→搭铁→蓄电池负极。

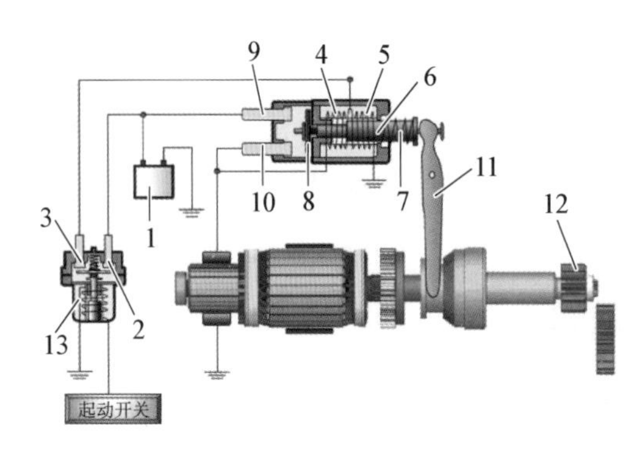

1—蓄电池 Battery
2、3—继电器触点 Relay contact
4—吸拉线圈 Pull-in winding
5—保持线圈 Hold-in winding
6—活动铁芯 Plunger
7—回位弹簧 Return spring
8—接触盘 Contact disc
9、10—接线柱 Terminal
11—拨叉 Shift lever
12—驱动齿轮 Driving gear
13—继电器 Relay

图 3－15　电磁开关控制原理

Fig. 3－15　Principle of solenoid switch

③ 蓄电池 1 正极→继电器触点 2→继电器触点 3→保持线圈 5→搭铁→蓄电池负极。

此时吸拉线圈 4 和保持线圈 5 产生的磁力方向相同，在两线圈磁力的共同作用下，使活动铁心 6 克服弹簧力左移，带动拨叉 11 将驱动齿轮推向飞轮，与此同时，活动铁心将接触盘 8 顶向触点。当驱动齿轮与飞轮啮合时，接触盘 8 将触点 9、10 接通，使起动机通入起动电流，产生正常电磁转矩起动发动机。接触盘接通触点时，吸引线圈被短路，活动铁心靠保持线圈的磁力保持在吸合的位置。

(2) 起动后，在断开起动开关的瞬间，接触盘仍在接触位置，此时电磁开关线圈电流为：

蓄电池 1 正极→接线柱 9→接触盘 8→接线柱 10→吸拉线圈 4→保持线圈 5→搭铁→蓄电池负极。

由于吸拉线圈产生了与保持线圈相反方向的磁通，两线圈磁力互相抵消，活动铁心在弹簧力的作用下回位，使驱动齿轮退出。与此同时，接触盘也回位，切断起动机电路，起动机便停止工作。

三、减速起动机

减速起动机在电枢和驱动齿轮之间装有一级减速齿轮，它的优点是：采用了小型高速低转矩的电动机，使得起动机的体积小、重量轻而便于安装；提高了起动机的起动转矩而有利于发动机的起动；电枢轴较短而不易弯曲。减速齿轮的结构简单、效率高，保证了良好的机械性能。

减速起动机的减速机构有外啮合式、内啮合式和行星齿轮啮合式三种。

1. 外啮合式减速起动机

外啮合式减速起动机的结构如图 3－16 所示。外啮合式减速机构在电枢轴和起动机驱动齿轮之间用惰轮作过渡传动，电磁开关铁心与驱动齿轮同轴，它直接推动驱动齿轮进入啮合，无须拨叉，因此起动机的外形与普通的起动机有较大的差别。外啮合式减速机构的传动中心距较大，受起动机结构的限制，其减速比不能太大，一般在小功率的起动机上应用。

2. 内啮合式减速起动机

图 3－17 所示为内啮合式减速起动机原理图。内啮合式减速机构传动中心距小，可以有较大的减速比，故可适用于较大功率的起动机。内啮合式减速机构的驱动齿轮仍用拨叉拨动进入啮合，因此起动机的外形与普通起动机相似。

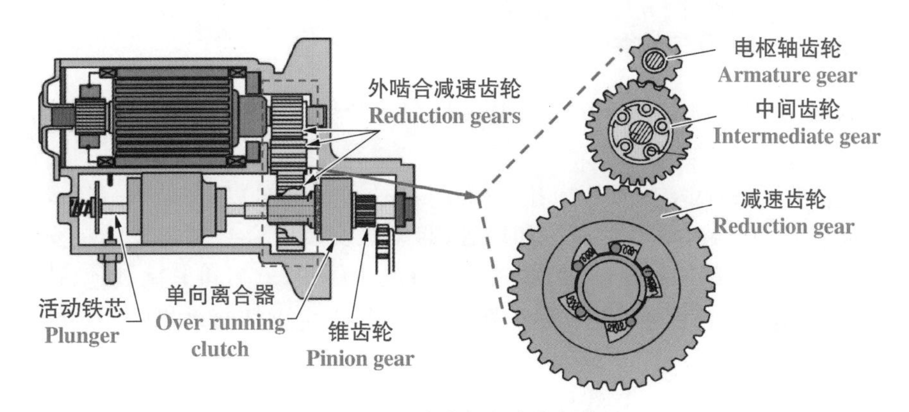

图 3 - 16　外啮合式减速起动机
Fig. 3 - 16　External deceleration starter

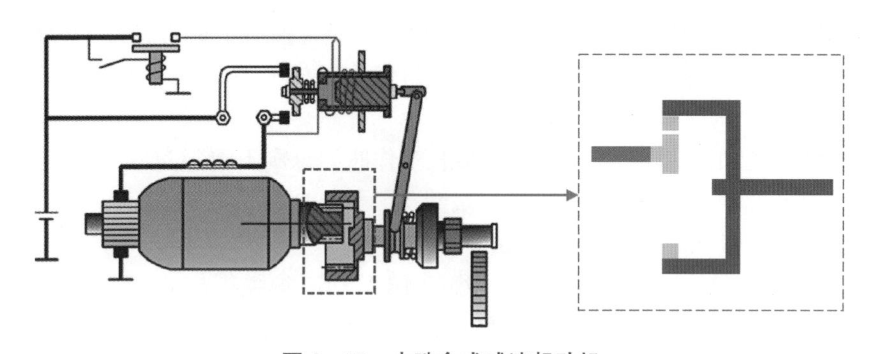

图 3 - 17　内啮合式减速起动机
Fig. 3 - 17　Internal deceleration starter

3. 行星齿轮啮合式减速起动机

行星齿轮啮合式起动机一例如图 3 - 18 所示。行星齿轮传动具有结构紧凑、传动比大、效率高的特点。行星齿轮啮合式起动机由于输出轴与电枢轴同轴、同旋向,电枢轴无径向载荷,可使整机尺寸减小。除了增加行星齿轮减速机构的差别,行星齿轮式减速起动机其他轴向位置上的结构与普通起动机相同,因此配件可以是通用的。

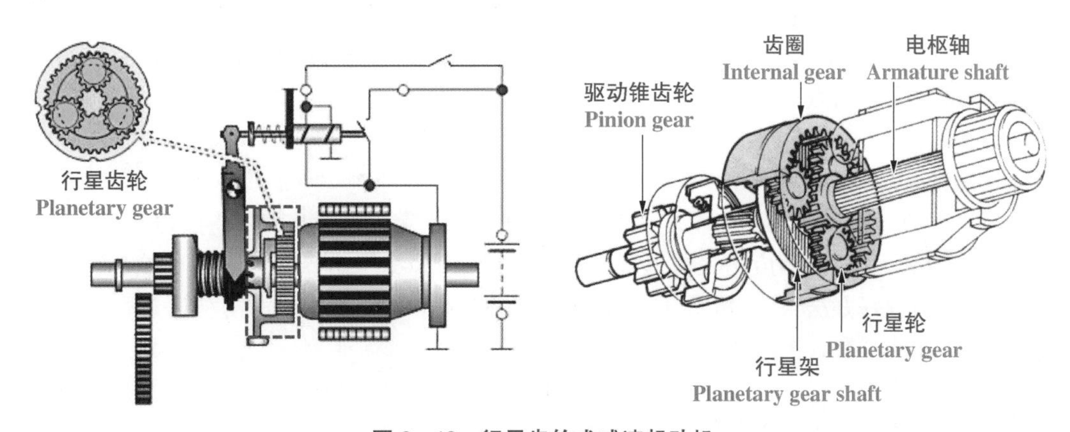

图 3 - 18　行星齿轮式减速起动机
Fig. 3 - 18　Planetary gear deceleration starter

四、起动机的使用与维护

为了延长起动机的使用寿命，并保证能迅速、可靠、安全地工作，使用起动机必须注意以下几点：

(1) 起动机的安装：起动机安装面和凸缘止口(径向定位面)与发动机缸体或变速箱的安装面必须有良好的接触，不得有油污和锈蚀，起动机安装中心必须与发动机安装中心一致；安装螺钉固定时，必须同时紧固，切忌先紧固好其中一只，然后再紧固其他，造成安装中心偏移；起动机固定后，不可再用工具强行撬动起动机，以免破坏起动机的安装接触面和对中性。

(2) 线束的连接：电磁开关接线柱的 M10 螺母拧紧力矩一般取 14.7～17.7 N・m，力矩过小会引起线束松动，引起发热，增加电路压降，影响起动性能，甚至造成打火烧蚀。力矩过大则会导致拧断接线柱。

(3) 蓄电池的使用：必须按设计要求选择电瓶，并经常保持电瓶有良好的放电性能。一旦发现电瓶损坏，必须及时更换，否则大电流通过时内阻使线路压降大大增加，影响起动机的输出功率。

(4) 起动机正常工作时间为 1.5～2 s，最长工作时间每次不得超过 5 s，如果大于 5 s 还未发动，必须中断起动，间隔 20～30 s 后再次起动。如 3 次不能正常发动，必须检查线路或发动机是否有故障，排除故障后再可起动。

(5) 起动电路的检查：一般电瓶端电压小于 12 V 时不得强行起动(解释：蓄电池荷电量 100%时电压在 12.78 V 左右，在理论上要求蓄电池荷电量低于 95%时不得起动，而此时蓄电池电压在 12.14 V 左右)，必须在电瓶重新充电恢复正常电压后才能起动。

(6) 由于起动机一般安装在发动机旁边，有相当高的环境温度，要避免热态下整车泡进水中，引起零部件受损。

(7) 经常检查电路各节点及接插件，如有生锈、腐蚀或松动，应及时排除，以免电路发热，产生过大电路压降，影响起动机正常工作。

(8) 如整车配有中间继电器控制起动机电磁开关，中间继电器主触点电流容量不能小于 50 A，并保证其工作可靠性 (能及时通断)，同时继电器的轴向安装方向尽量采取水平放置并与汽车行驶方向垂直，避免汽车行驶振动过程中继电器误接通。

(9) 发动机长时间不工作时，尽量不要将钥匙停留在“ON”位置上，否则就会导致蓄电池的电全部放完。当点火开关钥匙旋转到“START”位置之前，一定要把换挡杆放在空挡位置。

(10) 点火起动时不要踩油门踏板。

(11) 个别车型起动机在使用一段时间后，由于齿轮箱内环境影响，造成电机驱动轴上油污、尘埃结聚，引起驱动齿轮复位迟缓而被飞轮反带产生瞬时响声，但不会影响起动性能。消除此响声的最好办法：将电机拆下，在驱动轴上加少许中性机油清洗污渍后即可恢复(切不可使用汽油清洗)。

一、起动机不解体检测

进行起动机的解体之前，最好进行不解体检测，通过不解体的性能检测大致可以找出故障。起动机组装完毕之后也应进行性能检测，以保证起动机正常运行。在进行以下的检测时，应尽快完成，以免烧坏电动机中的线圈。

1. 吸拉线圈性能测试

断开直流电机磁极与电磁开关 C 端子的连接线，将蓄电池正极接电磁开关 50 端子，负极接 C 端子，如图 3－19 所示。驱动齿轮应能伸出，否则表明其功能不正常。

2. 保持线圈性能测试

保持线圈性能测试接线方法如图 3－20 所示，在驱动齿轮移出之后从端子 C 上拆下导线。驱动齿轮仍能保留在伸出位置，否则表明保持线圈损坏或接地不正确。

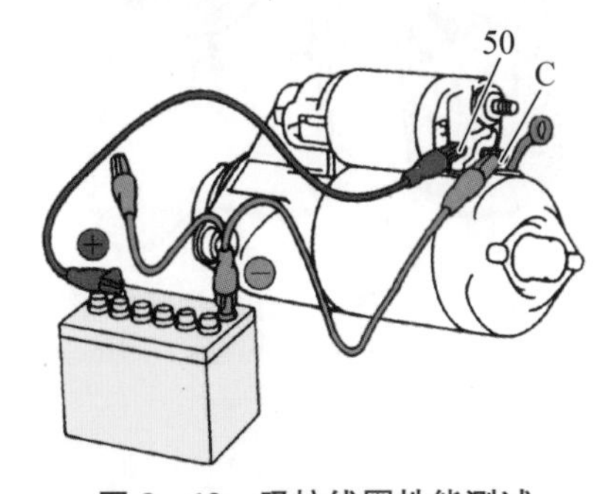

图 3－19　吸拉线圈性能测试

Fig. 3－19　Performance test of pull-in winding

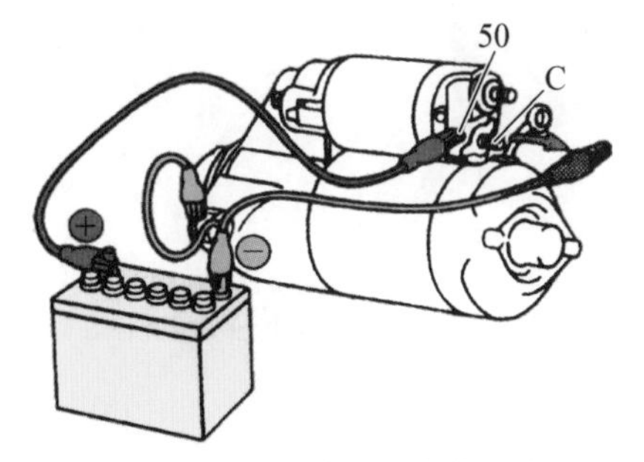

图 3－20　保持线圈性能测试

Fig. 3－20　Performance test of hold-in winding

3. 驱动齿轮复位测试

如图 3－21 所示，拆下蓄电池负极接外壳的接线夹后，驱动齿轮能迅速返回原始位置即为正常。

4. 空载测试

固定起动机，按图 3－22 所示的方法连接导线。通电后起动机应该平稳运转，同时驱动

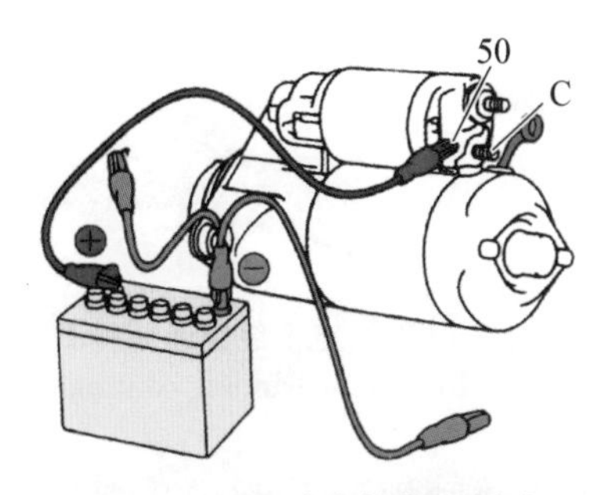

图 3－21　驱动齿轮复位测试

Fig. 3－21　Driving gear reset test

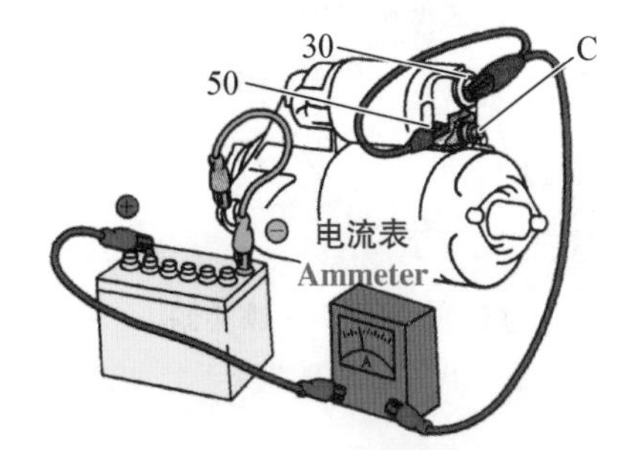

图 3－22　起动机的空载测试

Fig. 3－22　No-load test of starter

齿轮应移出；读取电流表的数值，应符合标准值；断开端子 50 后，起动机应立即停止转动，同时驱动齿轮缩回。

二、起动机的解体检测

1. 直流电动机的检修

(1) 磁场绕组的检测

如图 3 - 23 所示，用万用表电阻挡检查励磁绕组和定子外壳时，若电阻值为无穷大，则正常；若电阻值为零或很小，则说明有搭铁故障。

如图 3 - 24 所示用万用表电阻挡检查励磁绕组两电刷之间时，应导通；若不导通，则存在断路故障。

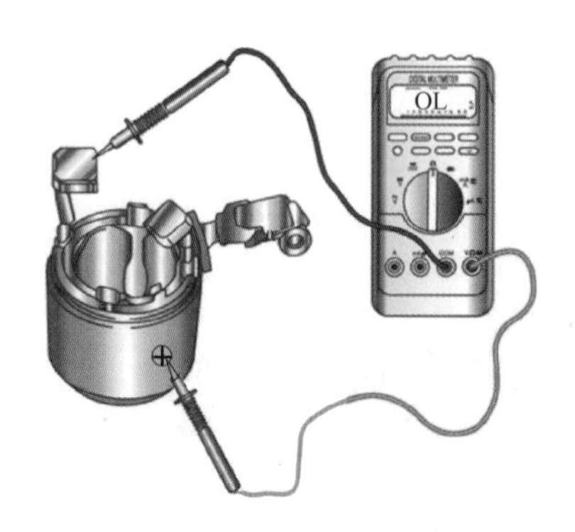

图 3 - 23　磁场绕组的绝缘检测
Fig. 3 - 23　Excitation winding insulation test

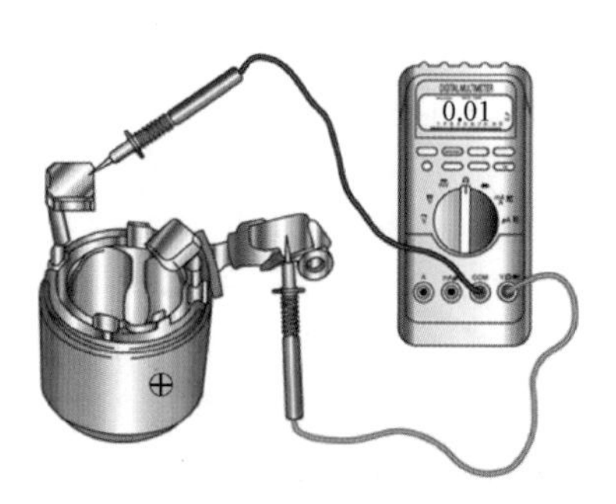

图 3 - 24　磁场绕组的通断检测
Fig. 3 - 24　Excitation winding continuity test

(2) 电枢的检测

图 3 - 25 所示为电枢绕组的绝缘情况检测。将万用表置于电阻挡，表笔分别搭在换向器和铁芯(或电枢轴)上，电阻值应为无穷大；若电阻值为零，则说明存在搭铁故障，应更换。

图 3 - 26 所示，为电枢绕组通断情况检测。将万用表置于电阻挡，表笔依次、分别搭在换向器相邻的铜片上，电阻值应该一致。

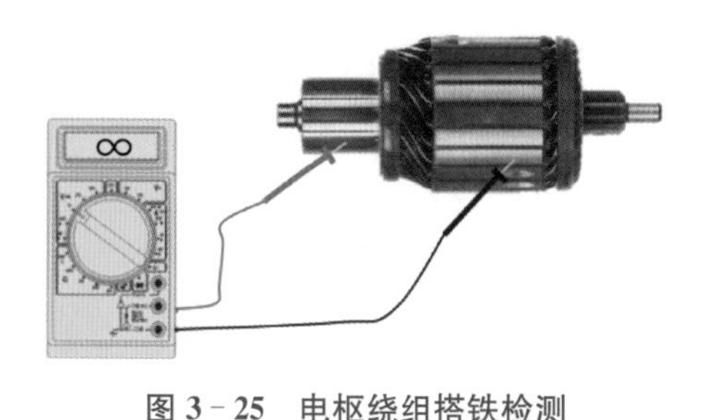

图 3 - 25　电枢绕组搭铁检测
Fig. 3 - 25　Rotor winding insulation test

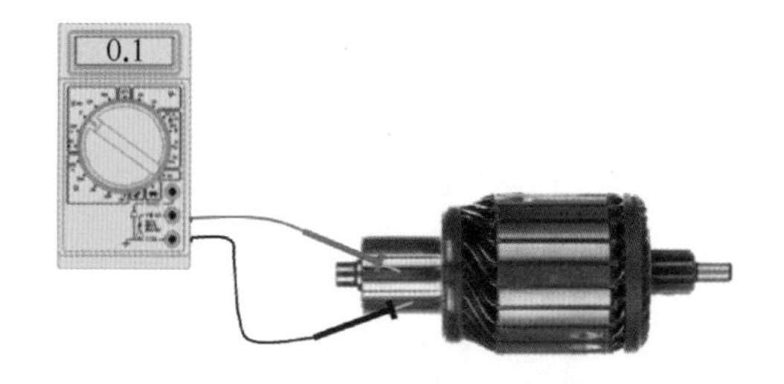

图 3 - 26　电枢绕组通断检测
Fig. 3 - 26　Rotor winding continuity test

图 3 - 27 所示为换向器圆跳动量检测。其失圆(即跳动量)不应超过 0.03 mm，最新的标准为 0.02 mm。

图 3－28 所示，为电枢轴跳动检测。其跳动量不应大于 0.08 mm，否则应进行校正或更换电枢。检查时应和标准值进行比较，若测得的直径小于最小值应更换电枢。

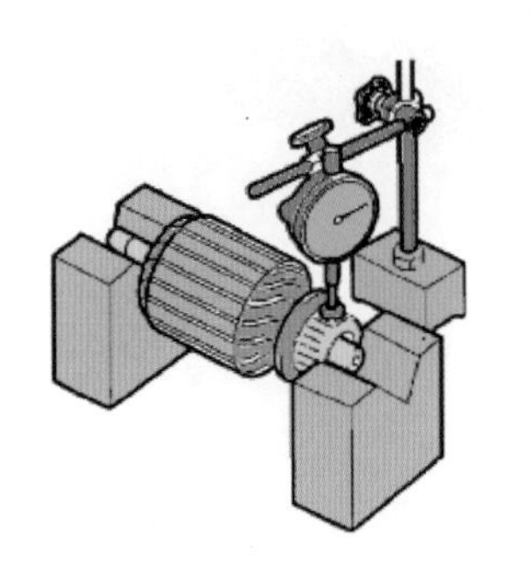

图 3－27　换向器圆跳动检测
Fig. 3－27　Commutator circular run-out test

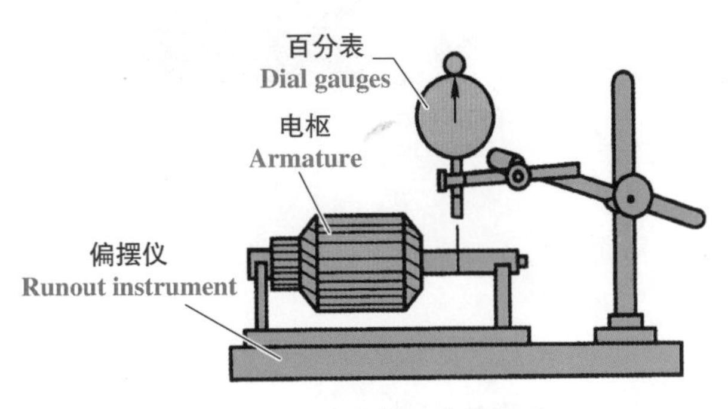

图 3－28　电枢轴跳动量检测
Fig. 3－28　Armature shaft circular run-out test

(3) 电刷总成的检测

电刷的高度应不小于新电刷高度的 2/3；电刷与换向器的接触面积应在 75％以上；电刷在电刷架内应活动自如、无卡滞现象。

用万用表电阻挡测量两个绝缘电刷架 A 与底座之间的电阻值，应为无穷大，否则说明电刷架绝缘部分损坏；用相同的方法检测两个搭铁电刷架 B 与底座之间的电阻值，应小于1 Ω，否则说明搭铁不良，如图 3－29 所示。

用弹簧秤检测弹簧的弹力，应为 11.76～14.7 N，如过小应更换，如图 3－30 所示。

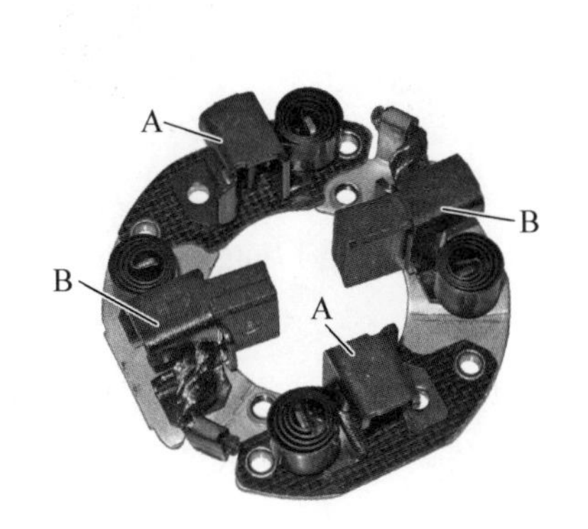

图 3－29　电刷架的检测
Fig. 3－29　Brush holder test

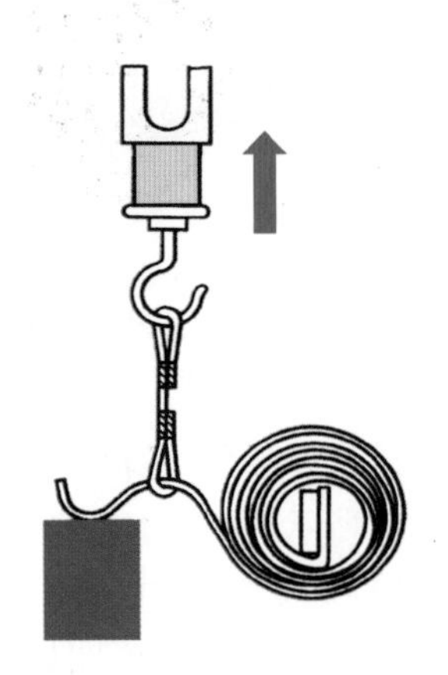

图 3－30　电刷弹簧的检测
Fig. 3－30　Brush spring test

2. 单向离合器的检测

将单向离合器及驱动齿轮总成装到电枢轴上，握住电枢，当转动单向离合器外座圈时，驱动齿轮总成应能沿电枢轴自如滑动，如图 3－31(a)所示。检查小齿轮和花键及飞轮齿圈有无磨损或损坏，在确保驱动齿轮无损坏的情况下，握住外座圈，转动驱动齿轮，应能自由转动；反转时应锁住，否则应更换单向离合器，如图 3－31(b)所示。

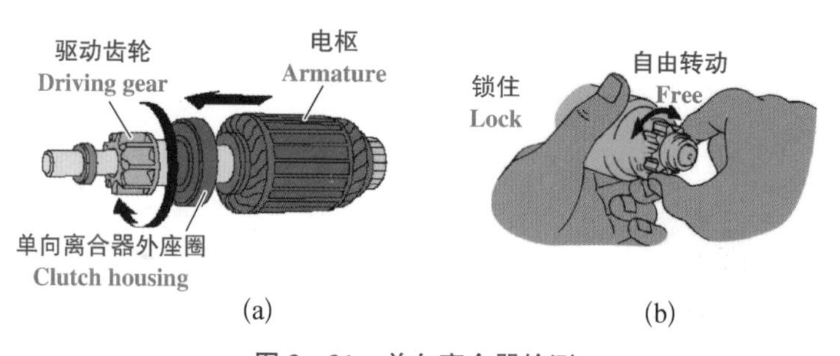

图 3-31 单向离合器检测
Fig. 3-31 Overrunning clutch test

3. 电磁开关的检测

(1) 吸拉线圈的检测

如图 3-32 所示,用万用表的电阻挡,将两表笔分别接电磁开关的 50 接线柱和 C 接线柱,若有电阻值,说明吸拉线圈良好;若电阻值为零,则存在短路故障;若电阻值为无穷大,则存在断路故障。短路或断路都应该更换电磁开关或直接更换起动机总成。

(2) 保持线圈的检测

如图 3-33 所示,用万用表的电阻挡,将两表笔分别接电磁开关的 50 接线柱和壳体,若有电阻值,说明保持线圈良好;若电阻值为零,则存在短路故障;若电阻值为无穷大,则存在断路故障。

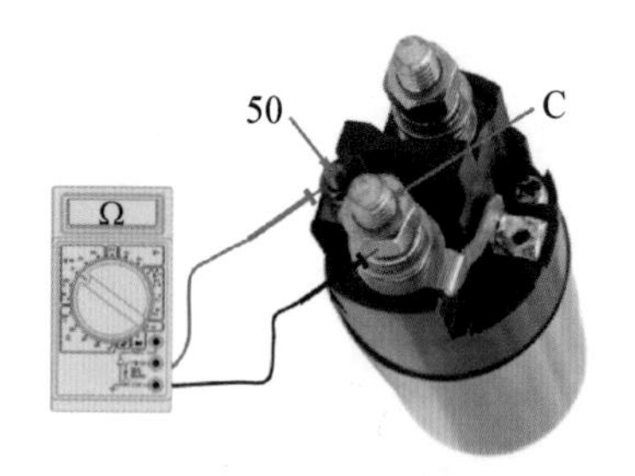

图 3-32 吸拉线圈的检测
Fig. 3-32 Pull-in winding test

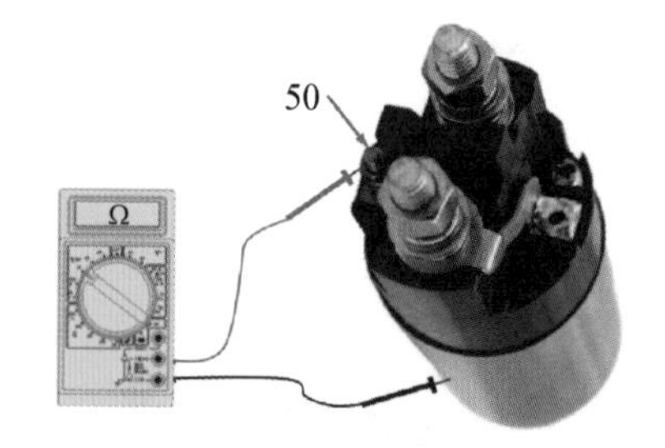

图 3-33 保持线圈的检测
Fig. 3-33 Hold-in winding test

(3) 电磁开关接触盘的检测

如图 3-34 所示,用手将电磁开关的活动铁芯压住,使电磁开关的接触盘向左移动,从而接通 30 接线柱和 C 接线柱。用万用表的电阻挡,将两表笔分别接电磁开关的 30 接线柱和 C 接线柱,若电阻值为零,说明接触良好。

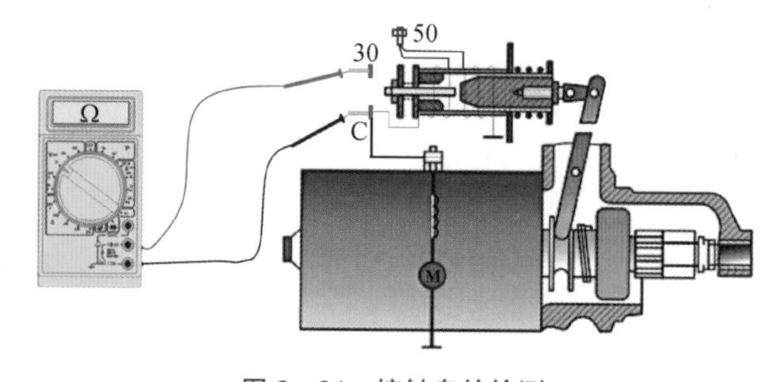

图 3-34 接触盘的检测
Fig. 3-34 Contact disc test

任务 2　起动系统电路分析与检修

掌握起动系统电路分析的方法；
熟练折画起动系统电路图；
熟练使用工具、对起动系统电路进行检修；
学会尊重劳动、尊重知识、尊重人才、尊重创造。

一、传统起动系统电路分析

传统的起动系统电路有两种形式：一种是不带起动继电器；另一种是带起动继电器。不论带或不带起动继电器，都可将起动电路分为两个部分：一部分是主电路，另一部分为控制电路。主电路是在起动机工作时为起动机励磁线圈和电枢绕组提供电能（流）的电路。控制电路的作用是控制起动机电磁开关动作，一方面使起动主电路按通，另一方面使起动机小齿轮与飞轮啮合，达到使起动机带动发动机飞轮齿圈转动的目的。

1. 不带起动继电器的起动系统

如图 3－35 所示，不带起动继电器的起动系统是通过点火开关直接控制起动机电磁开关工作，由于起动机电磁开关在工作时电流较大，容易使点火开关损坏，所以现在的汽车已很少采用。

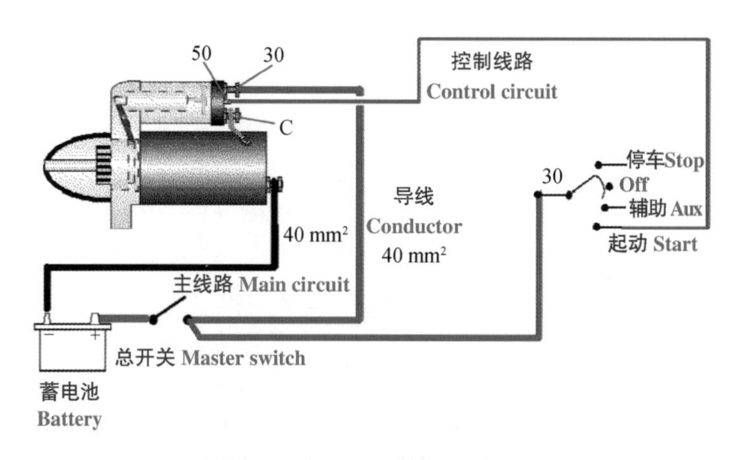

图 3－35　不带继电器的起动系统
Fig. 3－35　No-relay starter system

(1) 控制电路一:蓄电池正极→电源总开关→点火开关 30 接线柱→点火开关 START 挡→起动机电磁开关 50 接线柱→吸拉线圈→电磁开关 C 接线柱→直流电机磁极绕组→电枢绕组→起动机外壳→搭铁→蓄电池负极。

(2) 控制电路二:蓄电池正极→电源总开关→点火开关 30 接线柱→点火开关 STAR 挡→起动机电磁开关 50 接线柱→保持线圈→起动机外壳→搭铁→蓄电池负极。

(3) 主电路:蓄电池正极→电源总开关→电磁开关 30 接线柱→电磁开关内部接触盘→电磁开关 C 接线柱→直流电机磁极绕组→电枢绕组→起动机外壳→搭铁→蓄电池负极。

2. 带起动继电器的起动系统

带起动继电器的起动控制电路通过控制起动继电器内的电磁线圈,使继电器内部的常开触点闭合而接通起动电磁开关电路,使起动电磁开关工作,如图 3－36 所示。

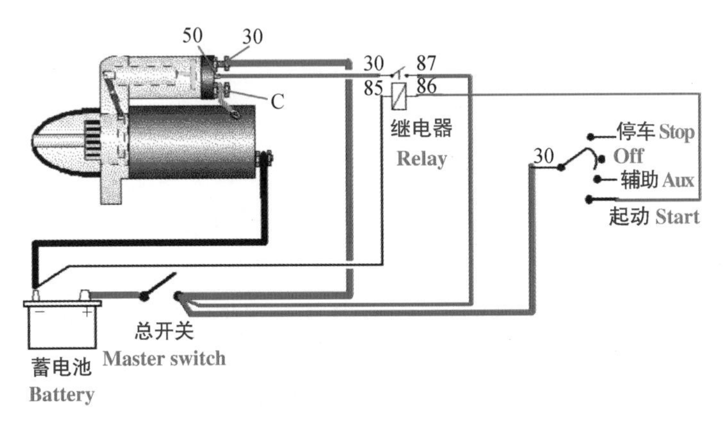

图 3－36 带继电器的起动系统

Fig. 3－36 Single relay starter system

(1) 控制电路一:蓄电池正极→电源总开关→点火开关 30 接线柱→点火开关 START 挡→起动继电器 86 号端子→继电器线圈→继电器 85 号端子→蓄电池负极。此时,起动继电器 30 和 87 号端子之间的常开触点吸合。

(2) 控制电路二:蓄电池正极→电源总开关→起动继电器 87 号端子→吸合的触点→起动继电器 30 号端子→起动机电磁开关 50 接线柱→电磁开关内部吸拉线圈→电磁开关 C 接线柱→直流电机磁极绕组→电枢绕组→起动机外壳→搭铁→蓄电池负极。

蓄电池正极→电源总开关→起动继电器 87 号端子→吸合的触点→起动继电器 30 号端子→起动机电磁开关 50 接线柱→电磁开关内部保持线圈→外壳搭铁→蓄电池负极。

(3) 主电路:蓄电池正极→电源总开关→电磁开关 30 接线柱→电磁开关内部接触盘→电磁开关 C 接线柱→直流电机磁极绕组→电枢绕组→起动机外壳→搭铁→蓄电池负极。

3. 组合继电器的起动系统

上述两种电路在发动机起动后,如果不小心将点火开关再转动到起动位置,起动电路会被接通而造成打齿现象。这是因为发动机工作时,起动机小齿轮试图与飞轮齿圈啮合,转速不同而造成的。因此,有些车辆采用了组合起动继电器,如图 3－37 所示。

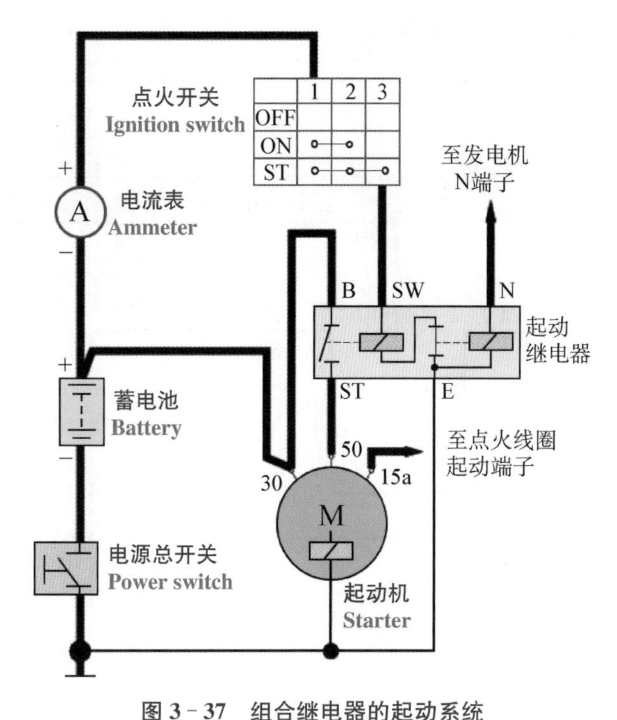

图 3－37　组合继电器的起动系统

Fig. 3－37　Compound relay starter system

二、电脑控制的起动系统电路分析

起动继电器由车身电脑或者发动机电脑等控制，电脑会分析各种起动条件是否满足，如果满足，才会给起动继电器供电，否则不给信号。在维修这类系统时，就要仔细检查起动条件是否满足，或者查阅维修资料，了解具体的起动条件。不同的车，起动条件都略有差异。

以 2012 款迈腾 B7 装配 1.8 升汽油发动机的起动系统为例，电路拆画如图 3－38 所示。当发动机控制单元 J623 接收到挡位信号(P/N)、制动信号 F 和点火开关的 50 信号后，起动机才能工作。电路分析如下：

(1) J329 的控制电路：电流经 J519 的 T52b/12 端子→J329 电磁线圈的 1 号端子→J329 电磁线圈的 2 号端子→搭铁，使触点吸合。

(2) J329 的负载电路：蓄电池 A 的正极→SB30 保险丝→J329 的 3 号端子→329 的 5 号端子→分别给 J682 和 J710 供电。

(3) J682 的控制电路：蓄电池 A 的正极→SB30 保险丝→J329 的 3 号端子→329 的 5 号端子→SC10 保险丝→J682 的 1 号端子→J682 的 2 号端子→J623 的 T94/9 号端子→ECU 内部功率三极管控制电路→搭铁。

(4) J682 的负载电路：蓄电池 A 的正极→SB30 保险丝→J329 的 3 号端子→329 的 5 号端子→J682 的 3 号端子→J682 的 5 号端子→J710 的 3 号端子(当触点闭合时)→J710 的 5 号端子→起动机 B 的 50 号端子→通过起动机外壳搭铁。

(5) J710 的控制电路：蓄电池 A 的正极→SB30 保险丝→J329 的 3 号端子→329 的 5 号端子→SC10 保险丝→J710 的 1 号端子→J710 的 2 号端子→J623 的 T94/31 号端子→ECU

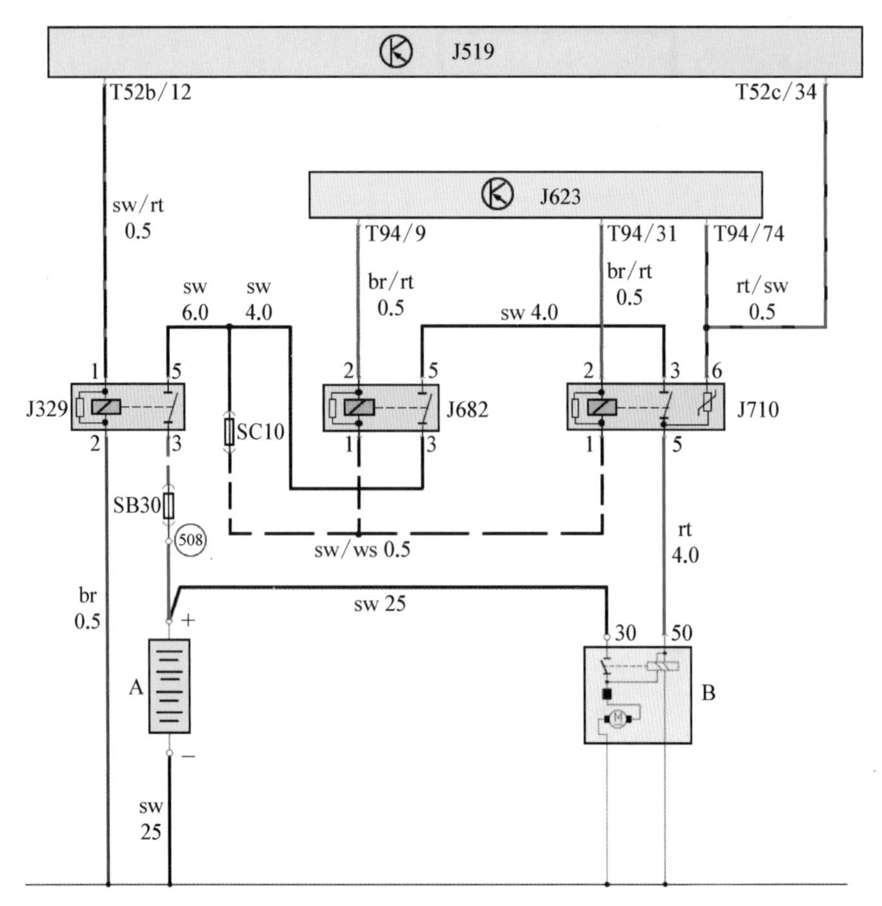

J159—车载电网控制单元　J623—发动机控制单元　J329—端子 15 供电继电器
J682—供电继电器　J710—供电继电器 2　A—蓄电池　B—起动马达
图 3－38　ECU 控制的起动系统
Fig. 3－38　ECU control starter system

内部功率三极管控制电路→搭铁。

(6) J710 的反馈信号电路:J710 的 6 号端子→J623 的 T94/74 号端子;J710 的 6 号端子→J519 的 T52c/34 号端子。点火开关处于起动挡位置时,如反馈信号为 12 V,J623 判定起动系统正常,J519 关闭大功率用电器信号(如:大灯、音响等);如反馈信号为 0 V,J623 判定起动系统有故障,生成相应的故障码。发动机起动后,点火开关回位至 ON 挡,此时反馈信号为 0 V, J623 判定起动完成,J519 开启大功率用电器信号。

一、起动继电器的检测

1. 静态检测

可用万用表测电阻的方法检查判断继电器的好坏。拔下继电器,用万用表电阻挡测量

(85)脚与(86)脚(如:图3-38中J682的1、2号端子)应导通;测量(87)脚与(30)脚(如:J682的3、5号端子)电阻值应为∞。如检测结果与上述规律不符,说明继电器有问题。

2. 动态检测

如果上述检查无问题,可在(85)与(86)脚间加12 V电源,用万用表电阻挡测量(87)脚与(30)脚应导通。如不符合上述规律,或通电后继电器发热,均说明其已损坏。

二、起动电流的波形检测

检测起动电流波形的目的有两个:测量起动电流的大小;分析各气缸的压缩压力是否均衡。

起动电流的大小影响因素很多,包括润滑油黏度、起动机工作条件、起动电路、蓄电池状况和气缸压缩压力等。一般来说,四缸汽油发动机的起动电流大约为80～200 A。从图3-39所示起动瞬间产生的电流波峰可见,起动机带动静止发动机旋转和带动运转的发动机旋转时起动电流差别很大,前者大约是后者的2～3倍。

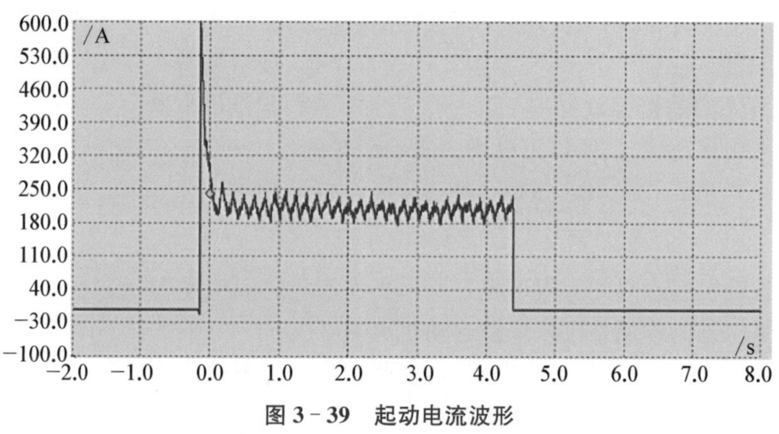

图3-39　起动电流波形
Fig. 3-39　Start current waveform

起动机带动发动机曲轴旋转所需要的转矩是起动电流的函数,起动电流的变化与气缸压力的变化间存在着对应的关系,而起动转矩又与气缸压力成正比。比较不同气缸在压缩行程所需的起动电流,可以获得气缸压缩压力信息。压缩压力越高,所需要的起动电流就越大,反之亦然。因此,只要不是为了获得各气缸压力的具体数值,而是为了比较各气缸压力是否均衡,完全可以采用通过测量起动过程中起动电流的变化去评价各气缸的密封性。

起动电流波形测试如图3-40所示。测试方法:将大量程的电流钳夹在蓄电池正极和起动机30端子的起动线路中(注意电流钳的方向);调节示波器显示屏上的功能键,使测得的波形处于最佳观测状态;起动发动机,

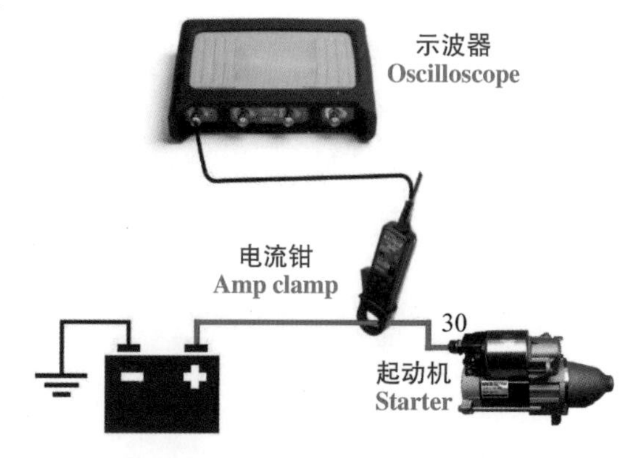

图3-40　起动电流波形测试
Fig. 3-40　Start current waveform test

此时会在示波器显示屏上显示起动电流波形;按下保持键,可以保持、存储和打印测得的波形图。测得的电流波形如图 3-39 所示。

各缸压缩压力测试方法:按图 3-40 所示方式接好测试线路,并调试好示波器的波形观测参数;拔下燃油泵保险丝;将点火钥匙打到起动挡,由起动机带动发动机运转;此时,在示波器显示屏上将会出现各缸的起动电流波形,此波形即可反映各缸压缩压力的状况。

一、选择题

1. 电磁开关将起动机主电路接通后,活动铁心依靠(　　)线圈产生的电磁力保持在吸合位置上。

A. 吸拉　　B. 保持　　C. 吸拉和保持

2. 发动机起动时,起动电流经过(　　)进入起动机。

A. 点火开关　　B. 吸引线圈

C. 电磁开关内的接触盘　　D. 起动继电器

3. 由于采用减速装置,所以可以增大驱动齿轮的(　　)。

A. 转速　　B. 扭矩　　C. 功率　　D. 效率

二、判断题

1. 汽车发动机起动时间一般不超过 5 s,再次起动间隔应在 15 s 以上。(　　)
2. 起动继电器的作用是用来保护起动机电磁开关。(　　)
3. 起动机工作时,应先接通主电路,再使驱动齿轮与飞轮齿圈啮合。(　　)
4. 起动保护继电器的触点为常闭触点。(　　)
5. 滚柱式离合器传递扭矩小,一般用于小功率的起动机上。(　　)

三、思考题

1. 起动系的作用是什么?
2. 起动机如何就车检测?
3. 如何判断电磁开关的好坏?

项目四 点火系统检修

扫码获取微课视频

项目导入

全面建设社会主义现代化国家，必须坚持中国特色社会主义文化发展道路，增强文化自信，围绕举旗帜、聚民心、育新人、兴文化、展形象，建设社会主义文化强国，发展面向现代化、面向世界、面向未来的，民族的，科学的，大众的社会主义文化，激发全民族文化创新创造活力，增强实现中华民族伟大复兴的精神力量。

汽车的点火系统，能在适当的时机提供足够的电压，使火花塞能产生足以点燃气缸内混合气的火花，让发动机得到最佳的燃烧效率。可以说，汽车的点火系统在汽车的使用中发挥着不可替代的作用。本文主要带领大家来了解汽车点火系统结构、工作原理以及常见的故障及维修办法。

任务1 传统点火系统检修

掌握传统点火系统各组成部分的结构；
理解点火系统高压产生的原理；
熟练使用工具拆卸点火系统；
熟练使用工具测量点火系统各项参数；
弘扬伟大建党精神，成为担当民族复兴大任的时代新人。

一、点火系统基础认知

汽油发动机中，气缸内的可燃混合气是采用高压电火花点燃的，故在汽油发动机上设有专门的点火控制装置，即点火系统。

1. 点火系统的作用与分类

(1) 点火系统的作用

将蓄电池或发电机的低压电按照发动机的点火顺序适时产生高压电，使需要点火气缸的火花塞产生电火花，点燃混合气。

(2) 点火系统的分类

汽车发展至今已150多年，点火系统也随着科学技术的进步，特别是电子技术的发展而不断地改进和应用。按照点火系统技术改进和应用的不同阶段，通常可以分为传统点火系统（已淘汰）、普通电子点火系统（已淘汰）和微机控制的点火系统（目前广泛使用）三类。

2. 对点火系统的要求

为保证在发动机各种工况和使用条件下都能适时、可靠地点火，点火系统应能满足如下三个基本要求。

(1) 能产生足够高的次级电压

汽油发动机气缸内的可燃混合气是靠火花塞产生电火花点燃的，而击穿火花塞中心电极和侧电极之间的间隙必须有足够高的次级电压。要保证火花塞可靠跳火，次级电压一般在15 kV左右，考虑各种不利因素的影响，通常对点火系统的设计能力为30 kV。

(2) 火花要有足够的能量

要使混合气可靠点燃，必须具有足够的点火能量。发动机正常工作时，混合气接近压缩终了的温度已趋于自燃温度，因此所需的火花能量很小，一般在几毫焦(1～5 mJ)；但在发动机起动、怠速及急加速时，由于混合气的温度较低或混合气过浓、过稀等原因，需要较高的火花能量，一般在几十毫焦(50～80 mJ)。电火花持续的时间不少于500 μs。

(3) 点火时刻应适应发动机工况

试验表明，在混合气燃烧膨胀过程中，当最高爆发压力出现在上止点后10°左右时，发动机输出功率最大。由于混合气在气缸内从开始点火到完全燃烧需要一定的时间（千分之几秒），所以点火不应在气缸压缩行程终了进行，而应适当提前一些。提前的点火时间用发动机曲轴转角来表示，称为点火提前角。点火提前角是指火花塞开始点火，活塞运行到上止点曲轴所转过的角度。

点火提前角的影响因素很多，主要有发动机转速、负荷、温度、爆震等。发动机转速增高，点火提前角增大；发动机负荷增大，点火提前角减小。使发动机获得最佳动力性、经济性和排放性的点火提前角称为最佳点火提前角，点火提前角应能自动调节，以适应发动机的各种工况。

二、触点式传统点火系统

1. 触点式传统点火系统的组成

触点式传统点火系统的组成如图4-1所示。它主要由蓄电池、点火开关、点火线圈、分电器和火花塞等组成。

(1) 蓄电池：提供点火系统所需电能。

(2) 点火开关：接通或断开点火系统电源。

(3) 点火线圈：储存点火能量，并将蓄电池电压转变为高电压。传统点火线圈结构如图4-2所示。

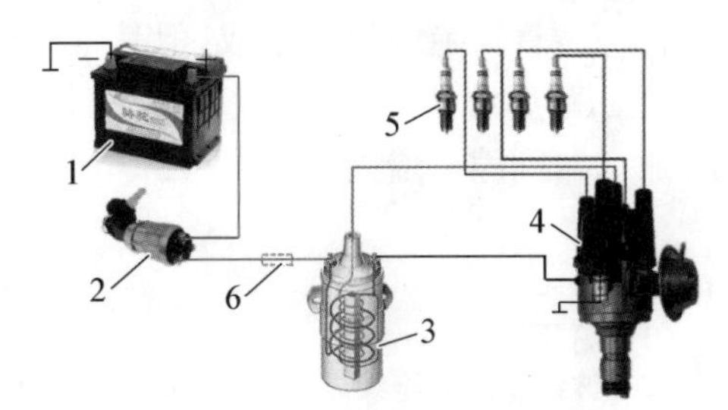

1—蓄电池 Battery
2—点火开关 Ignition switch
3—点火线圈 Ignition coil
4—分电器 Distributor
5—火花塞 Spark plugs
6—附加电阻 Ballast resistor

图 4－1　触点式传统点火系统
Fig. 4－1　Break point ignition system

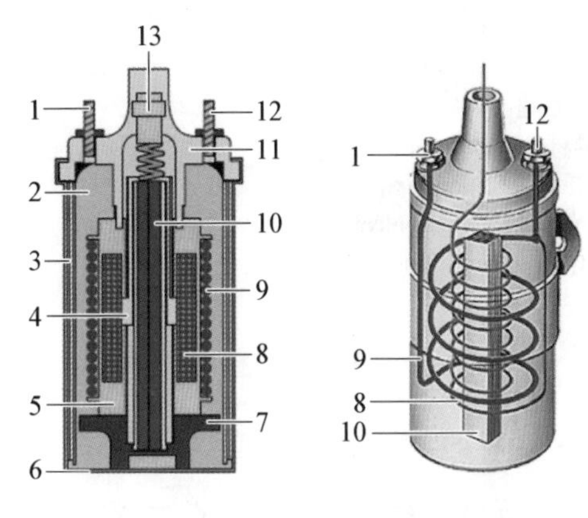

1—端子 15 Terminal 15
2—复合填充物 Mould compound
3—层板 Lightweight sheet
4—高压连接端子 High-voltage terminal connection
5—绝缘层 Insulating paper
6—壳体 Housing
7—绝缘座 Insulating body
8—次级线圈 Secondary coil
9—初级线圈 Primary coil
10—铁芯 Magnetic core
11—绝缘盖 Insulating cover
12—端子 1 Terminal 1
13—高压输出端 High-voltage terminal

图 4－2　传统点火线圈
Fig. 4－2　Conventional ignition coil

(4) 分电器:由断电器、配电器、电容器和点火提前机构等部分组成。断电器俗称白金触点,其作用是接通或切断点火线圈的初级电路;配电器的作用是将点火线圈产生的高压电按发动机工作顺序输送至相应缸的火花塞;电容器的作用是在断电器工作时起灭弧作用;点火提前机构包括离心提前机构和真空提前机构,离心提前机构的作用是随发动机转速的变化自动调节点火提前角,发动机转速越高,点火提前角相应增大;真空提前机构的作用是随着发动机负荷的大小变化而自动调节点火提前角,在相同的转速下,发动机负荷增大,点火提前角相应减小。分电器结构如图 4－3 所示。

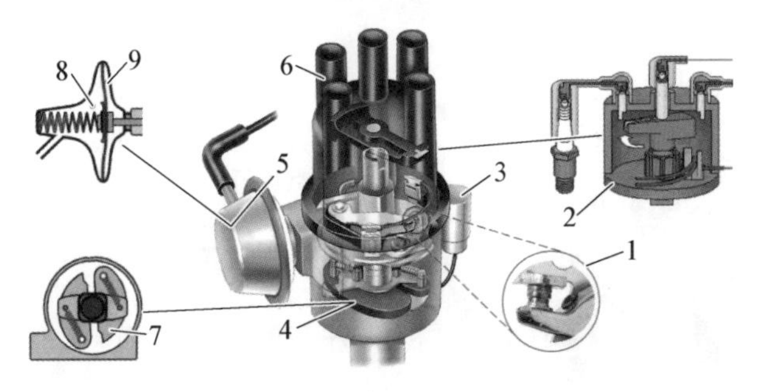

1—断电器 Breaker point
2—配电器 Distributor
3—电容 Capacitor
4—离心提前机构 Centrifugal advance
5—真空提前机构 Vacuum advance
6—分电器盖 Cap
7—离心块 Centrifugal weights
8—真空室 Vacuum chamber
9—膜片 Diaphragm

图 4－3　分电器的结构
Fig. 4－3　Structure of distributor

(5) 火花塞:导入高压电,击穿电极间隙,产生电火花,点燃混合气。火花塞的构造如图

4－4所示。火花塞主要由中心电极、侧电极、钢壳、瓷绝缘体等组成，但其结构形式有多种。中心电极用镍铬合金制成，具有良好的耐高温、耐腐蚀性能。导体玻璃起密封作用。火花塞的间隙多为0.6～0.8 mm，但当采用电子点火时，间隙可增大至1.0～1.2 mm。

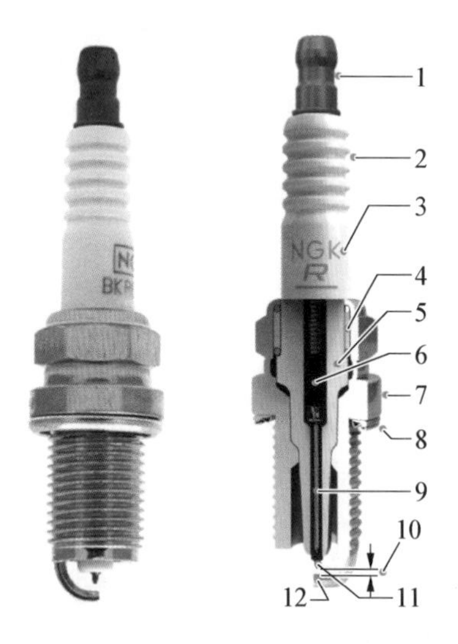

1—高压接头 Terminal
2—波纹状陶瓷绝缘体 Corrugations insulator
3—商标和型号 Brand and part No.
4—内层垫圈 Special packing
5—绝缘体 Insulator
6—陶瓷电阻 Ceramic resistor
7—金属外壳 Metal shell
8—密封垫圈 Gasket
9—铜导杆 Copper core
10—电极间隙 Spark gap
11—中心电极 Centre electrode
12—侧电极 Ground electrode

图4－4　火花塞的结构
Fig. 4－4　Structure of spark plug

火花塞绝缘体上的温度保持在500～700℃时，落在绝缘体上的油粒能自行烧掉而又不会引起炽热点火，这个温度称之为火花塞的自洁温度。

火花塞分冷型和热型，热型火花塞适用于压缩比小、转速低、功率小的发动机，因为这些发动机的燃烧室温度较低；冷型火花塞则适用于高压缩比、高转速、大功率的发动机。

2. 触点式传统点火系统的工作原理

发动机工作时，发动机凸轮轴驱动分电器轴转动，分电器轴带动断电器凸轮轴转动，使断电器触点交替地闭合和打开，因此传统点火系统的工作原理可以分成以下三个阶段进行分析。

(1) 第一阶段：触点闭合，初级电流增长的过程，如图4－5(a)所示。点火系统的初级电流为：蓄电池正极→点火开关→点火线圈的初级绕组→断电器触点→搭铁。初级电流按指数规律增长，以磁场能的形式储存在点火线圈中。

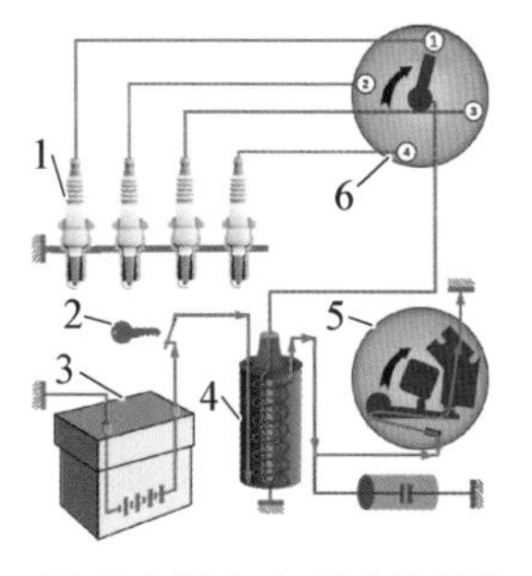

(a) 触点闭合，初级电流增长

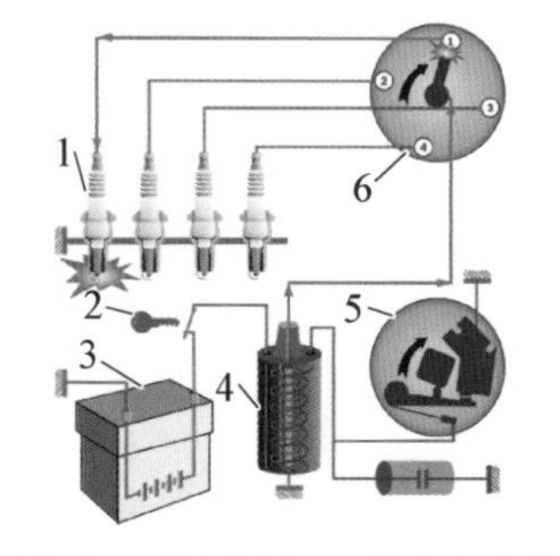

(b) 火花塞电极击穿，产生电火花

1—火花塞 Spark plugs
2—点火开关 Ignition switch
3—蓄电池 Battery
4—点火线圈 Ignition coil
5—断电器 Breaker point
6—配电器 Distributor

图4－5　传统点火系统工作过程
Fig. 4－5　Working process of conventional ignition system

(2) 第二阶段:触点断开,次级绕组产生高压的过程。触点打开后,初级电流迅速降为零,磁通也随之迅速减少,此时,由于互感的作用,在次级绕组中产生高达 15～20 kV 的电动势,即次级高压。

(3) 第三阶段:火花塞电极击穿,产生电火花,点燃混合气,如图 4－5(b)所示。次级电流为:次级绕组→配电器→火花塞。此时,次级绕组的高压电击穿火花塞间隙,产生电火花,点燃混合气,使发动机做功。

三、普通电子点火系统

电子点火系统又称为半导体点火系统或晶体管点火系统,它主要由点火控制器、分电器及位于分电器内的点火信号发生器、点火线圈、火花塞等组成,如图 4－6 所示。

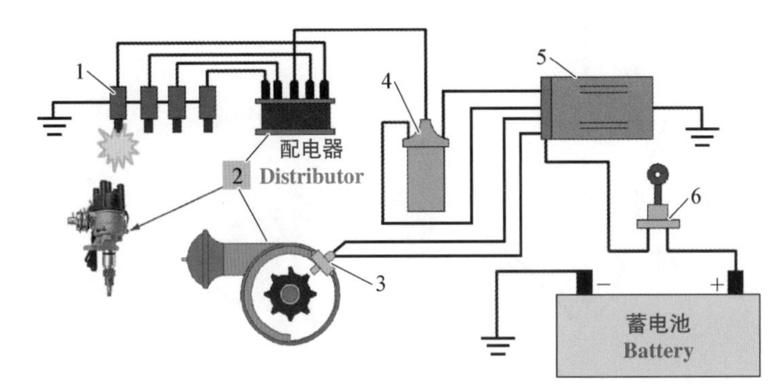

1—火花塞 Spark plug
2—分电器总成 Distributor assembly
3—信号发生器 Pulse generator
4—点火线圈 Ignition coil
5—点火控制器 Ignition module
6—点火开关 Ignition switch

图 4－6　普通电子点火系统
Fig. 4－6　Electronic ignition system

点火控制器和信号发生器组件取代了触点式点火系统中的断电器组件,信号发生器产生点火正时信号,点火控制器根据信号控制点火线圈初级电流的通断。常见的点火信号发生器有磁感应式、霍尔式和光电式。

1. 磁感应式信号发生器

磁感式信号发生器由永久磁铁、感应线圈、铁芯、信号转子等组成,工作原理如图 4－7 所示。

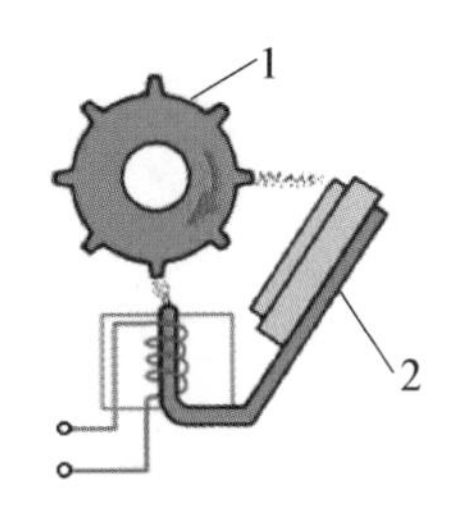
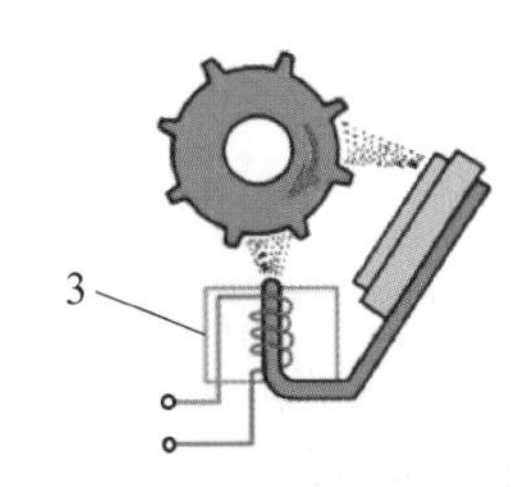

1—信号转子 Rotor
2—永久磁铁 Permanent magnet
3—线圈与铁芯 Coil and core

图 4－7　磁感式信号发生器
Fig. 4－7　Magnetic pulse generator

当信号转子转动时,穿过传感线圈的磁通发生变化时,线圈中将产生感应电动势。其中某一凸齿靠近永久磁铁,磁阻减小,通过传感线圈的磁通增加;凸齿与铁心对正时,穿过感应线圈的磁通量最大,变化量为零,此时感应电动势为零;凸齿离开永久磁铁时,磁阻增大,

通过传感线圈的磁通减少，感应电动势反向。感应电动势的大小与磁通变化率成正比。

随着信号转子的不断转动，感应线圈中的磁通量不断改变，在感应线圈的两端感应出交变的电压信号。感应线圈中磁通量和感应电动势变化情况如图 4-8 所示。

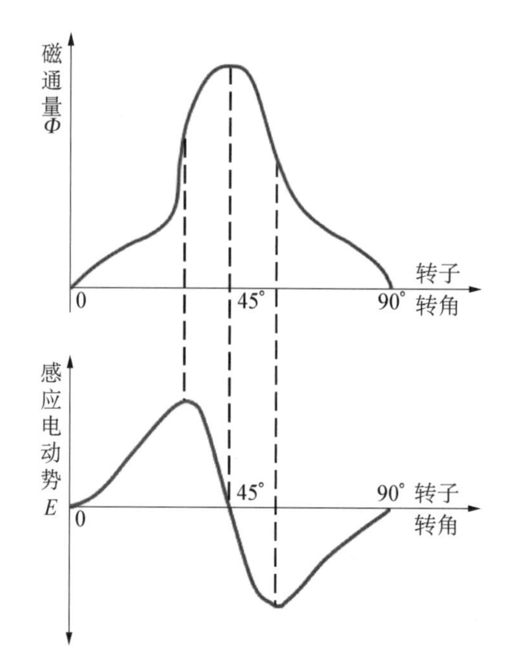

图 4-8 感应线圈中磁通量和感应电动势变化情况

Fig. 4-8 The transformation relations of the magnetic flux and induced electromotive force

2. 霍尔式信号发生器

霍尔式信号发生器是利用霍尔效应制成，装在无触点分电器中，霍尔电压产生的原理如图 4-9 所示。

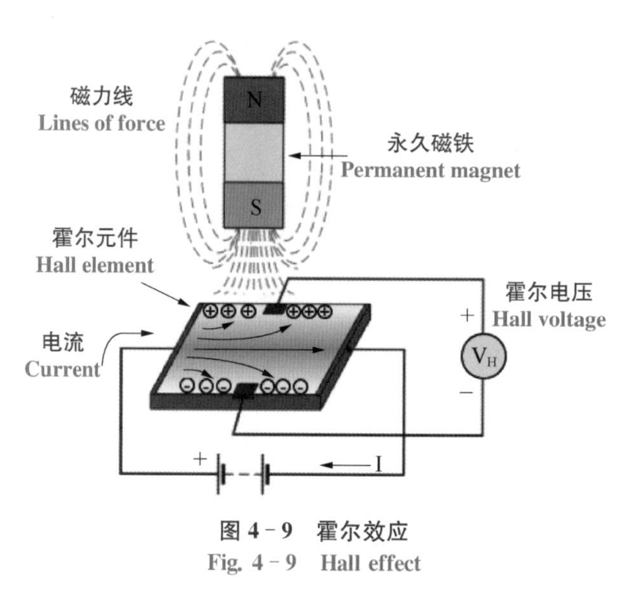

图 4-9 霍尔效应

Fig. 4-9 Hall effect

当电流垂直于外磁场通过半导体时，载流子发生偏转，垂直于电流和磁场的方向会产生一附加电场，从而在半导体的两端产生电势差，这一现象就是霍尔效应，这个电势差也被称为霍尔电压 V_H。

图 4－10 所示为霍尔信号发生器的结构与原理，主要由霍尔集成电路(内含霍尔元件)、永久磁铁和触发叶轮组成。触发叶轮与分火头制成一体由分电器轴带动，触发叶轮转动，每当叶片进入永久磁铁与霍尔元件之间的空气隙时，磁场便被触发叶轮的叶片旁路而不能作用于霍尔元件上，此时不产生霍尔电压。霍尔式信号发生器产生的霍尔信号经集成电路处理后，输出波形如图 4－10 所示。

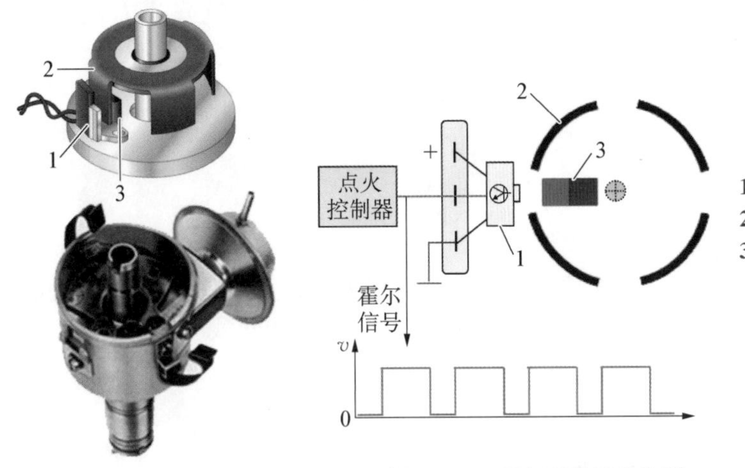

图 4－10　霍尔式信号发生器

Fig. 4－10　Hall pulse generator

3. 光电式信号发生器

光电式信号发生器是利用光电效应制成，以红外线或可见光光束进行触发，主要由光源、光接收器(光敏元件)、遮光盘等组成，如图 4－11 所示。

遮光盘的外缘介于光源与接收器之间，外缘上开有缺口，缺口允许光束通过，实体部分则能挡住光束。当遮光盘随分电器轴转动时，光源发出的光束被遮光盘交替遮挡，使光接收器中的光敏元件交替导通与截止，形成电脉冲信号。

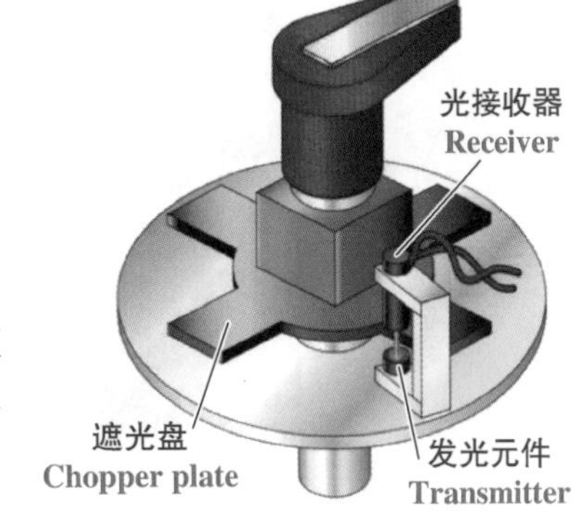

图 4－11　光电式信号发生器

Fig. 4－11　Photoelectric pulse generator

一、传统点火系统主要元件的检修

1. 点火线圈的检测

(1) 初级线圈检测，如图 4－12(a)所示。将万用表调至电阻挡，红、黑表笔分别接端子

15 和 1,将读出的数值与标准值比较，以此来判断是否有短路和断路。

(2) 次级线圈检测,如图 4－12(b)所示。将万用表调至电阻挡,红、黑表笔分别接端子 1 和 4,将读出的数值与标准值比较，以此来判断是否有短路和断路。

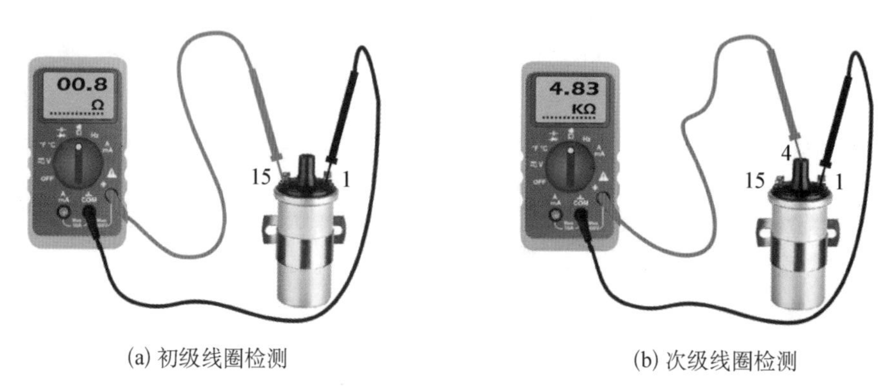

(a) 初级线圈检测　　(b) 次级线圈检测

图 4－12　点火线圈的检测
Fig. 4－12　Ignition coil test

(3) 点火线圈的绝缘性检测。用万用表的电阻挡测量点火线圈任一接柱与外壳之间的电阻，其值应不小于 50 MΩ，否则说明点火线圈绝缘不良，应更换点火线圈。

2. 火花塞的检测

(1) 火花塞的常见故障

火花塞是在高温、高压下工作，且要受燃油中化学添加剂的腐蚀，工作环境极为恶劣，故障率较高。火花塞的常见故障如图 4－13 所示。

图 4－13　火花塞的损坏情况
Fig. 4－13　Status of spark plug

(2) 火花塞的检查

① 直观检查,查看火花塞的电极和绝缘体外观。正常工作的火花塞绝缘体裙部呈浅棕色或黄褐色，轻微的积碳和电极烧蚀仍属正常现象。

② 火花塞间隙检查,用专用量规或厚薄规检查。不同车型间隙值略有差异,其间隙可从汽车维修手册中查得。传统点火系统火花塞的正常间隙通常为 0.6～0.8 mm。

二、传统点火系统波形检测与分析

1. 初级波形检测与分析

传统点火系统初级点火信号是从初级线圈两接线柱或断电器触点两端采集，其波形如图4－14所示。

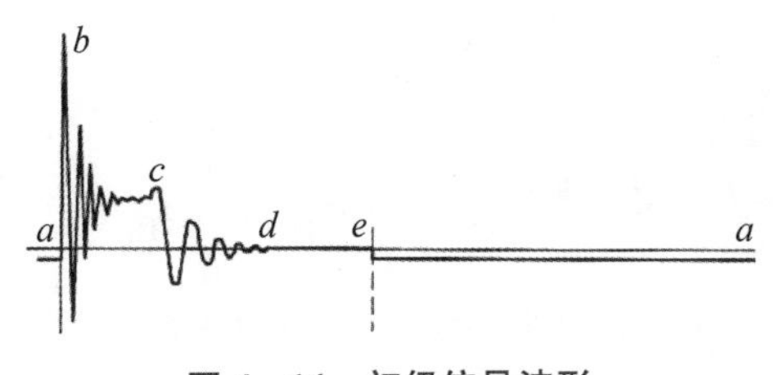

图 4－14　初级信号波形

Fig. 4－14　Primary ignition waveform

ab 段：为点火开关打开，白金触点断开瞬时，点火线圈通电瞬间产生的电压。

bc 段：为白金触点断开稳定时，初级线圈的电压，为蓄电池电压。

cd 段：为白金触点闭合瞬间，初级线圈的电压，震荡衰竭。

de 段：为白金触点闭合稳定时，初级线圈的电压，一般为零。

ea 段：为白金触点闭合将要断开时，初级线圈的电压。

2. 次级波形检测与分析

点火次级波形是从线圈高压总线上采集的。1 缸的点火信号，用于判缸。使用鳄鱼夹拾取信号。开启示波器，起动发动机，使发动机转速保持在 1 500 r/min 时，根据仪器检测及提示选取波形，如图 4－15 所示，横坐标表示时间，纵坐标表示电压。

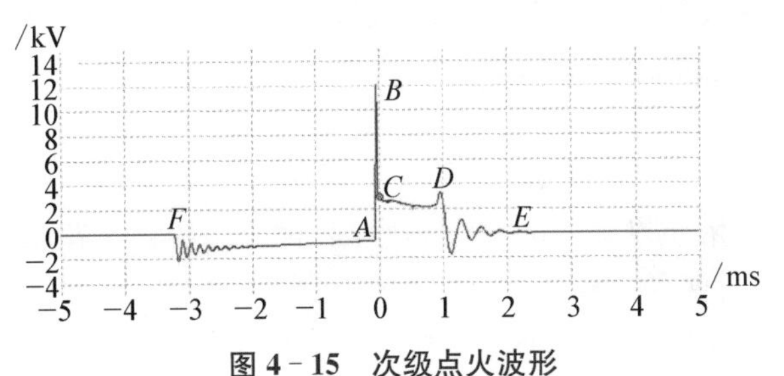

图 4－15　次级点火波形

Fig. 4－15　Secondary ignition waveform

AB 段：断电器触点打开的瞬间，由于初级电流迅速下降，点火线圈内初级线圈的磁场迅速消失，在次级线圈中感应出的高压电动势急剧上升。当次级电压还没有到达最大值时，就将火花塞间隙击穿。击穿火花塞间隙的电压称为击穿电压，即 *AB* 段，*AB* 线也称为点火线。*B* 点的高度表明点火系统克服火花塞间隙、分火头间隙、高压导线各电阻并将混合气点燃的实际次级电压。

BC 段：击穿火花塞间隙后的放电电压。

CD 段：火花塞间隙击穿后，通过火花塞间隙的电流迅速增加，致使两电极间隙间引起火花放电，火花放电电压比较稳定。*CD* 的高度表示火花放电的电压，宽度表示火花放电的持续时间，*CD* 线称为火花线。

DE 段：当保持火花塞间隙持续放电的能量消耗完毕，电火花在 *D* 点消失，点火线圈和电容器中的残余能量以低频震荡的形式消耗完毕。此时电压变化为连续的低频振荡，波峰一般在 4～5 个以上，当波峰减少时说明电容漏电或击穿。

EFA 段：断电器触点闭合，点火线圈初级电路又有电流通过，次级电路导致一个负压。触点闭合后，先是产生二次闭合振荡，然后次级电压由一定负值逐渐变化到零。当至 *A* 点时，断电器触点又打开，次级电路又产生击穿电压。

任务2　微机控制点火系统检修

学习目标

掌握微机控制点火系统各组成部分的结构；
理解微机控制点火系统的控制策略；
熟练使用工具拆卸点火系统；
熟练使用工具测量点火系统各项参数；
深化爱国主义、集体主义、社会主义教育。

相关知识

现代轿车电控发动机广泛采用微机控制点火系统，能够对点火全过程进行控制，其控制内容包括点火提前角控制、通电时间控制和爆震控制，完全满足汽油发动机对点火系统的基本要求，使发动机的动力性、经济性和排放性达到最佳状态。

一、微机控制点火系统的分类

由发动机电脑根据各传感器输入的信息，依照发动机的点火顺序，适时控制各缸火花塞点火。可以分为双缸同时点火和单缸独立点火两种方式。

1. 双缸同时点火

同时点火是指点火线圈每产生一次高电压，都使两个气缸的火花塞同时跳火，即双缸同时点火。次级绕组产生的高压电将直接加在四缸发动机的1、4缸或2、3缸（六缸发动机的1、6缸、2、5缸或3、4缸）火花塞电极上跳火。

点火过程同时发生在两个工作顺序相差360°的气缸中。电火花产生时，其中一个气缸的活塞位于压缩上止点附近，对这个气缸是一次有效的点火。对于另一个气缸，其活塞正好位于排气上止点附近，因此是一次无效的点火。

同时点火方式，按配电方式又分为二极管分配式（如图4－16所示）和点火线圈分配式（如图4－17所示）两种型式。由于二极管分配方式的点火线圈中高压二极管容易击穿损坏，故目前普遍使用点火线圈分配方式进行双缸同时点火控制。点火线圈结构如图4－18所示。

2. 单缸独立点火方式

主要由各缸分别独立的点火线圈和点火控制器（如图4－19所示）及发动机ECU等组成。各缸点火线圈的初级绕组分别由点火器中的一个功率管控制，整个点火系统的工作由ECU控制。发动机工作时，发动机ECU接收输入的传感器、外部请求信号并与存储器中储存数据相比较分析，并经计算后适时地向点火器输出点火信号，由点火器中的功率管分别接通与切断各缸点火线圈的初级电路。控制原理如图4－20所示。

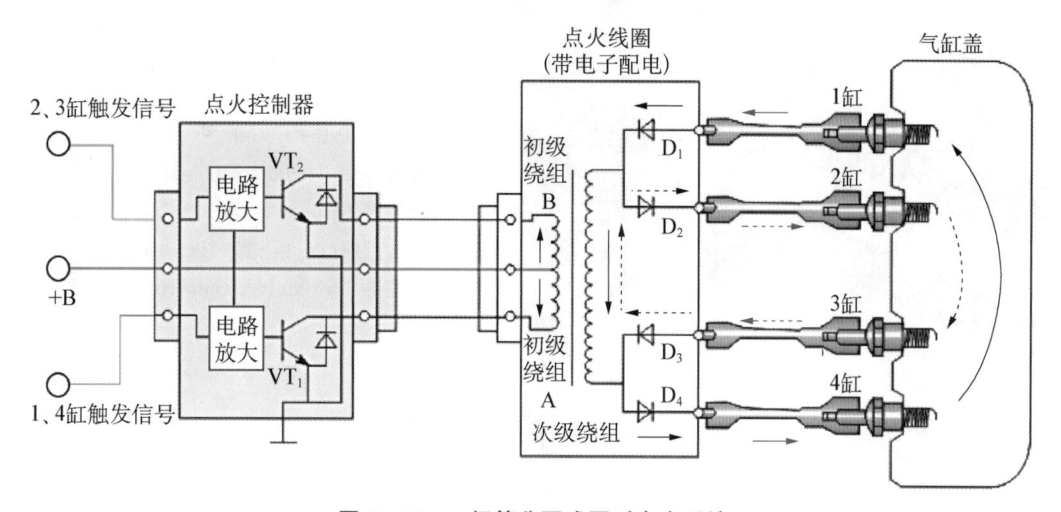

图 4-16　二极管分配式同时点火系统

Fig. 4-16　Four-spark ignition system

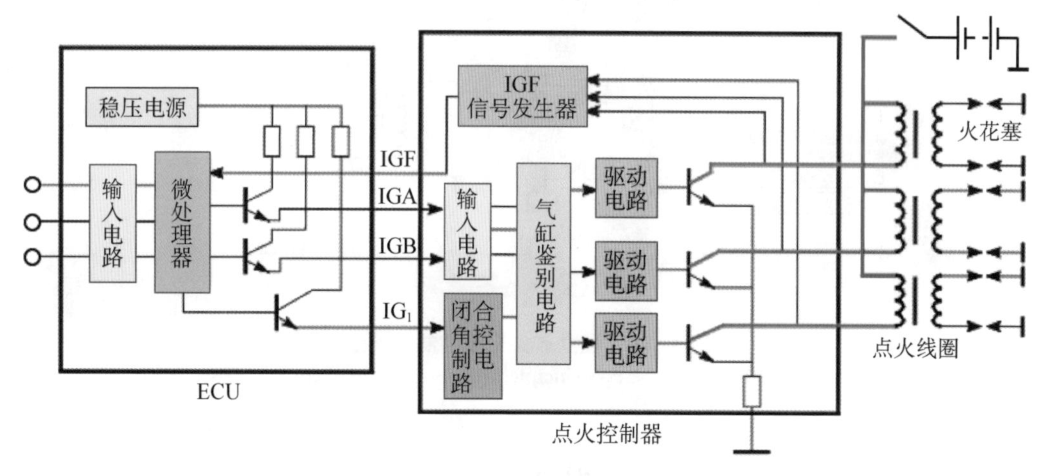

图 4-17　点火线圈分配式同时点火系统

Fig. 4-17　Dual-spark ignition system

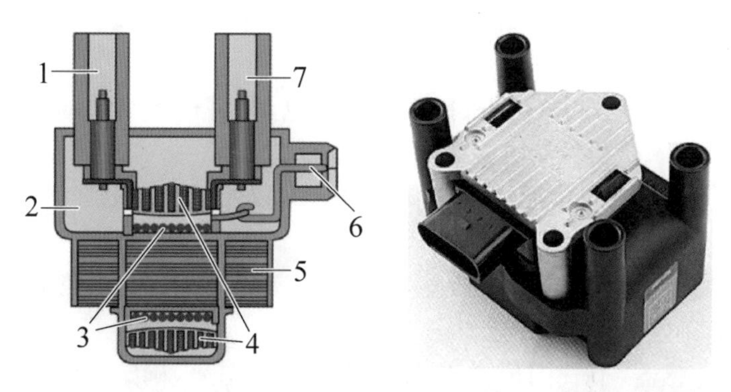

1、7—高压输出端 High voltage connection

2—绝缘体 Insulator

3—初级线圈 Primary coil

4—次级线圈 Secondary coil

5—铁心 Magnetic core

6—低压接头 Low voltage connection

图 4-18　点火线圈

Fig. 4-18　Ignition coil

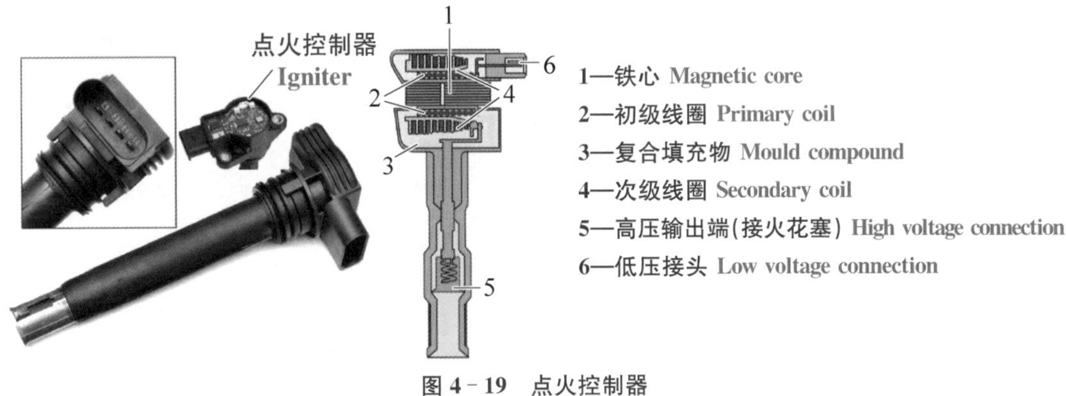

图 4-19 点火控制器
Fig. 4-19 Igniter

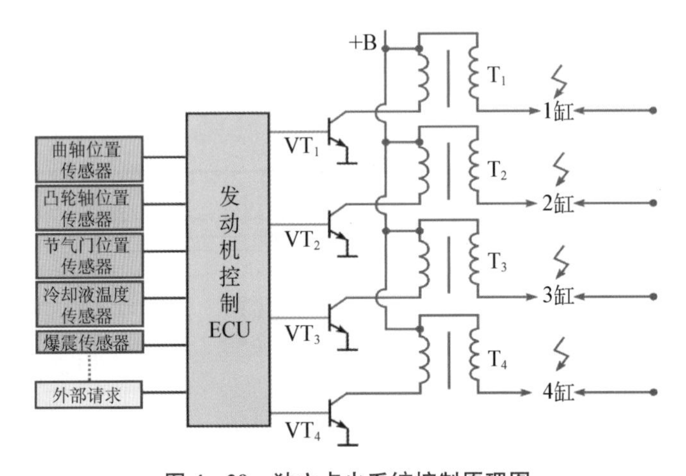

图 4-20 独立点火系统控制原理图
Fig. 4-20 The principle of coil-on-plug system

二、微机控制点火系统的组成和控制原理

1. 微机控制点火系统的组成

微机控制点火系统由传感器、电子控制单元(ECU)、执行器(点火控制器)、点火线圈、火花塞等组成,如图 4-21 所示。

(1) 传感器:传感器用来检测与点火有关的发动机工作状况信息,并将检测结果输入ECU,作为计算和控制点火时刻的依据。微机控制点火系统的传感器主要有:

① 凸轮轴位置传感器:采集配气凸轮轴的位置信号,并输入 ECU,以便 ECU 识别气缸1 压缩上止点,从而进行点火时刻控制。

② 曲轴位置传感器:确定曲轴的位置,也就是曲轴的转角以及发动机转速。它通常要配合凸轮轴位置传感器一起来工作,确定点火时刻。

③ 空气流量传感器/进气压力传感器、节气门位置传感器:作为负荷信号,确定基本点火时刻。

④ 冷却液温度、进气温度、开关信号:点火提前角修正信号。

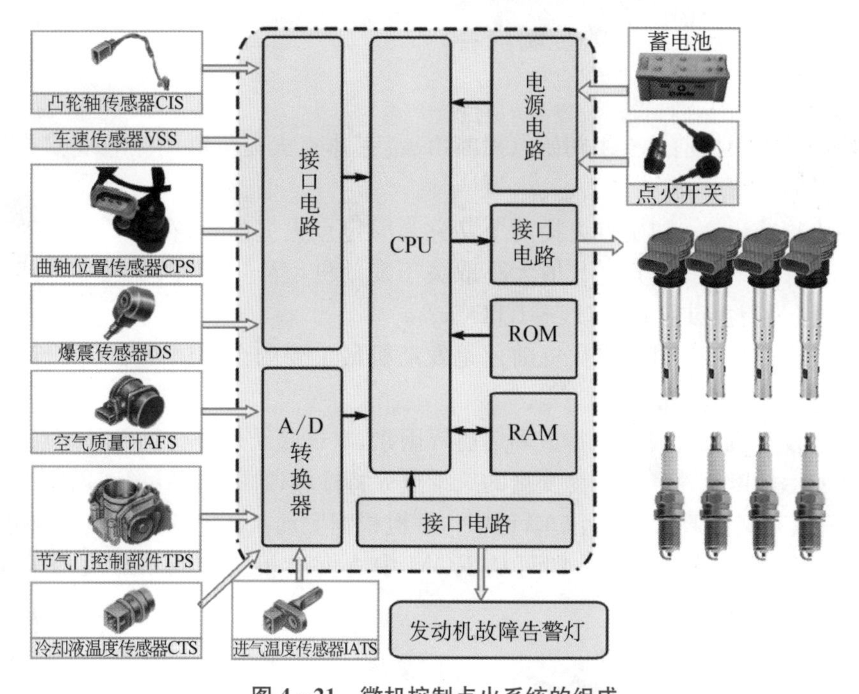

图 4－21 微机控制点火系统的组成

Fig. 4－21 Electronic control ignition system

⑤ 爆震传感器：用来检测发动机抖动度，当发动机产生爆震时用来调整点火提前角，使点火系统形成闭环控制。

(2) 微机控制单元：又称为发动机电脑 ECU(electronic control unit)，由微处理器(CPU)、存储器(ROM、RAM)、输入/输出接口(I/O)、模/数转换器(A/D)以及整形、驱动等大规模集成电路组成。对接收到的各种信息进行运算、处理、判断，然后输出指令，对点火系统进行相应的控制。

(3) 点火控制器：又称为点火电子组件、点火器或功率放大器，是微机控制点火系统的功率输出级，它接受 ECU 输出的点火控制信号并进行功率放大，以便驱动点火线圈工作。

2. 控制原理

发动机工作时，CPU 通过传感器把发动机的工况信息采集到随机存储 RAM 中，并不断检测凸轮轴位置传感器信号(即标志位信号)，判定是哪一缸即将到达压缩上止点。当接收到标志信号后，CPU 立即开始对曲轴转角信号进行计数，以便控制点火提前角。与此同时，CPU 根据反映发动机工况的转速信号、负荷信号以及与点火提前有关的传感器信号，从只读存储器中查询出相应工况下的最佳点火提前角。在此期间，CPU 一直在对曲轴转角信号进行计数，判断点火时刻是否到来。当曲轴转角等于最佳点火提前角时，CPU 立即向点火控制器发出控制指令，使功率三极管截止，点火线圈初级电流切断，次级绕组产生高压，并按发动机点火顺序分配到各缸火花塞跳火点着可燃混合气。

上述控制过程是指发动机在正常状态下点火时刻的控制过程。当发动机起动、怠速或汽车滑行工况时，设有专门的控制程序和控制方式进行控制。

三、微机控制点火系统的控制内容

1. 点火提前角的确定

微机控制的点火提前角 θ 由初始点提前角 θ_i、基本点火提前角 θ_b 和修正点火提前角 θ_c 三部分组成，即 $\theta=\theta_i+\theta_b+\theta_c$ 。

初始点火提前角 θ_i：初始点火提前角又称为固定点火提前角，在发动机起动或转速低于 400 r/min 时的点火提前角。其值大小取决于发动机型号，并由曲轴位置传感器的初始位置决定，一般为上止点前 BTDC6°～BTDC12°。

基本点火提前角 θ_b：基本点火提前角是发动机最主要的点火提前角，是设计微机控制点火系统时确定的点火提前角。

综合考虑发动机油耗、扭矩、排放和爆震等因素，对试验结果进行优化处理后，即可获得如图 4-22 所示的以转速和负荷为变量的三维点火特性脉谱图。将脉谱图以数据形式存储在 ECU 的只读存储器 ROM 中，汽车行驶时，微机根据发动机转速信号和负荷信号(由空气流量和节气门位置传感器确定)，即可从 ROM 中查询出相应的基本点火提前角来控制点火。

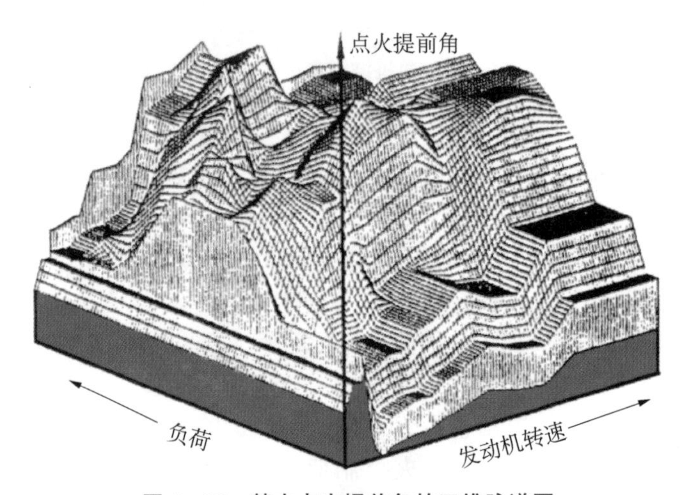

图 4-22　基本点火提前角的三维脉谱图

Fig. 4-22　Three-dimensional map of ignition advance

修正点火提前角 θ_c：为使实际点火提前角适应发动机的运转情况，以便得到良好的动力性、经济性和排放性能，必须根据相关因素(冷却液温度、进气温度、开关信号等等)适当增大或减小点火提前角，即对点火提前角进行必要的修正，修正点火提前角的项目有多有少，主要有暖机修正、怠速修正。

2. 通电时间的控制

点火系统的通电时间控制又称点火导通角或闭合角控制，是指点火线圈初级电路的功率三极管导通期间，发动机曲轴转过的角度。导通角的控制方法是：ECU 首先根据电源电压高低，在存储器存储的导通时间脉谱图中(如图 4-23 所示)查询选择导通的时间，然后根据发动机转速确定导通角的大小。

3. 爆震控制

爆震传感器感知发动机爆燃情况，将信号(如图 4 - 24 所示)反馈给控制单元，通过减小点火提前角，防止发动机爆震燃烧，之后又逐步增大点火提前角，如此循环往复，实行点火提前角的闭环控制。

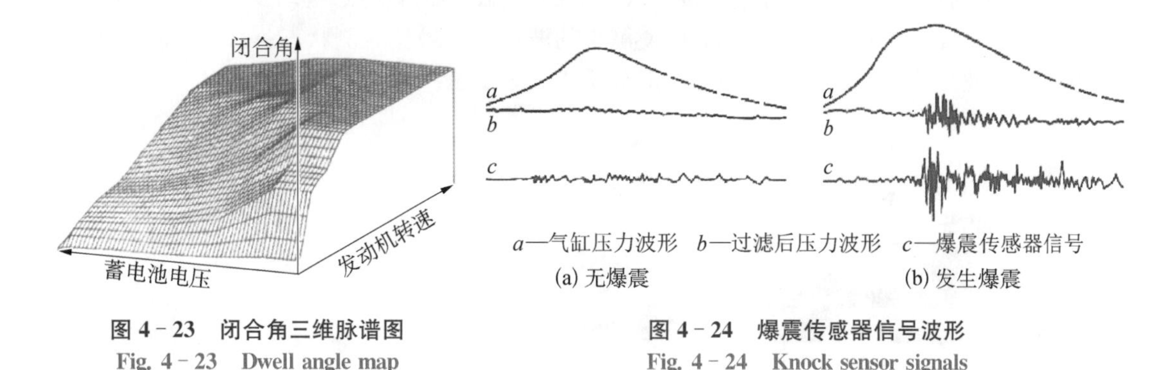

图 4 - 23　闭合角三维脉谱图
Fig. 4 - 23　Dwell angle map

图 4 - 24　爆震传感器信号波形
Fig. 4 - 24　Knock sensor signals

一、微机控制点火系统的故障自诊断

微机控制的点火系统具有自诊断功能，所谓自诊断功能是指发动机 ECU 利用自诊断系统，在发动机工作过程中对电控系统中的传感器、执行器的工作状态进行监视，一旦发现某些信号失常，控制单元会发出信号接通故障指示灯，并将故障信息以代码的形式储存起来。故当发动机不能起动或工作异常，怀疑是点火系统故障时，应先利用发动机 ECU 的自诊断功能进行诊断和检查，必要时进行人工诊断。

故障码的读取方法如下：

(1) 关闭点火开关，将故障诊断仪与车辆的诊断接口 OBD(on board diagnostics)连接，OBD 接口一般位于仪表台下方，但车型不同诊断接口位置也有所不同，如图 4 - 25 所示；

(2) 打开点火开关，起动故障诊断仪，选择车型及需要查找的系统；

(3) 进入系统后，选择故障码读取，注意静态故障码和动态故障码，清除故障码后重新读取，如故障码无法清除表示系统有故障，需要排除。

原车OBD接口
诊断仪接头，插于原车OBD接口上

图 4 - 25　OBD 接口
Fig. 4 - 25　OBD interface

二、独立点火系统点火信号波形测试

常见的独立点火系统的点火线圈(如图 4 - 19 所示)内部带有点火控制器，插接头上有

四个端子，内部电路结构与原理如图 4－26 所示。端子 D 连接 12 V 电源；端子 C 连接发动机 ECU，由 ECU 向点火控制器发送点火指令；端子 B 为点火控制器的搭铁端；端子 A 为初级线圈和次级线圈的共用搭铁端子。

独立点火系统点火信号波形测试如图 4－27 所示。测试方法：根据图 4－26 所示的端子结构，示波器通道一的测试线分别连接点火线圈的 C 端子和搭铁点；起动发动机并保持在怠速状态；调节示波器显示屏上的功能键，使测得的波形处于最佳观测状态；可以保持、存储和打印测得的波形图。测试的点火信号波形如图 4－28 所示。

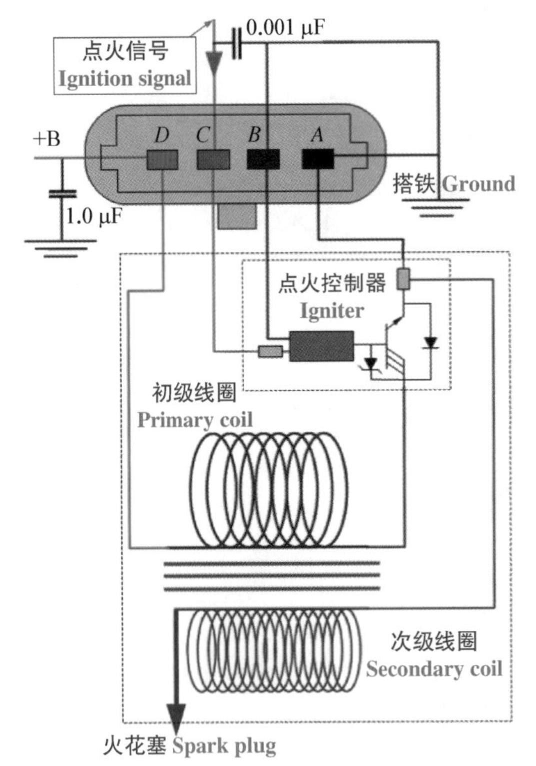

图 4－26　点火线圈电路结构与原理
Fig. 4－26　Structure of ignition coil

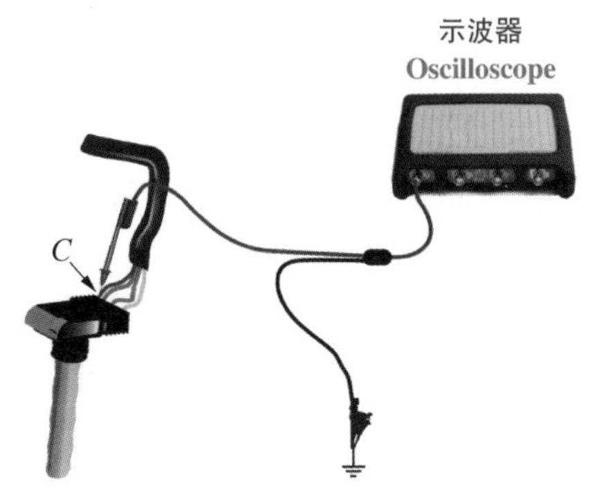

图 4－27　点火信号波形测试
Fig. 4－27　Ignition signal waveform test

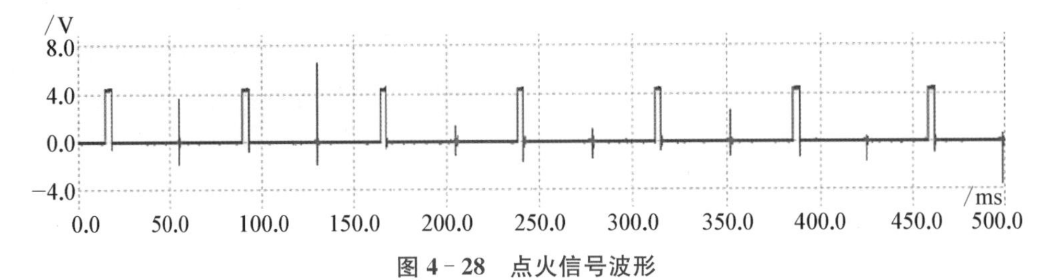

图 4－28　点火信号波形
Fig. 4－28　Ignition trigger signal

任务3　点火系统电路分析与检修

掌握点火系统电路分析的方法；
掌握独立点火系统的电路原理；
掌握同时点火系统电路原理；
熟练使用工具仪器对电源系统电路进行检修；
弘扬劳动精神、奋斗精神、奉献精神、创造精神、勤俭节约精神。

一、普通电子点火系统电路分析

桑塔纳轿车采用的是普通电子点火系统，拆画的电路如图4-29所示。

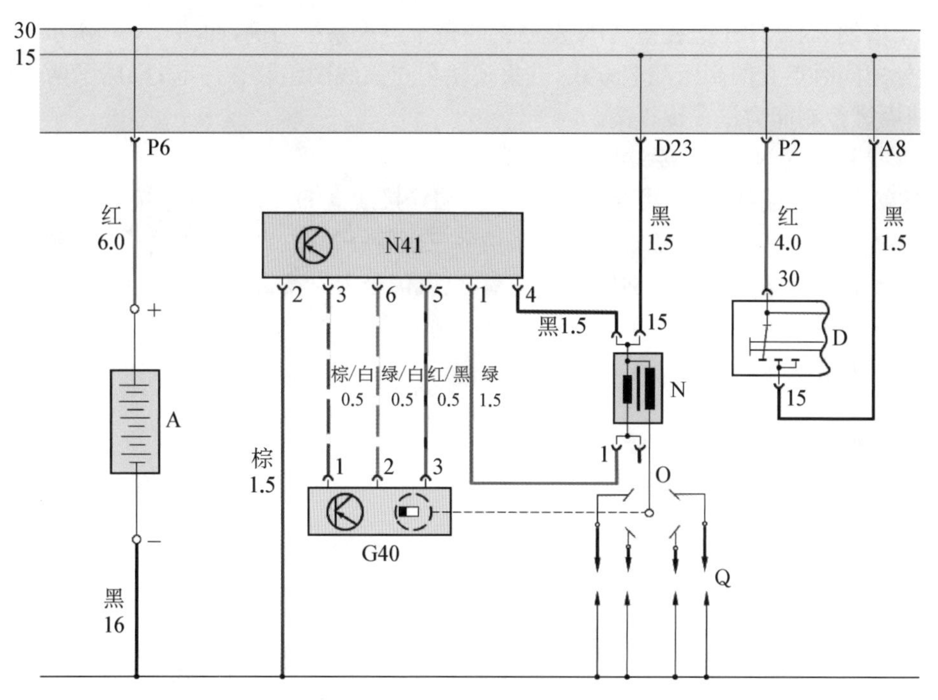

A—蓄电池　D—点火开关　N41—点火控制器　G40—信号发生器
N—点火线圈　O—分电器　Q—火花塞
图4-29　桑塔纳点火系统
Fig. 4-29　Santana ignition system

桑塔纳电子点火系统电路分析的核心是点火控制模块 N41,因此需分析其每个端子导线的来龙去脉和性质。

1 号端子连接点火线圈“1”或“—”极,绿色,由 N41 中的晶体三极管控制初级电流的通断。

2 号端子直接搭铁,棕色。

3 号端子接点火信号发生器 G40 的 1 号端子,棕白,经 N41 的 2 号端子搭铁,也是搭铁线。

4 号端子接点火线圈“15”或“+”极,黑色,是 12 V 电源线。

5 号端子接 G40 的 3 号脚,红黑,是 G40 的电源线。

6 号端子接 G40 的 2 号脚,绿白,是 G40 的信号线。

(1) 初级电流电路:蓄电池 A 的正极→中央接线盒 P6→中央接线盒 P2→点火开关 D 的 30 端子→点火开关 D 的 15 端子→中央接线盒 A8→中央接线盒 D23→点火线圈 15 端子→点火线圈 1 端子→点火控制模块 N41 的 1 号端子→点火控制模块 N41 内部晶体三极管→点火控制模块 N41 的 2 号端子→搭铁→蓄电池 A 的负极。

(2) 初级电路的控制:霍尔式信号发生器 G40 产生的信号由 2 号端子输出→点火控制模块 N41 的 6 号端子→N41 内部晶体三极管控制电路→控制晶体三极管的通断,从而控制初级电路通过,使次级线圈交替产生高压。

二、双缸同时点火系统电路分析

以桑塔纳 2000 GSI 型装备 AJR 发动机的轿车点火系统为例,如图 4-30 所示。采用点火线圈分配同时点火的高压配电方式,点火模块与点火线圈组装在一起;采用了两个爆燃传感器,使爆燃控制能力进一步提高。

点火线圈总成 N152 插接头共有 4 个端子。

T4r/2 为供电端:中央接线盒内部 15 电源端→接线盒 D23 端子→连接器 T8a/5→N152 的 T4r/2 端子→初级线圈→点火模块内部功率三极管→N152 的 T4/4 端子→搭铁。

T4r/1 和 T4r/3 为点火驱动信号接收端,点火信号由发动机控制单元 J220→N152 内部的点火模块→控制内部功率三极管的通断→控制初级线圈的搭铁回路的通断。

T4r/4 为搭铁端子。

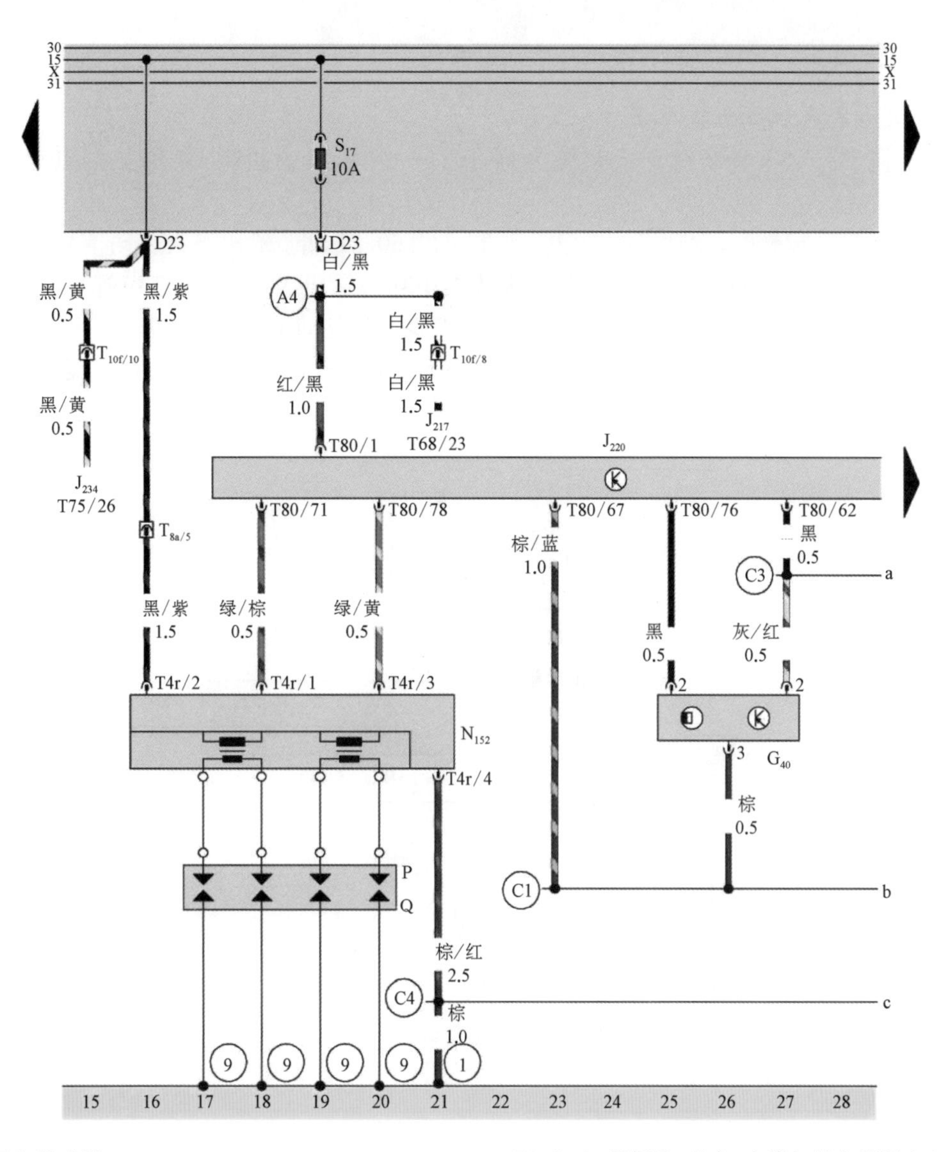

G40—霍尔传感器
J220—Motronic 发动机控制单元，在空调进风罩右侧
J217—自动变速箱控制单元，在副驾驶座椅地毯下
J234—安全气囊的控制单元，在中央控制台的前下方
N152—点火线圈
P—火花塞插头
Q—火花塞
S17—发动机控制单元、自动变速箱控制单元保险丝，10 A
T4r—4 针插头，黑色，在点火线圈上
T8a—8 针插头，黑色，在发动机舱中间支架上
T10f—10 针插头，蓝色，在附加继电器板上(1 号位)
T68—68 针插头，黑色，在自动变速箱控制单元上
T75—75 针插头，黄色，在安全气囊控制单元上
T80—80 针插头，黑色，在发动机控制单元上
(A4)—正极连接线(30a)，在发动机线束内
(C1)—接地连接线(传感器接地)，在发动机右线束内
(C3)—+5 V 连接线，在发动机右线束内
(C4)—接地连接线，在发动机右线束内
(1)—接地点，在发动机控制单元旁车身上
(9)—自身接地

点火线圈 Ignition coil　**火花塞** Spark plug
发动机控制单元 Engine control unit　**霍尔传感器** Hall sensor(camshaft position sensor)

图 4-30　桑塔纳 2000 点火系统
Fig. 4-30　Santana 2000 ignition system

三、独立点火系统电路分析

1. 大众汽车独立点火系统

以迈腾 B7/1.8T 发动机点火系统为例，图 4 - 31 所示为迈腾 B7 第二缸点火系统原理图。

发动机正常运转时，发动机控制单元 J623 的 T60/21 端子输出点火驱动信号(PWM 信号)给点火线圈 N127 的 3＃端子，控制点火线圈中功率输出级(大功率三极管)的基(b)极，从而控制三极管(c 极与 e 极)的通断，起到频率开关的作用，而三极管(c 极与 e 极)控制初级线圈的搭铁回路；当三极管导通时，初级线圈中有电流通过，产生磁场，储存磁场能；当三极管截止时，由于互感作用，次级线圈中就产生高压。

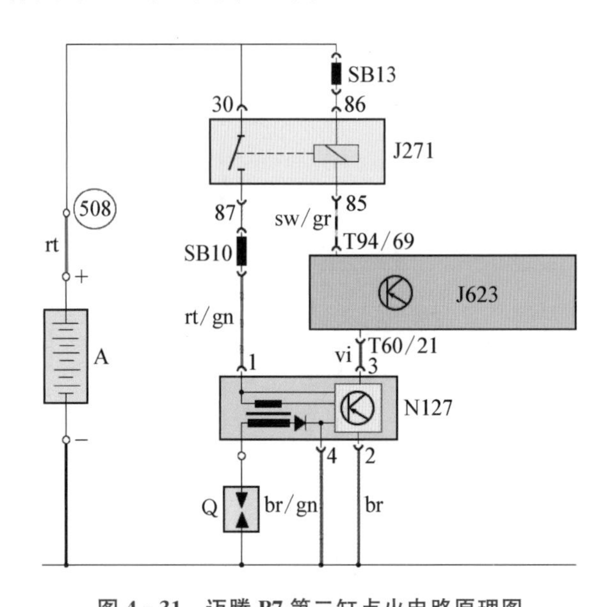

图 4 - 31 迈腾 B7 第二缸点火电路原理图
Fig. 4 - 31 Schematic of ignition circuit of Magotan B7

2. 丰田汽车独立点火系统

以丰田卡罗拉汽车点火系统电路为例，如图 4 - 32 所示。丰田卡罗拉 1.6L GL 轿车是电控单缸独立点火方式，每个气缸由单独的 1 个点火线圈点火，各个次级绕组末端与各缸的火花塞连接，次级绕组中产生的高压电通过火花塞的中央电极到达搭铁电极。

电控点火系统工作原理是：ECM 首先接收到曲轴位置传感器的转速信号和凸轮轴位置传感器的 1 缸上止点位置信号，结合冷却液温度传感器、空气流量计、节气门位置传感器信号，再依据 ECM 系统内储存的点火脉谱图，按发动机的工作顺序在适当的时刻输出点火控制信号 IGT。各缸点火控制器接收到 IGT 信号后，切断点火线圈初级绕组的电流，线圈产生高压电传送到火花塞，使火花塞跳火产生高压电火花，点火成功。同时，点火控制器将相应的点火反馈信号 IGF 传输到 ECM，电脑根据接收到的 IGF 信号确认此气缸点火控制器工作正常。如果点火不成功，发动机缺火次数超过了阈值并有可能导致排放控制系统性能下降时，ECM 将亮起故障灯(MIL)并设置故障代码(DTC)。

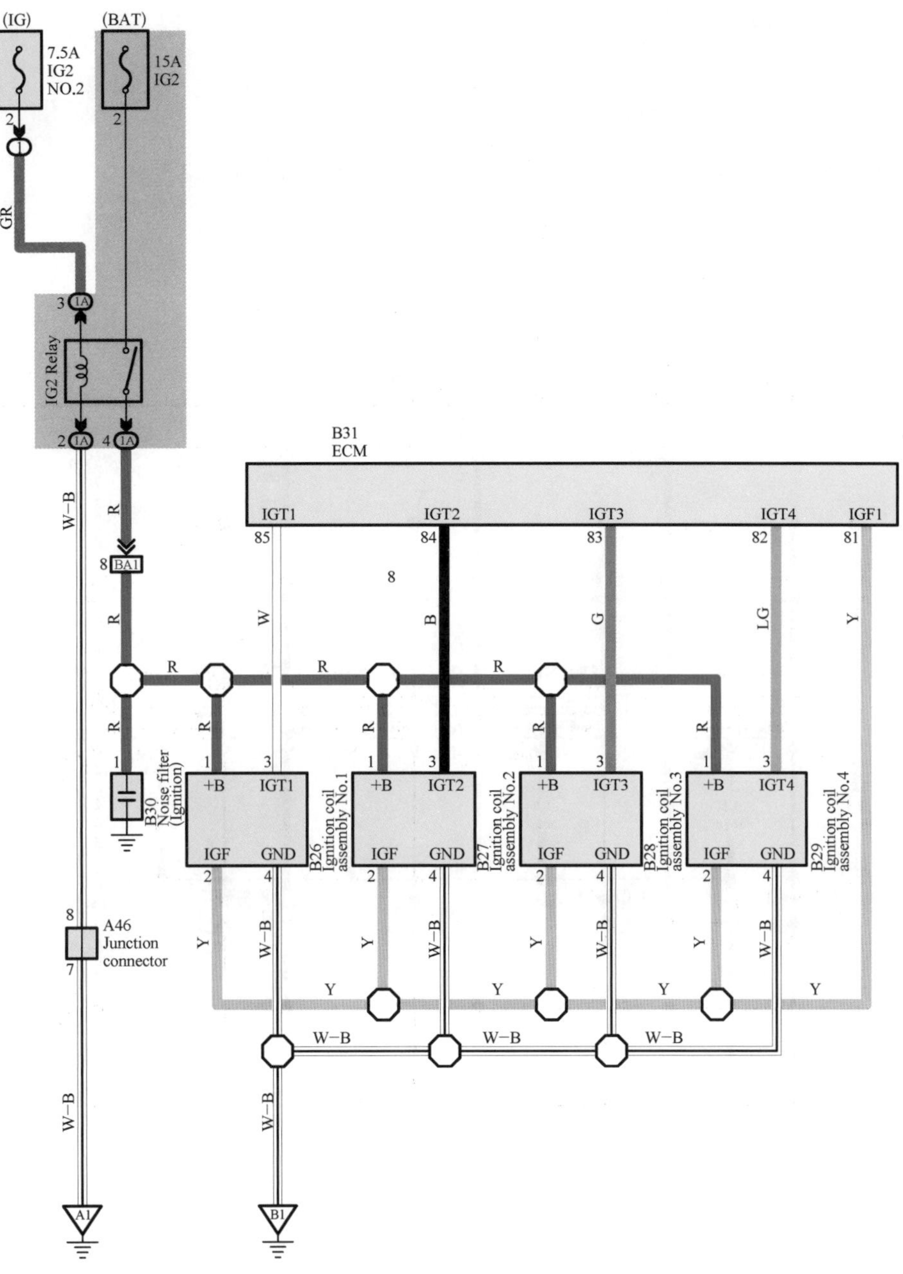

继电器 Relay　连接器 Junction connector　电容滤波器 Noise filter
点火线圈总成 Ignition coil assembly　发动机控制单元 ECM

图 4－32　丰田卡罗拉点火系统

Fig. 4－32　Toyota Corolla ignition system

一、独立点火系统检修

独立点火系统检修以迈腾 B7/1.8T 发动机为例，电路如图 4－33 所示。

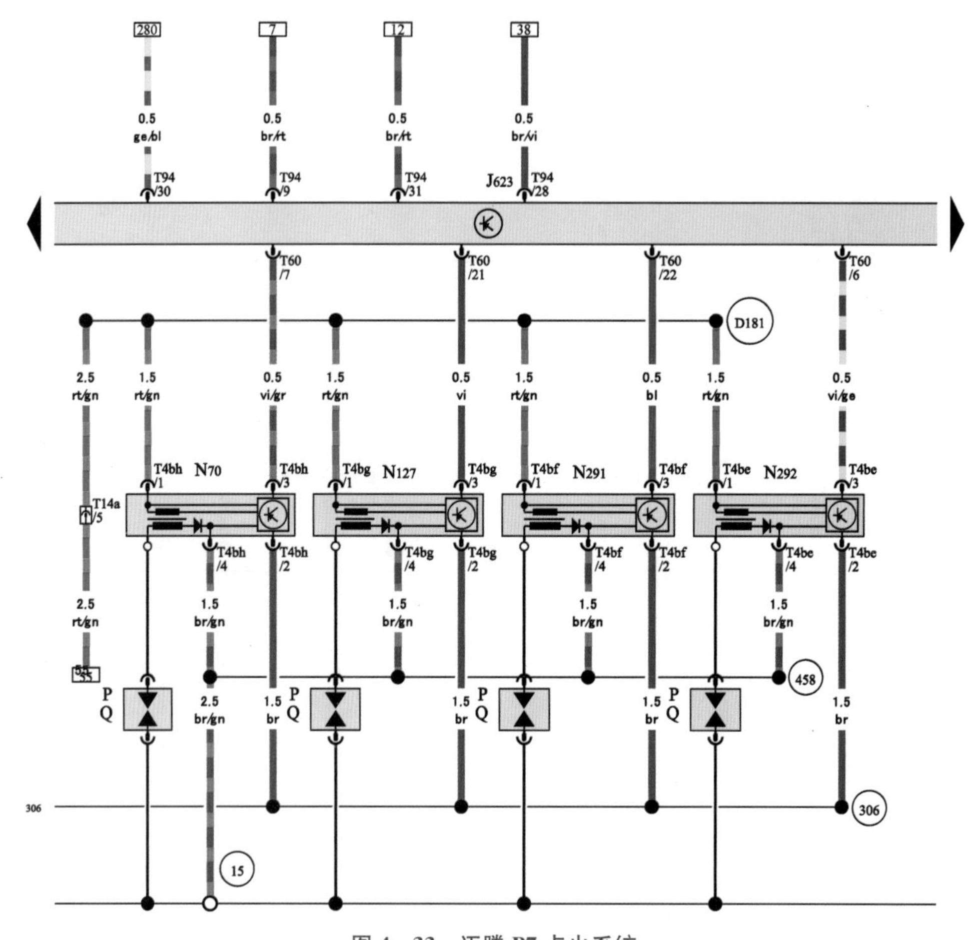

图 4－33　迈腾 B7 点火系统

Fig. 4－33　Ignition system of Magotan B7

1. 点火线圈电路分析

1＃：为 12 V 电源线，来自 J271，经 SB10；

3＃：为点火控制线；

4＃：搭铁线；

2＃：搭铁线。

2. 线路检测

关闭电源，拔下点火线圈连接插头，打开点火开关，用万用表测线束端 1＃脚与搭铁点之

间的电压，应为 12 V；分别测 2＃脚和 4＃脚与搭铁点之间的电阻，均应小于 1 Ω；

起动发动机，用示波器测量 3＃端子的信号，应与正常波形相符，如图 4－28 所示。

3. 元件检测

进行跳火试验（非规范操作，有风险，谨慎操作），如图 4－34 所示。若能产生强烈的火花，则点火线圈（含功率输出级）正常，否则说明点火线圈损坏。

图 4－34　独立点火线圈的跳火试验

Fig. 4－34　Spark over test

二、同时点火系统检修

桑塔纳 2000 GSI 型装备 AJR 发动机的轿车点火系统拆画电路如图 4－35 所示。

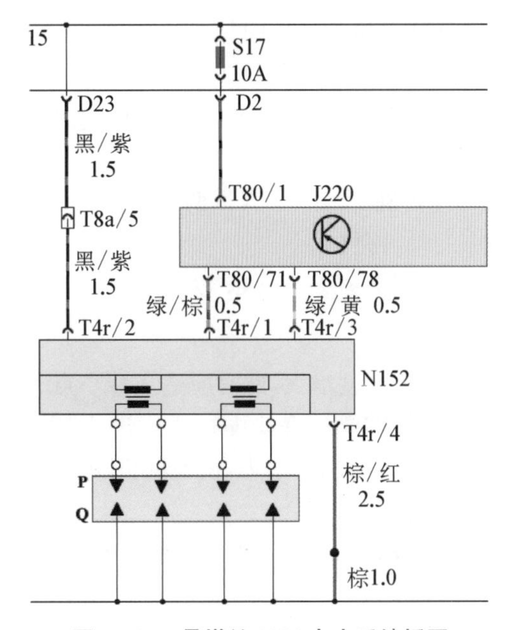

图 4－35　桑塔纳 2000 点火系统拆画

Fig. 4－35　Santana 2000 ignition system

1. 电路分析

N152 的 2＃端子为电源线，电源来自中央接线盒内部 15 号线；

N152 的 1＃端子接 J220 的 T80/71 脚，由 ECU 提供点火信号，控制 1、4 缸点火；

N152 的 3＃端子接 J220 的 T80/78 脚，由 ECU 提供点火信号，控制 2、3 缸点火；

N152 的 4＃端子为搭铁端。

2. 线路检测

拔下点火线圈 N152 的插接器，打开点火开关，测量 2＃端子电压，应为 12 V；

断开蓄电池负极，拔下 ECU 插接器，测量 T4r/1 与 T80/71 之间导线的电阻，T4r/3 与 T80/78 之间导线的电阻，二者均应小于 0.5 Ω；测 T4r/4 脚与搭铁点之间的电阻，应小于 1 Ω；

连接线束插头，起动车辆，用示波器测量 T4r/1 和 T4r/3 的波形，应与标准波形相符。

3. 元件检测

拔下点火线圈插接器，分别测量 N152 高压端 1、4 缸和 2、3 缸之间的电阻，即次级绕组，应与标准值相符；

进行跳火试验，若能产生强烈的火花，则点火线圈(含功率输出级)正常，否则说明点火线圈损坏。

一、选择题

1. 发动机起动时反转和加速时爆震的原因是(　　)。

A. 点火过早　　B. 点火过迟　　C. 没有点火

2. 在讨论初级和次级点火电路时，甲认为点火模块是次级点火电路的一部分；乙认为火花塞在次级点火电路中。你认为(　　)。

A. 甲正确　　B. 乙正确　　C. 两人均正确　　D. 两人均不正确

3. 确定发动机点火顺序的部件是(　　)。

A. 配电器　　B. 断电器　　C. 火花塞　　D. 附加电阻

二、判断题

1. 随着负荷的减小，进气管真空度增大，此时应适当减小点火提前角。(　　)

2. 如点火提前角过大，混合气的燃烧在压缩行程中进行，气缸内的燃烧气体压力急剧上升，会给正在上行的活塞造成一短时间的增力，使发动机功率上升，而且爆燃严重。(　　)

3. 火花塞在使用中经常发生积炭现象，证明火花塞型号过热了。(　　)

三、思考题

1. 对点火系统的基本要求是什么?

2. 微机控制的点火系统点火提前角如何确定?

3. 微机控制的点火系统工作时需要哪些传感器的信号?

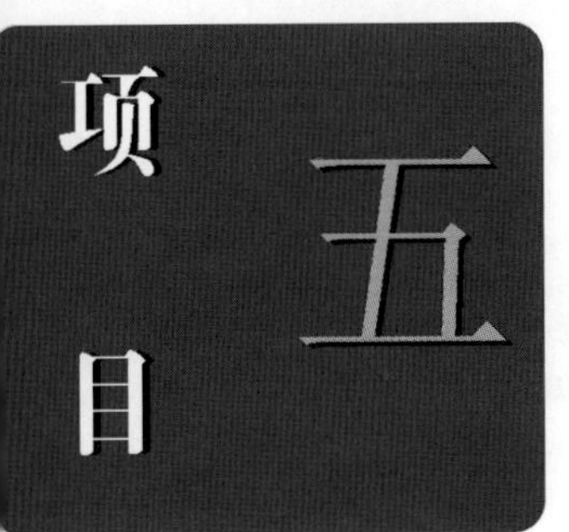

照明与信号系统检修

扫码获取微课视频

项目导入

统筹职业教育、高等教育、继续教育协同创新，推进职普融通、产教融合、科教融汇，优化职业教育类型定位。

为了保证汽车的安全行驶和发动机的正常工作，提高工作效率，汽车上安装各种照明设备和信号装置。按其安装位置和用途不同可分为外部照明装置（如前照灯、牌照灯等）、内部照明装置（如车厢灯、仪表灯等）、灯光信号装置（如转向灯、制动灯等）和声响信号（如电喇叭）。

任务1　照明系统检修

了解汽车照明系统的功用及组成；
掌握汽车照明系统电路分析的方法；
学会汽车照明系统电路故障的检测流程；
深入理解新时代中国特色社会主义思想。

一、认识汽车照明系统

1. 汽车照明系统的分类及位置

汽车照明系统是汽车夜间行驶必不可少的照明设备，为了提高汽车的行驶速度，确保夜间行车的安全，汽车上装有多种照明设备，用于夜间行车照明、车厢照明及检修照明。汽车照明系统根据安装位置和用途的不同，一般可分为外部照明系统和内部照明系统，如图5-1和图5-2所示。

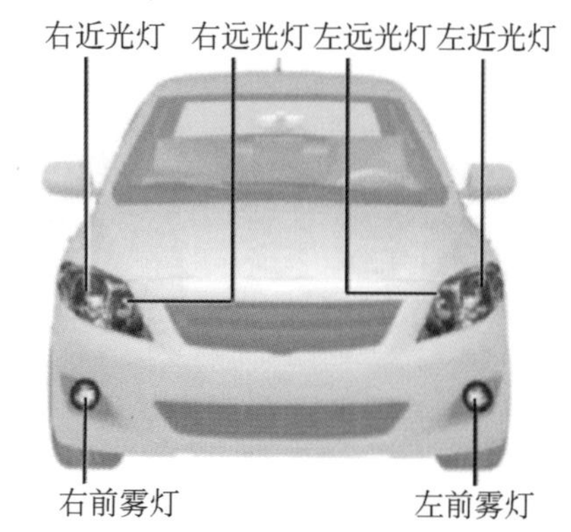

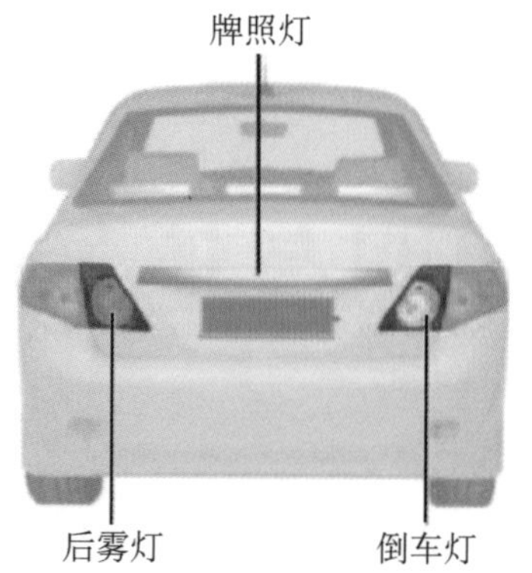

近光灯 Low beam
远光灯 High beam
雾灯 Fog light
牌照灯 License plate light
倒车灯 Reversing light

图 5－1 外部照明系统
Fig. 5－1 External lighting system

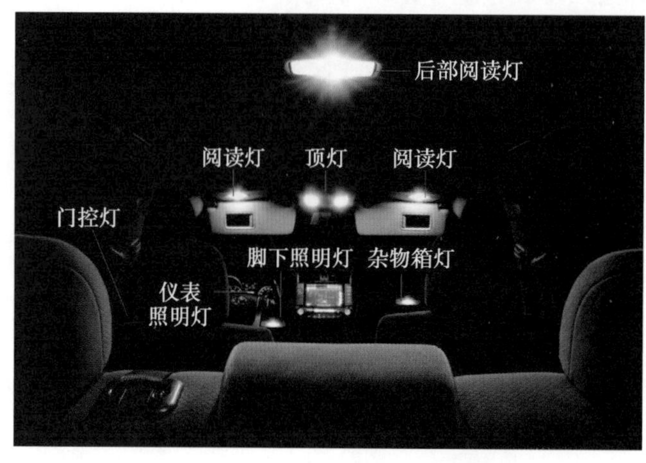

阅读灯 Reading lamp
顶灯 Room lamp
门控灯 Door courtesy lamp
杂物箱灯 Glove box lamp
脚下照明灯 Foot lamp
仪表照明灯 Dashboard lamp

图 5－2 内部照明系统
Fig. 5－2 Interior lighting system

2. 照明系统的作用

(1) 外部照明系统的作用

① 前照灯

前照灯又叫作大灯，由近光灯和远光灯组合而成，装于汽车头部两侧，主要用于汽车在夜间行车时道路的照明。前照灯有两灯制和四灯制之分，功率一般为 40～60 W。

② 雾灯

雾灯有前雾灯和后雾灯之分。前雾灯装于汽车前部比前照灯稍低的位置，用于在雨雾天气行车时照明道路。为保证雾天高速行驶的汽车向后方车辆或行人提供本车位置信息，交通管理部门规定，在车辆后部加装功率较大的后雾灯，以降低交通事故发生率。雾灯的光色规定采用光波较长的黄色、橙色或红色。

③ 牌照灯

牌照灯装于汽车尾部的牌照上方，用于夜间照亮汽车牌照。

(2) 内部照明系统的作用

① 仪表灯

仪表灯装于汽车仪表板上，用于仪表照明，以便于驾驶人获取行车信息，其数量根据仪

表设计布局而定。

② 顶灯

顶灯装于驾驶室或车厢顶部,用于车内照明。汽车照明灯的种类及用途见表 5-1。

表 5-1　汽车照明灯的种类及用途

Tab. 5-1　Types uses use of automobile lights

名称	位置	功率(W)	用途	光色
前照灯	汽车头部两侧	远光灯:40～60 近光灯:20～35	夜间行驶时,照亮车前的道路及物体;用远、近光的变换,在超车时告知前方车辆避让	白色
雾灯	汽车头部和尾部	前雾灯:45 后雾灯:21 或 6	前雾灯:在雾天、雨雪天或尘埃弥漫等情况下,用来改善车前道路的照明 后雾灯:用来警示尾随车辆保持必要的安全距离	前:黄色 后:红色
牌照灯	汽车尾部牌照上方或左右两侧	5～10	用于夜间照亮汽车牌照(光束不应外射,保证在 25 m 外能认清牌照上的号码)	白色
顶灯	驾驶室顶部	5～15	用作驾驶室内照明及监视车门关闭是否可靠	白色
阅读灯	乘客座位前部或顶部	—	供乘员阅读时使用	白色
行李舱灯	汽车行李舱内	5	当开启行李舱盖时,该灯自动点亮,照亮行李舱空间	白色
踏步灯	大中型客车乘客门内的踏步上	3～5	用于夜间给乘客上下车提供照明	白色
仪表照明灯	仪表板面上	2	用来照明仪表指针及刻度板	白色
工作灯	发动机罩下	8～20	为方便检修发动机	白色

二、汽车前照灯的结构原理

1. 对前照灯的照明要求

由于汽车前照灯的照明效果直接影响着夜间交通安全,故世界各国交通管理部门多以法律形式规定了汽车前照灯的照明标准,以确保夜间行车的安全,其基本要求如下:

(1) 前照灯应保证车前有明亮而均匀的照明,使驾驶员能看清车前 100 m 内路面上的障碍物。随着汽车行驶速度的提高,对汽车前照灯的照明距离也相应要求越来越远,现代高速汽车其照明距离已达到 200～400 m。

(2) 前照灯应能防止炫目,以免夜间两车相会时,使对方驾驶员炫目,而造成交通事故。

2. 汽车前照灯的组成

前照灯由反射镜、配光镜和灯泡三部分组成,如图 5-3 所示。

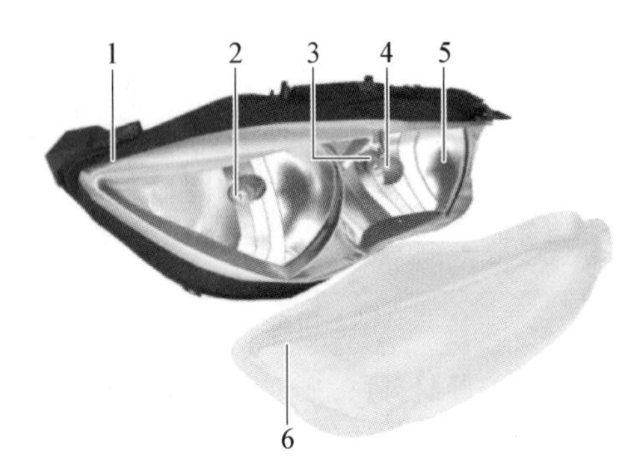

1—灯架 Lamp carrier
2—远光灯 High beam
3—近光灯 Dipped beam
4—灯罩 Lamp shade
5—反射镜 Reflector
6—配光镜 Light distribution mirror

图 5-3　前照灯的结构
Fig. 5-3　Structure of headlamp

(1) 反射镜

反射镜的作用是最大限度地将灯泡发出的光线聚合成强光束，以增加照射距离。它一般呈抛物面状，内表面镀铬、铝或银，然后抛光，目前多采用真空镀铝。灯丝位于反射镜的焦点处，其大部分光线经反射后，成为平行光束射向远方，其距离可达 150 m 或更远，如图 5-4 所示。

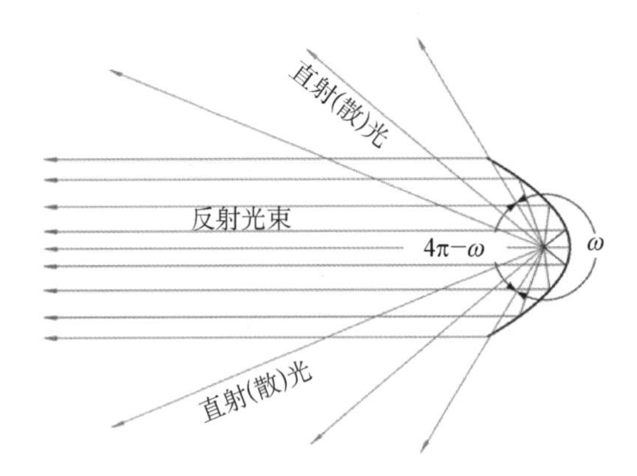

(a) 反射镜的作用 The role of reflector

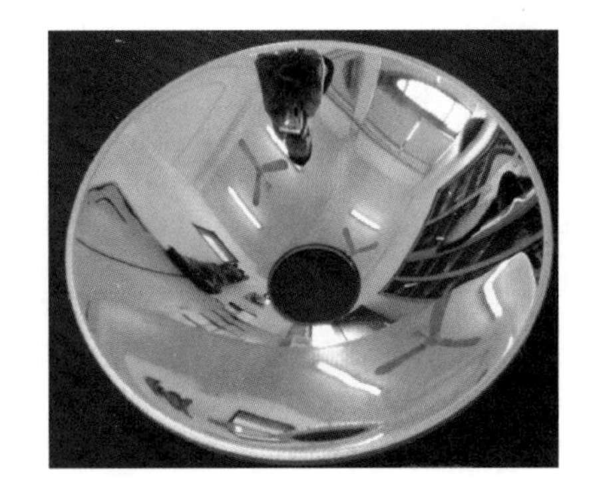

(b) 反射镜实物 Reflector object

图 5-4　反射镜
Fig. 5-4　Reflector

(2) 配光镜

配光镜又称为散光玻璃，装于反射镜之前，可将反射镜反射出的平行光束进行折射，使路段的照明更加均匀。配光镜是由透明玻璃压制而成的棱镜和透镜的组合体，外形一般为圆形或矩形，如图 5-5 所示。

(3) 灯泡

传统汽车前照灯所用的灯泡有普通灯泡（白炽灯泡）和卤素灯泡，两种灯泡的灯丝均采用熔点高、发光强的钨制成，如图 5-6 所示。目前的汽车前照灯还有氙气大灯和 LED 大灯。

① 普通灯泡。灯丝用钨丝制成，为了减少钨丝受热蒸发，延长其使用寿命，制造时抽出玻璃泡内的空气，然后充以约 86%的氩气和约 14%的氮气的混合惰性气体。灯泡在长期使

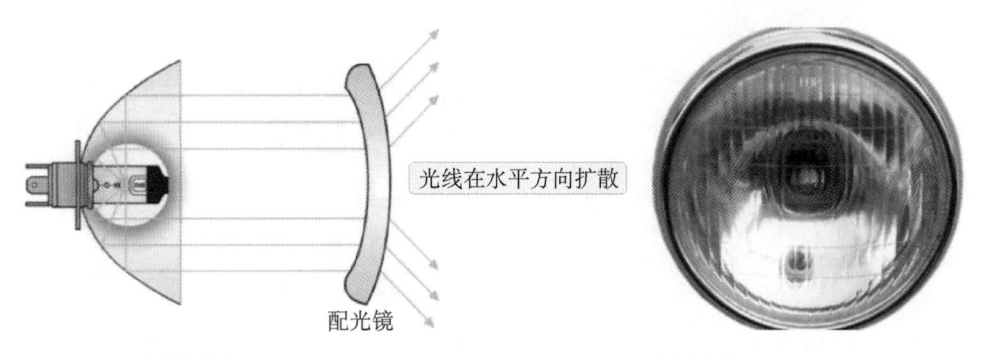

(a) 配光镜的作用 The role of lamp lens (b) 配光镜实物 Material object of lamp lens

图 5－5 配光镜
Fig. 5－5 Lamp lens

(a) 白炽灯泡 Incandescent bulb (b) 卤素灯泡 Halogen bulb

图 5－6 前照灯灯泡
Fig. 5－6 Headlamp bulb

用后发黑，表明灯丝的损耗依然存在，因此此种工艺并不能阻止钨丝的蒸发。

② 卤素灯泡。卤素灯泡是在惰性气体中加入一定量的卤素元素（如碘或溴），使得从灯丝上蒸发出来的气态钨与卤族元素反应生成挥发性的卤化钨，在扩散到灯丝附近的高温区域后又受热分解，使钨重新回到灯丝上，如此循环防止了钨的蒸发和灯泡黑化。白炽灯泡发光效率一般为 8～12 lm/W，卤素灯泡发光效率可达 18～20 lm/W，比白炽灯泡高 20%以上。由于卤素灯泡体积小、耐高温、发光强度高及使用寿命长，故目前得到广泛的应用。

③ 高压放电氙气灯。氙灯由氙气燃烧器、变压器和电子单元组成，如图 5－7 所示。氙灯灯泡的玻璃用坚硬的耐温耐压石英玻璃（二氧化硅）制成，灯内充入高压氙气，接通电源后，通过变压器，在几微秒内升压到 2 万伏以上的高压脉冲电加在石英灯泡内的金属电极之间，激励灯泡内的物质（氙气、少量的水银蒸汽、金属卤化物）在电弧中电离产生光亮。

④ 汽车 LED 大灯。LED(light emitting diode)发光二极管是一种固态半导体器件，它可以直接把电能转化成光能。和其他半导体器件一样，都是由一个 PN 结组成，也具有单向导电性。给 LED 加上正向电压时，从 P 区注入 N 区的空穴和由 N 区注入 P 区的电子，在 PN 结附近数微米内分别与 N 区的电子和 P 区的空穴复合，产生自发辐射的荧光。LED 大

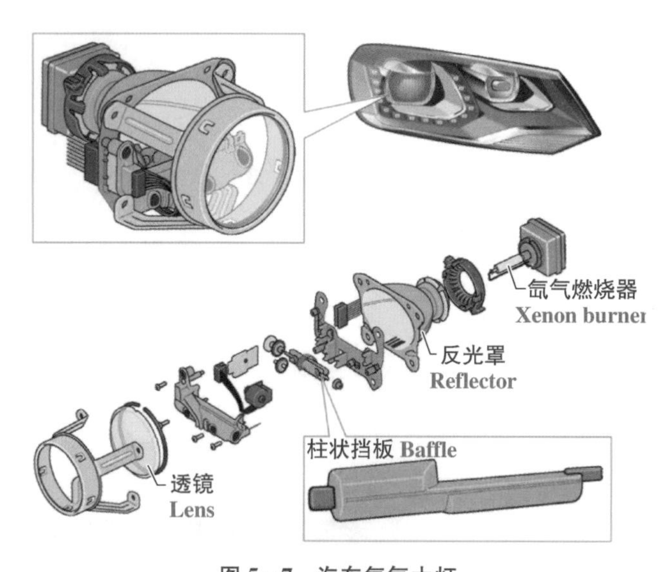

图 5-7　汽车氙气大灯
Fig. 5-7　High intensity discharge lamp

灯就是利用 LED 作为光源制造出的照明器具。如图 5-8 所示为奥迪的矩阵式 LED 大灯，由 25 颗 LED 灯、摄像头、激光测距仪和亮度传感器组成。每 5 个 LED 灯为一组，组成一个远光照明组件。每一个 LED 发光元件均可独立调节亮度或关闭，以实现随动转向、精确照明等能够提升夜间行车安全的功能。

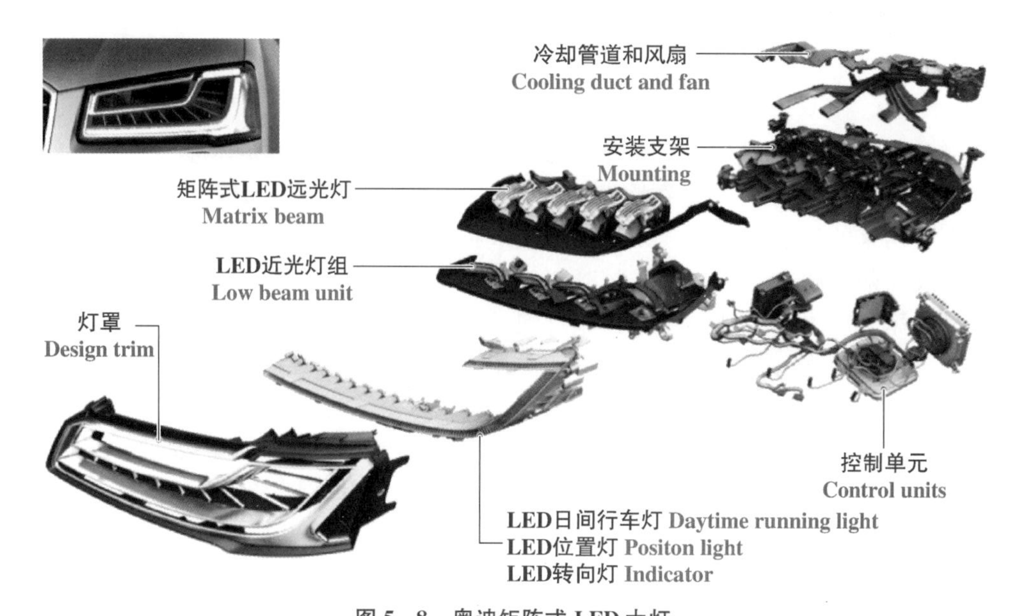

图 5-8　奥迪矩阵式 LED 大灯
Fig. 5-8　Audi matrix LED headlights

3. 汽车前照灯的结构

前照灯的结构型式有可拆式、半封闭式、全封闭式、投射式和大灯总成等几种。

（1）可拆式前照灯

可拆式前照灯由于反射镜和配光镜分别安装而构成组件，密封性差，反射镜容易受湿气、灰尘的污染而影响反射能力，故已被淘汰。

（2）半封闭式前照灯

半封闭式前照灯的配光镜靠卷曲在反射镜边缘上的牙齿紧固在反射镜上，用橡胶圈密封，再用螺钉固定，如图 5－9 所示。灯泡从反射镜的后面装入，所以更换损坏的灯泡时不必拆开配光镜。在家用轿车上半封闭式前照灯也已经被淘汰。

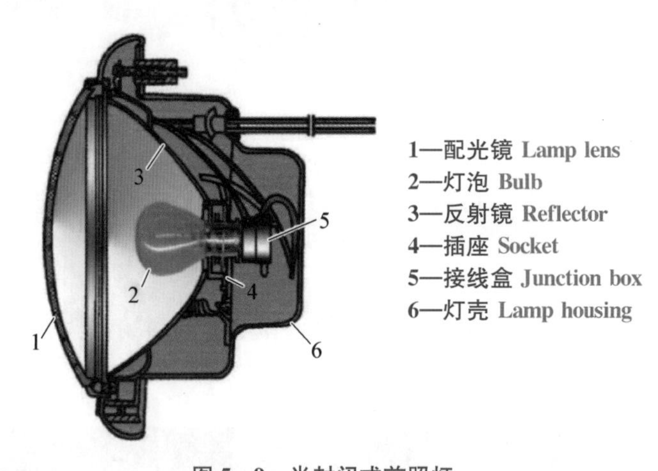

图 5－9　半封闭式前照灯
Fig. 5－9　Semi-enclosed headlamp

（3）全封闭式前照灯

全封闭式前照灯配光镜与反光镜为一整体，灯丝直接焊在反射镜底座上，如图 5－10 所示。全封闭结构型式可避免反射镜被污染，其反光效率高、使用寿命长。全封闭式前照灯的缺点是当灯丝烧坏时，需更换前照灯整个光学总成。

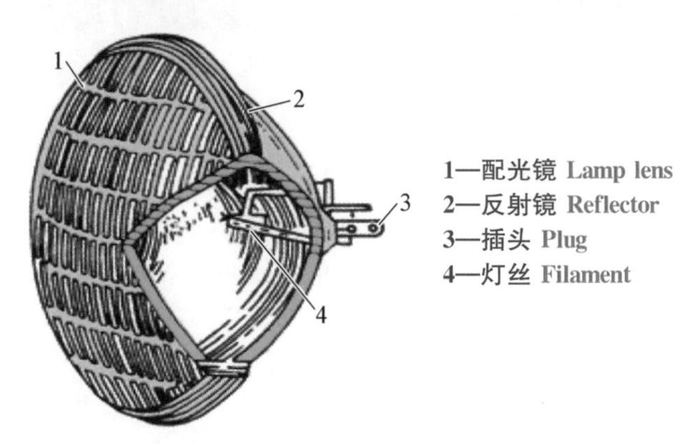

图 5－10　封闭式前照灯
Fig. 5－10　Closed headlamp

（4）投射式前照灯

投射式前照灯的反射镜近似于椭圆形状，如图 5－11 所示。它具有两个焦点，第一个焦点处放置灯泡，第二个焦点是由光线形成的，凸形配光镜聚成第二焦点，再通过配光镜将聚集的光投射到前方，投射式前照灯所采用的灯泡为卤钨灯泡。

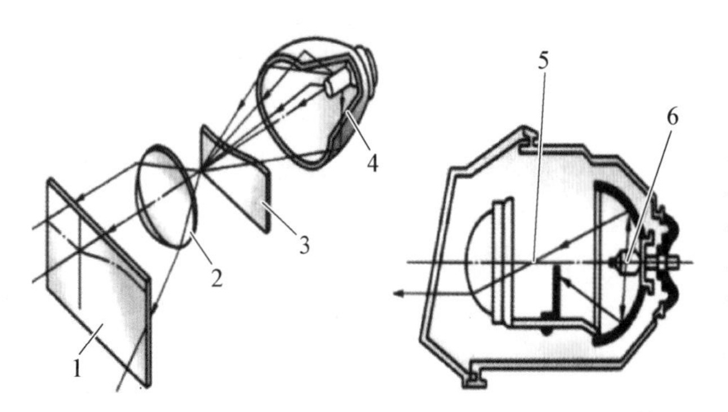

图 5 - 11　投射式前照灯
Fig. 5 - 11　Projection headlamp

第二焦点附近设有遮光板，可遮挡上半部分光，形成明暗分明的配光。由于它的这种配光特性，也可用于雾灯。

(5) 前照灯总成

目前，汽车上普遍使用的是大灯总成，装在汽车头部的两端，集成了远、近光灯、转向灯、驻车灯等，如图 5 - 12 所示。

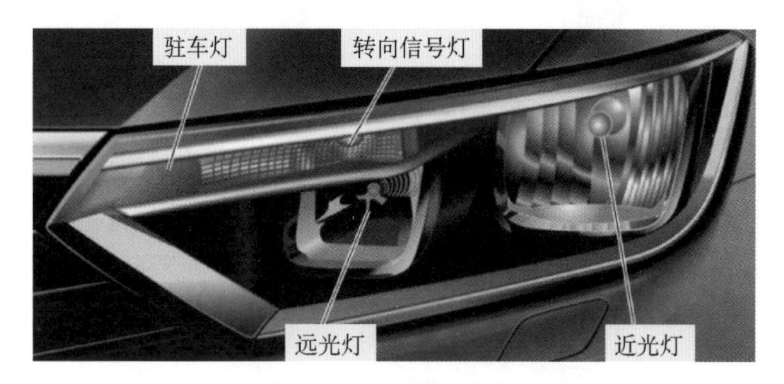

图 5 - 12　前照灯总成
Fig. 5 - 12　Headlamp assembly

4. 汽车前照灯的防炫目措施

炫目是指前照灯发出的光强度超过了人的眼睛适应范围，使人本能地将眼睛闭合，或视力严重下降。夜间会车时，前照灯发出的强光束会使迎面来的汽车驾驶员炫目，很容易发生交通事故，所以必须采取措施。汽车前照灯的防炫目措施有以下几种。

(1) 采用双丝灯泡

普通双丝灯泡中的远光灯丝位于反光镜旋转抛物面的焦点，并与光轴平行；近光灯丝位于焦点的上方或前方，如图 5 - 13 所示。

远光灯丝通电时，灯泡光线由反射镜反射后与光轴平行射向远方，可获得较远的照射距离和较小的散射光束；近光灯丝通电时，灯泡光线经反射镜反射的主光束倾向于路面，因而对迎面来车司机的炫目作用大为减弱。

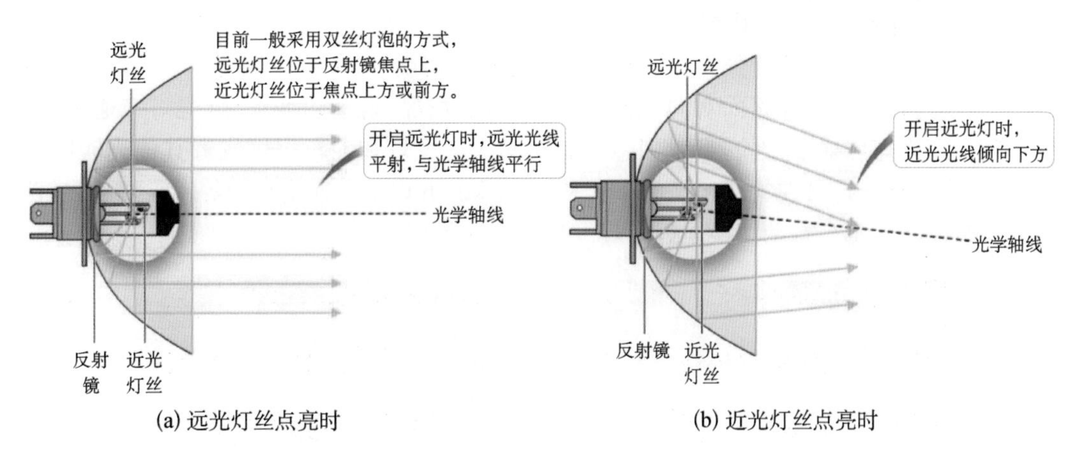

(a) 远光灯丝点亮时　　(b) 近光灯丝点亮时

图 5-13　双丝灯泡

Fig. 5-13　Double filament lamp

（2）采用带遮光罩的双丝灯泡

普通双丝灯泡还有一部分光线偏上照射，防炫目作用不是很理想。将近光灯丝置于焦点前上方的位置，并在下方装一遮光屏，如图 5-14 所示，挡住近光灯丝射向反射镜下半部的光线，就可消除向上的反射光线，使防炫目作用明显提高。

（3）采用非对称光形

将配光屏单边倾斜 15°，近光灯丝发出的光线经反射镜和配光镜后就得到了非对称近光光形。这种配光符合联合国经济委员会制定的 ECE 标准，被称之为 ECE 形配光（根据其光形特征，也称 L 形配光）。它既有较好的防炫目效果，又有较远的近光照明距离，是较为理想的光形。

Z 形配光的非对称型配光，它不仅可以避免迎面汽车司机炫目，还可以防止车辆右边的行人和非机动车辆使用人员炫目。不同配光光形的路面投影和在屏幕上的分布如图 5-15 所示。

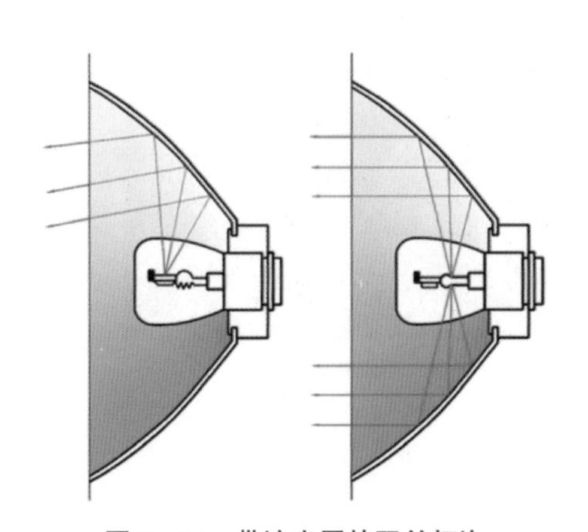

图 5-14　带遮光罩的双丝灯泡

Fig. 5-14　Double filament lamp with shade

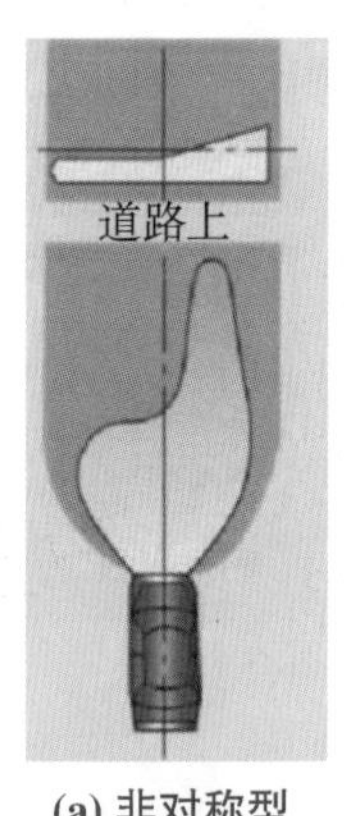

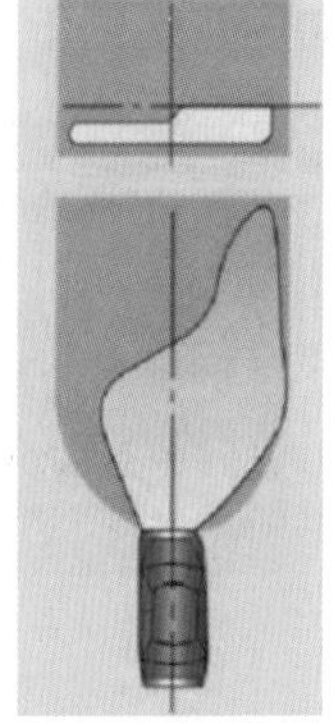

(a) 非对称型
Asymmetric type

(b) Z型
Z type

图 5-15　前照灯的配光形式

Fig. 5-15　Light distribution form of headlamp

(4) 采用自适应前照灯系统

自适应前照灯系统功能强大,其中远、近光灯自动切换,即车辆在夜间开启大灯行驶时,车辆大灯通过传感器判断路面对向或同向车辆、人员情况,自动切换远、近光灯。通常情况下,车辆以远光灯照射下行驶,当识别感应到对向车前大灯和前车尾灯或者其他光源时,就会自动切换至近光灯。在光线明亮的市区和以 30 km/h 以下低速度行驶等不需要远光灯照射的行驶环境下,也会自动切换至近光灯。自适应前照灯系统工作状态如图 5-16 所示。

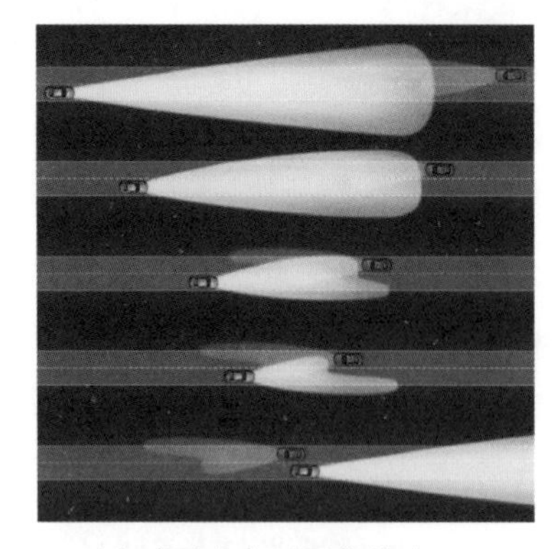

(a) 对面来车时工作状态

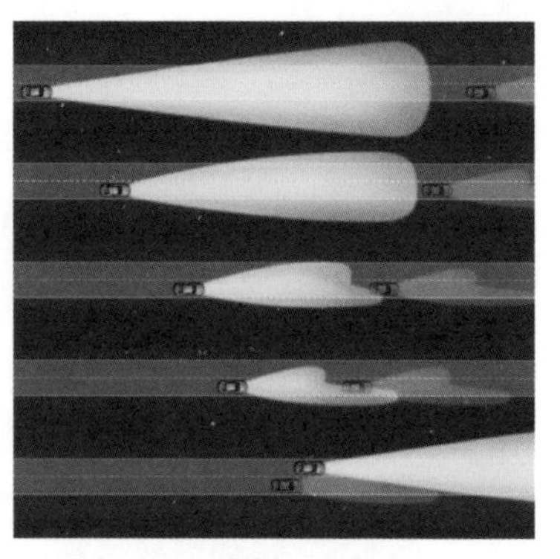

(b) 前面有车时工作状态

图 5-16　自适应前照灯工作状态

Fig. 5-16　Adaptive front lighting system

三、前照灯的电路分析

1. 前照灯控制电路的组成

汽车前照灯随车型不同,其控制方式也有差异。它主要由灯光开关、变光开关、前照灯继电器、前照灯和相关连接电路等组成。

(1) 灯光开关

灯光开关的形式有拉钮式、旋转式和组合式等多种,现代汽车上使用较多的是将前照灯、尾灯、转向灯及变光开关制成一体的组合式开关,以及旋转式的灯光开关,如图 5-17 所示。

(a) 组合式

(b) 旋转式

图 5-17　灯光开关的形式

Fig. 5-17　The form of light switch

(2) 变光开关

变光开关可以根据需要切换远光和近光,目前车辆上多采用组合式变光开关,安装在转向盘下方,便于驾驶员操作,如图 5-18 所示。

图 5-18 变光开关
Fig. 5-18 Dimmer switch

(3) 前照灯继电器

前照灯的工作电流较大,特别是四灯制的汽车,如用车灯开关直接控制前照灯,车灯开关易烧坏,因此在灯光电路中设有灯光继电器(前照灯继电器、变光继电器等)。

2. 前照灯控制电路分析

(1) 大众汽车前照灯电路分析

以桑塔纳 2000 汽车灯光系统电路为例,拆画的前照灯电路如图 5-19 所示。该前照灯系统由点火开关 D、灯光总开关 E1、变光开关 E4、组合仪表 J285、左前大灯 L1 和右前大灯 L2 等组成。

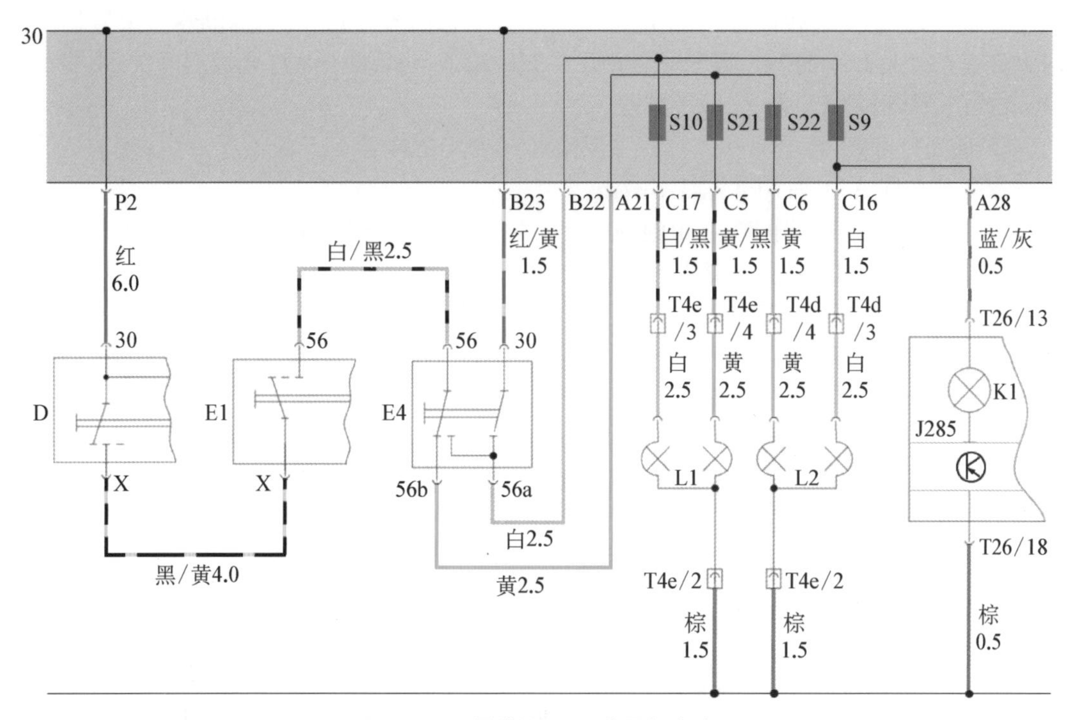

图 5-19 桑塔纳 2000 前照灯电路
Fig. 5-19 Headlight system circuit of Santana 2000

① 近光灯电路：中央接线盒内部30线→中央接线盒P2插脚→点火开关D的30插脚→点火开关D的X插脚→灯光总开关E1的X插脚→灯光总开关E1的56插脚→变光开关E4的56插脚→变光开关E4的56b插脚→中央接线盒A21插脚→保险丝S21、S22→中央接线盒的C5、C6插脚→插接器T4e/4、T4d/4→L1、L2的近光灯丝→插接器T4e/2、T4d/2→搭铁。

② 远光灯电路：中央接线盒内部30线→中央接线盒P2插脚→点火开关D的30插脚→点火开关D的X插脚→灯光总开关E1的X插脚→灯光总开关E1的56插脚→变光开关E4的56插脚→变光开关E4的56a插脚→中央接线盒B22插脚→保险丝S9、S10→中央接线盒的C16、C17插脚→插接器T4e/3、T4d/3→L1、L2的远光灯丝→插接器T4e/2、T4d/2→搭铁。

③ 远光指示灯电路：中央接线盒内部30线→中央接线盒P2插脚→点火开关D的30插脚→点火开关D的X插脚→灯光总开关E1的X插脚→灯光总开关E1的56插脚→变光开关E4的56插脚→变光开关E4的56a插脚→中央接线盒B22插脚→保险丝S9→中央接线盒的A28插脚→组合仪表J285的T26/13插脚→内部的指示灯K1→组合仪表T26/18插脚→搭铁。

(2) 丰田汽车前照灯电路分析

以卡罗拉汽车不带自动灯控的前大灯电路为例，如图5-20所示。前大灯电路由蓄电池、保险丝、继电器、变光组合开关、远光灯、近光灯、组合仪表等组成。

① 近光灯电路：蓄电池→(50 A)主保险丝→H-LP继电器5、3号端子→(10 A)LO保险丝→左侧近光灯A65、右侧近光灯A64。

② H-LP继电器控制电路：蓄电池→(50 A)主保险丝→H-LP继电器1、2号端子→前大灯变光开关E60的HL端子→变光开关HL端子→H端子→灯光控制开关H端子→Head挡位→E60的ED端子→E1搭铁。

③ 远光灯电路：蓄电池→(50 A)主保险丝→变光继电器3、5号端子→(10 A)LI保险丝→左侧远光灯A38、右侧远光灯A37。

④ 变光继电器控制电路：蓄电池→(50 A)主保险丝→变光继电器2、1号端子→前大灯变光开关E60的HU端子→变光开关HU端子→H端子→灯光控制开关H端子→Head挡位→E60的ED端子→E1搭铁。

⑤ 远光指示灯电路：蓄电池→(50 A)主保险丝→变光继电器3、5号端子→(10 A)LI保险丝→组合仪表E46的4号端子→发光二极管指示灯Beam→E46的3号端子→E1搭铁。

注：开启近光灯时，只有左右近光灯亮；而开启远光灯时，近光灯不灭仍亮，远光灯点亮，仪表中远光指示灯也点亮。

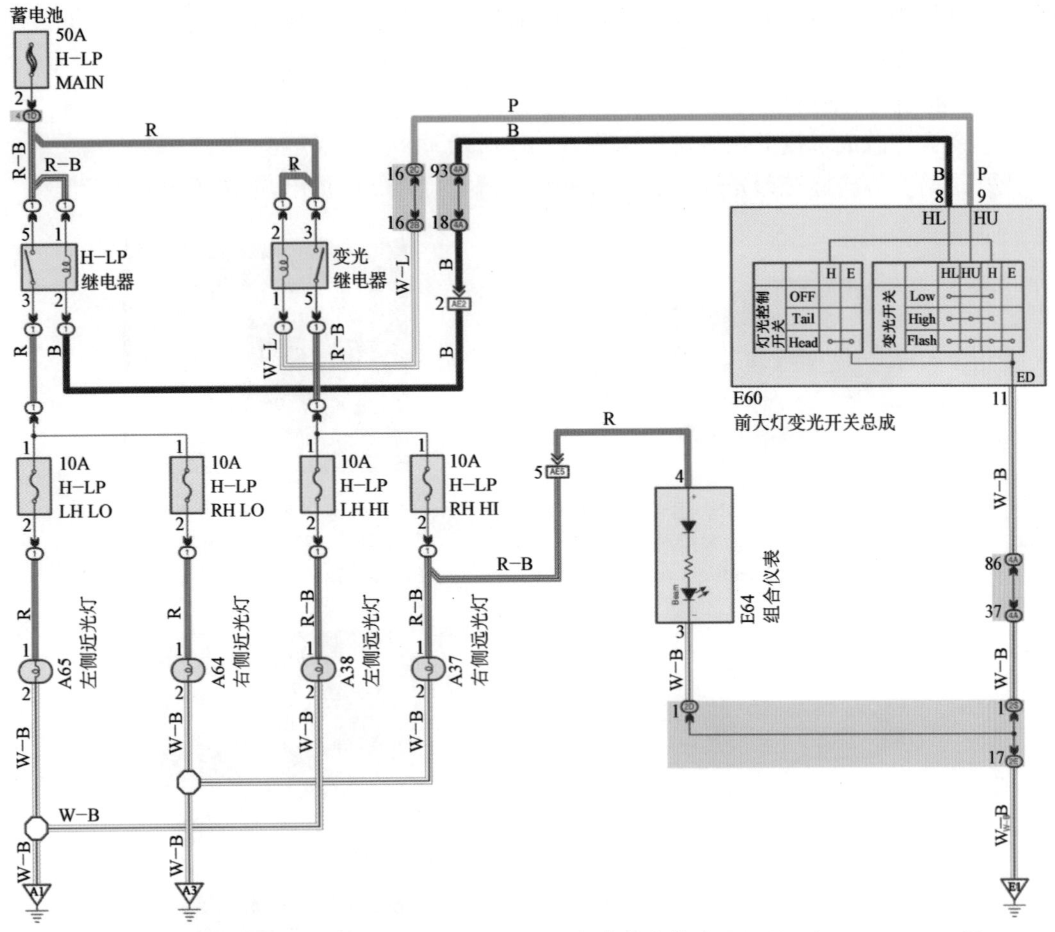

蓄电池 Battery　前大灯总成 Headlight assembly　组合仪表总成 Combination meter assembly
前大灯变光开关总成 Headlight dimmer switch assembly　灯光控制开关 Light control switch　继电器 Relay

图 5－20　卡罗拉前大灯电路
Fig. 5－20　Headlight system circuit of Corolla

一、大灯灯泡的检测与更换

1. 拆卸与安装大灯灯泡

汽车品牌不同，前大灯结构也存在着差异。本书以大众汽车为例，对远、近光灯灯泡进行拆卸与安装。

(1) 近光灯灯泡拆装

① 从大灯总成上拔下壳体盖 1，如图 5－21 所示。

② 握住插头 1，并将其连同近光灯灯泡，一起向上压，直至近光灯灯泡 2 松开，如图 5－22所示；向后从大灯中拔出近光灯灯泡 2 的插头 1。

③ 从插头 1 中拔出近光灯灯泡,如图 5 - 23 所示。

④ 安装以倒序进行。

(2) 远光灯灯泡拆装

① 从大灯总成上拔下壳体盖 2,如图 5 - 21 所示。

② 沿箭头方向旋转远光灯灯泡 1,并从反光罩定位件 2 中拔出,如图 5 - 24 所示。

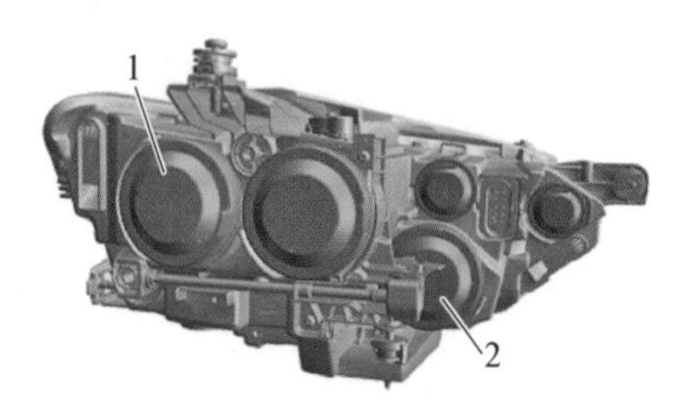

1—近光灯灯罩　2—远光灯灯罩

图 5 - 21　前大灯总成

Fig. 5 - 21　Headlight assembly

1—灯泡插头　2—近光灯泡

图 5 - 22　近光灯插头

Fig. 5 - 22　Low beam connector

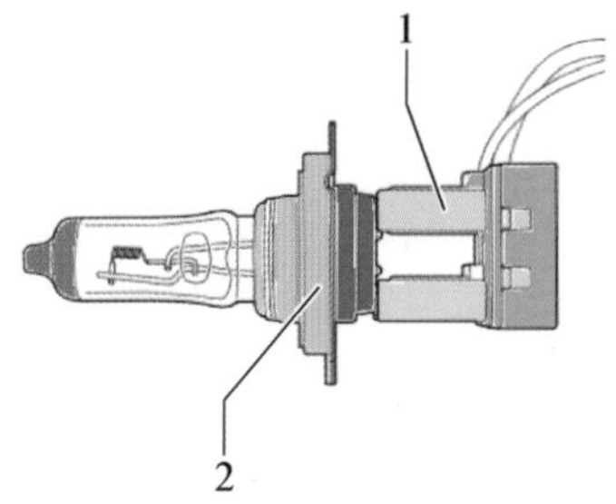

1—灯泡插头　2—近光灯泡

图 5 - 23　近光灯灯泡

Fig. 5 - 23　Low beam bulb

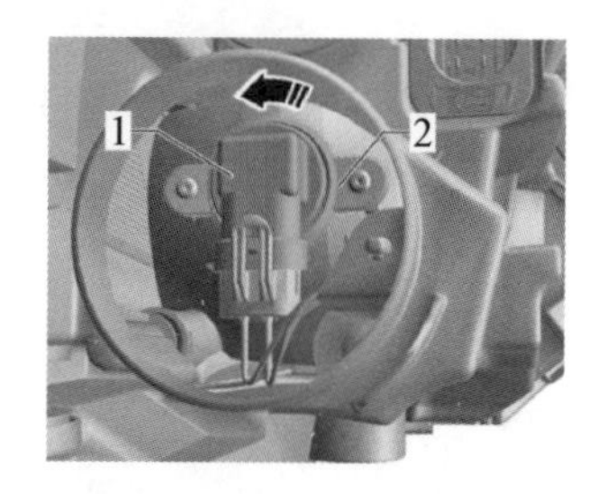

1—远光灯灯泡　2—反光罩定位件

图 5 - 24　远光灯灯泡

Fig. 5 - 24　High beam bulb

③ 解锁并脱开远光灯灯泡 1 的连接插头。

④ 安装以倒序进行。

注意以下几点:

① 不要光手去拿白炽灯泡玻璃。否则会在灯泡玻璃上留下手指油脂痕迹,在打开白炽灯泡时会蒸发,并使灯泡玻璃壳体变得模糊不清。

② 安装白炽灯泡时请戴上诸如干净的布手套等。

③ 在安装壳体盖时应注意安装位置是否正确。大灯进水会造成损坏。

2. 大灯灯泡的检测

(1) 外观检查

目视检查灯泡灯丝是否烧断,若灯丝烧断,则换用新灯泡。

(2) 电阻检查

将万用表调至电阻挡,测量灯泡阻值,正常应小于1 Ω,若阻值为∞,则为损坏,应更换新灯泡。测量方法如图 5 - 25 所示。

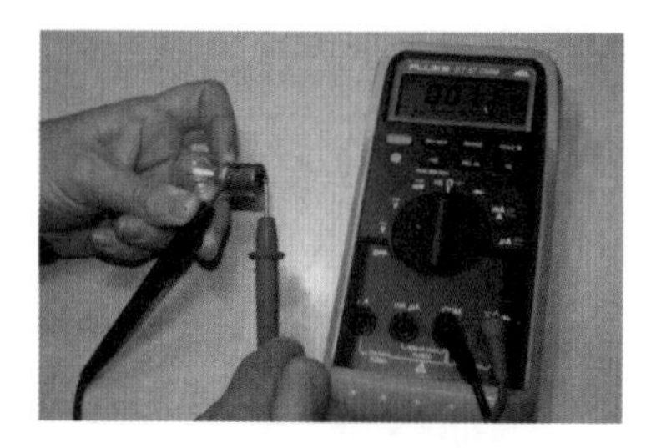

图 5 - 25　灯泡电阻测试

Fig. 5 - 25　Bulb resistance test

二、迈腾 B8 车灯开关检测

迈腾 B8L 车灯开关，它有 4 个旋转挡位，即关闭挡、自动灯光挡、示宽灯挡及近光挡，以及 2 个触按式挡位（前雾灯及后雾灯挡），其旋钮上有 2 个照明灯（当车辆解锁时，灯亮）；车灯开关背面有 1 个 4 针插头，如图 5－26 所示。电路图中车灯开关 E1 的 1 脚连接 LIN 总线，2 脚为 12 V 供电，3 脚为接地，4 脚接冗余信号线。

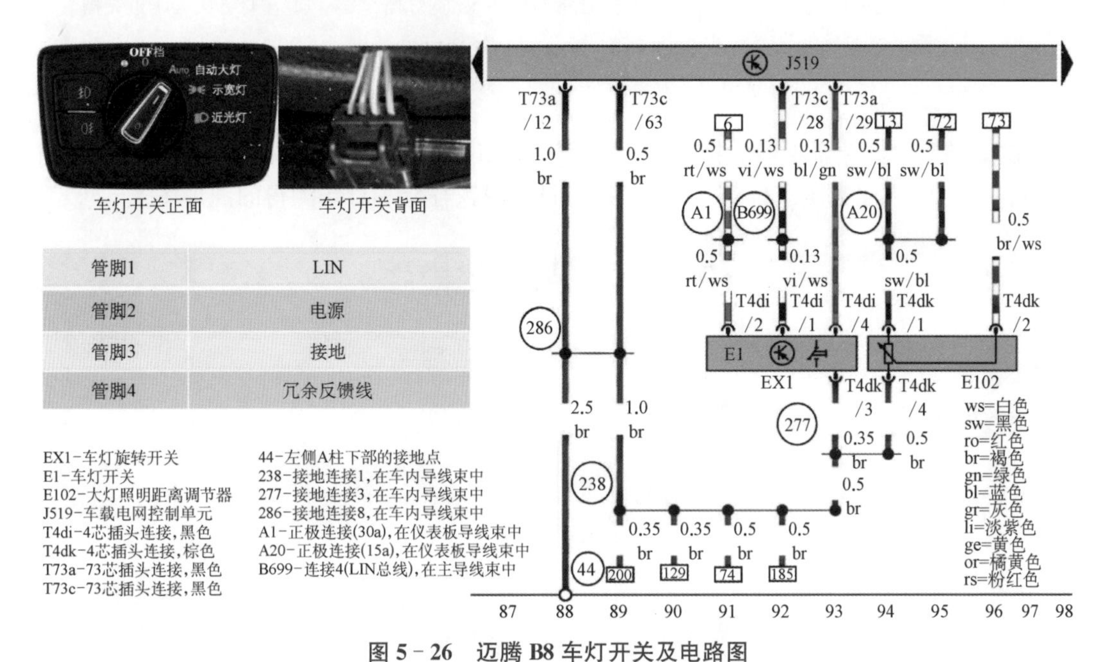

管脚1	LIN
管脚2	电源
管脚3	接地
管脚4	冗余反馈线

图 5－26　迈腾 B8 车灯开关及电路图

Fig. 5－26　Magotan B8 light switch and circuit diagram

1. 车灯开关线路测量

（1）在线路连接的状态下，万用表电压挡测量车灯开关 E1 的 2 号脚对地电压，测量值应为 12 V。

（2）在线路连接的状态下，万用表电压挡测量车灯开关 E1 的 3 号脚对地电压，测量值应为 0 V；拔下插接器，万用表电阻挡测量插接器的 3 号脚对地电阻，测量值应小于 1 Ω。

（3）在线路连接的状态下，万用表电压挡测量车灯开关 E1 的 1、4 号脚对地电压，当车灯开关处于不同挡位时，应显示相应的电压值。

2. 车灯开关信号波形测量

（1）冗余线信号波形

将示波器的测试线分别连接车灯开关 E1 的 4 号端子和搭铁点，打开点火开关至 ON 挡，依次旋转车灯开关至不同的挡位，分别测量各挡位时的信号波形；调节示波器显示屏上的功能键，使测得的波形处于最佳观测状态；可以保持、存储和打印测得的波形图。波形如图 5－27 所示。

（2）LIN 线信号波形

将示波器的测试线分别连接车灯开关 E1 的 1 号端子和搭铁点，打开点火开关至 ON

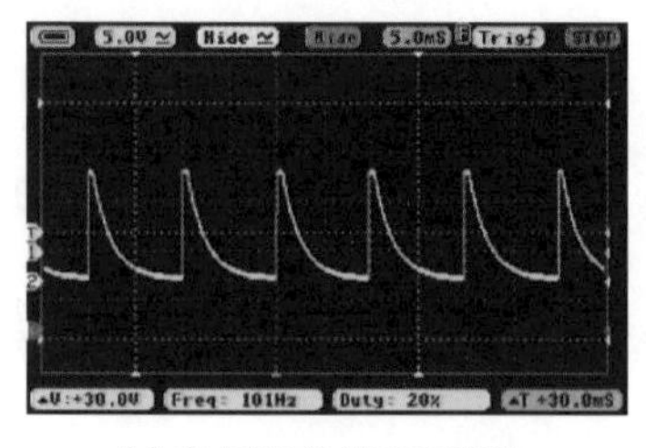

(a) 车灯开关处于OFF挡

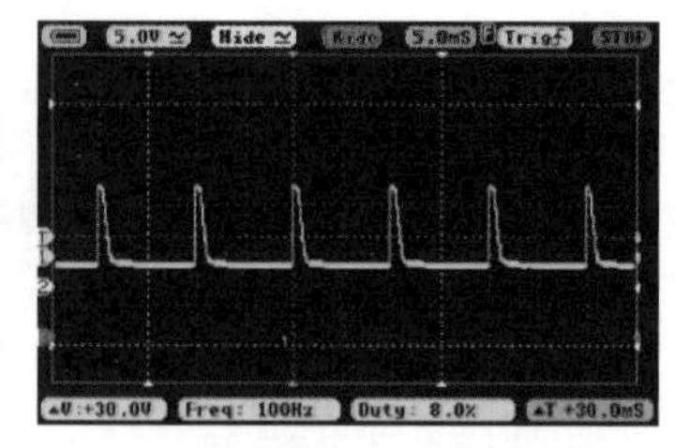

(b) 车灯开关处于AUTO和示宽灯挡

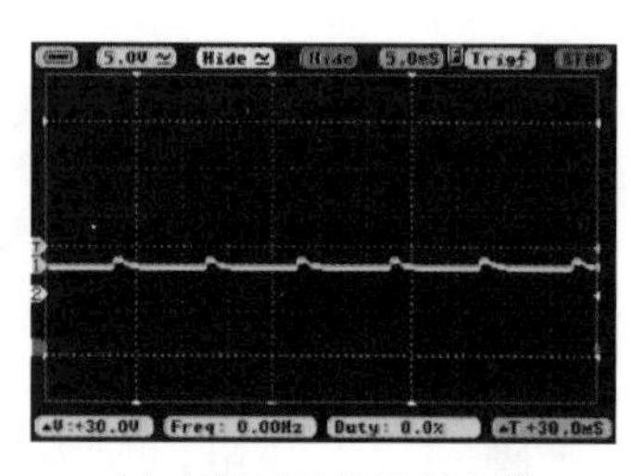

(c) 车灯开关处于近光挡

图 5－27 冗余线信号波形

Fig. 5－27 Redundant signal waveform

挡，依次旋转车灯开关至不同的挡位，分别测量各挡位时的信号波形；调节示波器显示屏上的功能键，使测得的波形处于最佳观测状态；可以保持、存储和打印测得的波形图。

任务 2 信号系统检修

了解汽车信号系统的组成及各自的特点；
掌握汽车信号系统电路分析及其检测维修方法；
学会汽车信号系统电路故障的检测流程；
广泛践行社会主义核心价值观。

一、认识汽车信号系统

汽车信号系统包括灯光信号系统和声音信号系统。主要作用是通过光、声信号向环境（如人、车辆）发出警告、示意信号，以引起有关人员注意，确保车辆行驶的安全。信号系统由信号装置、电源和控制电路组成。灯光信号装置包括转向信号灯、倒车灯、制动信号灯和示廓灯；声音信号装置包括喇叭、报警蜂鸣器和倒车蜂鸣器。各信号装置的名称及特征见表5－2。

表 5－2 各信号装置的名称及特征

Tab. 5－2 Names and characteristics of signal devices

名称	位置	功率(W)	用途	光色
转向灯 危险警告灯	汽车头部、尾部及两侧	21	使前后车辆及行人知晓车辆的行驶趋向；车辆遇到危险时作为危险警报灯发出警报信号；60～120 次/分	淡黄色光

续表

名称	位置	功率(W)	用途	光色
倒车灯	汽车尾部	21	照明车辆后侧,同时警告后方的车辆及行人注意安全	白色光
制动灯	汽车尾部	21	向后方车辆及行人发出较醒目的安全警示信号,避免追尾碰撞	红色光
示廓灯	车身的前后左右四角	5～10	夜间给其他车辆指示车辆的位置与宽度,前示廓灯俗称小灯,后示廓灯俗称尾灯	前:白或黄色;后:红色
警示灯	汽车顶部	40～45	标示车辆特殊类型,消防车、警车为红色,救护车为蓝色	白色或黄色光
喇叭	发动机室内	—	发出声响,警告行人车辆,以确保行车安全	—

汽车上的灯光信号系统如图 5－28 所示。将前大灯、转向灯和示廓灯等组合起来,称为组合前灯;将尾灯、后转向信号灯、制动信号灯、倒车灯组合起来,称为组合后灯。

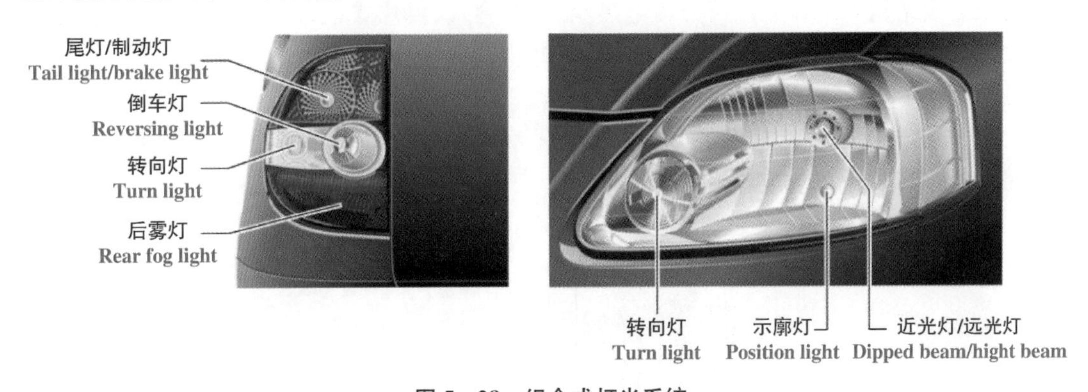

图 5－28　组合式灯光系统
Fig. 5－28　Combination light system

二、转向信号装置

汽车转向信号灯主要用来指示车辆行驶方向。其灯光信号采用闪烁的方式,用来指示车辆左转或右转,以引起其他车辆和行人的注意,提高车辆的安全性。

汽车转向信号系统一般由转向信号灯、转向指示灯、转向开关、闪光器等组成。当接通危险警告灯开关时,所有转向信号灯同时闪烁,表示车辆紧急情况,请求其他车辆避让。转向信号灯一般应具有一定的频率,国际中规定为 60～120 次/分,而且要求信号效果良好,亮暗时间比(通电率)为 3∶2。控制频闪的装置为闪光器,根据结构不同分为电热线式、翼片式、电容式、电子式等。

1. 转向信号开关

(1) 转向开关

上下拨动转向开关,可接通转向灯电路,当转向灯受组合开关控制时,因转向盘回正,使组合开关中的转向灯开关的回正销拨动,从而自动切断转向灯电路。转向开关如图 5－29 所示。

(2) 危险警告灯开关

危险警告灯开关外形如图 5－30 所示，标有红色△，当按下时，左、右转向灯将同时闪烁。危险警告灯操作装置不受点火开关及灯光组合开关的控制。

图 5－29　转向灯开关
Fig. 5－29　Turn signal switch

图 5－30　危险警告灯开关
Fig. 5－30　Hazard switch

2. 闪光器

闪光器按结构和工作原理可分为电热丝式、电容式、翼片式、水银式、电子式和电控单元控制式等多种。目前轿车上常见的是电子式和电控单元控制式。

(1) 电容式闪光器

如图 5－31 所示，电容式闪光器，串联在电源开关与转向开关之间，有两个接线柱(B、L)，分别接电源开关和转向开关。

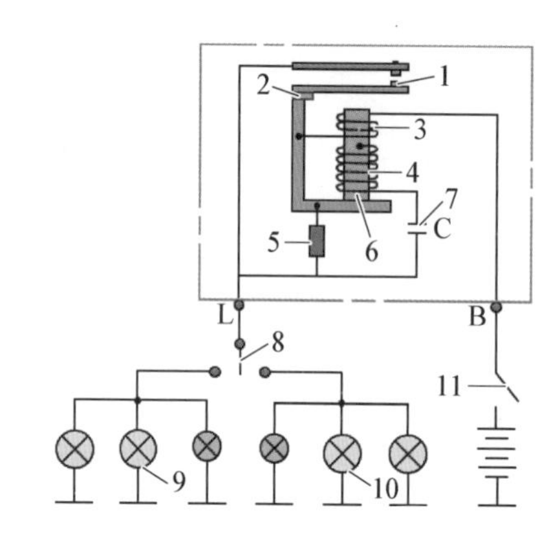

1—触点 Contact
2—弹簧片 Spring sheet
3—串联线圈 Series coil
4—并联线圈 Parallel coil
5—电阻 Quenching resistor
6—铁芯 Core
7—电解电容器 Electrolytic capacitor
8—转向开关 Turn signal switch
9—左转向信号灯 Left turn light
10—右转向信号灯 Right turn light
11—电源开关 Power switch

图 5－31　电容式闪光器工作原理
Fig. 5－31　Principle of capacitive flasher

工作过程如下：转向开关闭合后，串联线圈通电产生的电磁吸力使触点迅速断开，转向灯未来得及亮；触点断开后，电容充电，但充电电流不足以点亮灯泡。串联线圈、并联线圈的电磁合成吸力使触点保持断开；随着充电过程的进行，充电电流逐渐减小，串联线圈、并联线圈的电磁吸力减小，在回位弹簧作用下，触点闭合。

触点闭合后，向转向灯供电，转向灯亮。同时电容开始放电，两线圈磁力方向相反，触点保持闭合，随着电容放电电流的减弱，并联线圈电磁力减小，串联线圈的电磁力又将触点断开，不断循环。灭弧电阻 5 的作用是保护触点。

注意：必须按规定的灯泡功率选用灯泡；接线必须正确，B 接蓄电池，L 接转向灯开关。

(2) 叶片弹跳式(翼片式)闪光器

叶片弹跳式闪光器是利用电流的热效应,以热胀条的热胀冷缩为动力,使叶片产生突变动作,接通和断开触点,使转向信号灯闪烁。根据热胀条受热情况的不同,可分为直热式和旁热式两种。

直热叶片弹跳式闪光器的结构与工作原理如图 5-32 所示,主要由叶片 2、热胀条 3、动触点 4、静触点 5 及支架 1、6 等组成。叶片 2 为弹性钢片,平时靠热胀条 3 绷紧成弓形。热胀条由膨胀系数较大的合金钢带制成,在其中间焊有动触点 4,在动触点 4 的对面安装有静触点 5,整个弹跳组件被焊在支架 1 上,支架的另一端伸出底板外部作为接线柱 B。静触点 5 焊在支架 6 上,支架 6 伸出底板外部作为另一接线柱 L。热胀条 3 在冷态时,使触点 4、5 闭合。汽车转向时,接通转向灯开关 7,蓄电池即向转向灯供电,转向灯 9 立即发亮。这时热胀条 3 因通过电流而发热伸长,叶片 2 突然绷直,动触点 4 和静触点 5 分开,切断电流,于是转向灯 9 熄灭。当通过转向信号灯的电流被切断后,热胀条开始冷却收缩,又使叶片突然弯成弓形,动触点 4 和静触点 5 再次接触,接通电路,转向信号灯再次发光,如此反复变化使转向信号灯闪烁。

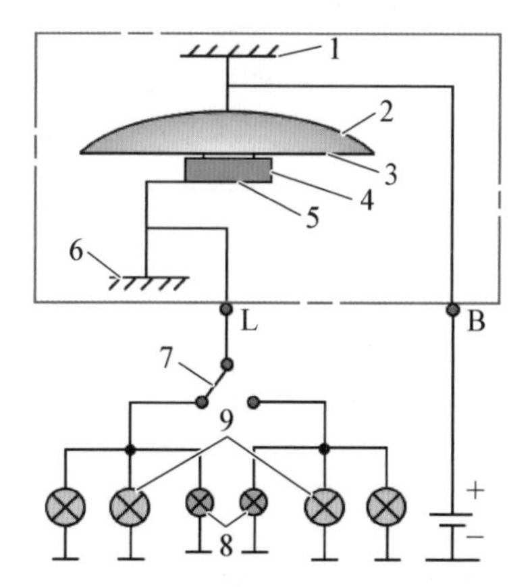

1、6—支架 Bracket
2—叶片 Blade
3—热胀条 Thermal expansion strip
4—动触点 Movable contact
5—静触点 Static contact
7—转向开关 Turn signal switch
8—转向指示灯 Indicator
9—转向灯 Turn light

图 5-32 直热叶片弹跳式闪光器工作原理
Fig. 5-32 Principle of bounce flasher

3. 电子闪光器

电子闪光器的结构和线路繁多,有由晶体管和小型继电器组成的有触点电子式闪光器、由集成电路和小型继电器组成的有触点集成电路闪光器以及全晶体管式无触点闪光器等。

(1) 带继电器的有触点电子闪光器

带继电器的有触点电子式闪光器如图 5-33 所示。主要由一个三极管的开关电路和一个继电器所组成。当汽车向右转弯时,接通电源开关 SW 和转向灯开关 K,电流流经电阻 R_1、继电器的常闭触点 J、接线柱 S、转向灯开关 K、右转向信号灯,右转向信号灯亮。当电流通过 R_1 时,在 R_1 上产生电压降,三极管 VT 因正向偏压而导通,集电极电流 IC 通过继电器 J 的线圈,使继电器常闭触点立即断开,右转向信号灯熄灭。三极管 VT 导通的同时,VT 的基极电流向电容器 C 充电,随着电容器电荷的积累,充电电流逐渐减小,三极管 VT 的集电极电流 IC 也随之减小,当此电流不足以维持衔铁的吸合而释放时,继电器 J 的常闭触点又重新闭合，转向信号灯再次发亮。这时电容C通过电阻R_2、继电器的常闭触点J、电阻R_3放电。放电电流在R_2上产生的电压降又为VT提供正向偏压使其导通。这样，电容器C不断地充电和放电，三极管VT也就不断地导通与截止，控制继电器的触点反复地闭合、断开，使转向信号灯发出闪光。

(2) 无触点全晶体管式电子闪光器

无触点闪光器如图5-34所示，利用电容器放电延时的特性。利用三极管VT_1的导通和截止来达到闪光的目的。接通转向开关后，三极管VT_1的基极电流由两路提供，一路经电阻R_2，另一路经R_1和C，使VT_1导通，在其导通时，VT_2和VT_3组成的复合管处于截止状态。由于VT_1的导通电流很小，仅60 mA左右，故转向信号灯暗。与此同时，电源对电容器充电，随着电容器C两端电压升高，充电电流减小，VT_1的基极电流减小，使VT_1由导通变成截止。这时A点电位升高，当其电位达到1.4 V时，VT_2和VT_3导通，于是转向信号灯亮。此时电容器C经过R_1和R_2放电，放电时间为灯亮时间。C放完电，接着又充电，VT_1再次导通使VT_2和VT_3截止，转向信号灯又熄灭，C的充电时间为灯灭的时间。如此反复，使转向信号灯发出闪光。改变R_1和R_2的电阻值和C的大小以及VT_1的门槛电压值，即可改变闪光频率。

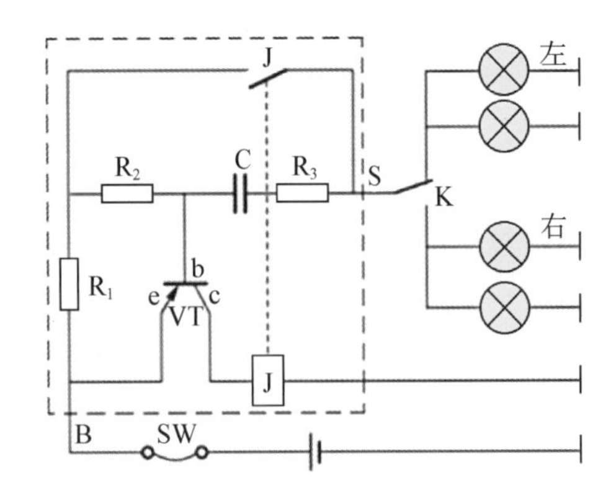

图5-33　带继电器的有触点电子式闪光器

Fig. 5-33　Electronic flasher with relay

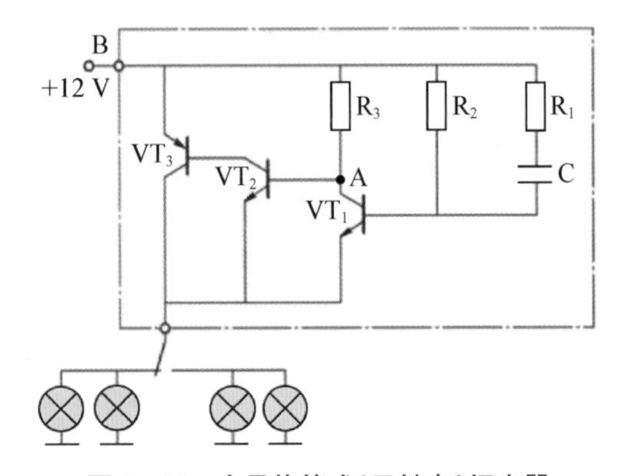

图5-34　全晶体管式(无触点)闪光器

Fig. 5-34　Transistor flasher

(3) 集成电路闪光器

图5-35所示为集成电路闪光器电路原理图。其核心器件U243B是一块低功耗、高精度的汽车电子闪光器专用集成电路，U243B的内部电路主要由输入检测器SR、电压检测器D、振荡器Z及功率输出级四部分组成。输入检测器用来检测转向信号灯开关是否接通。振荡器由一个电压比较器和外接R_4及C_1构成。内部电路给比较器的一端提供了一个参考电压(其值的高低由电压检测器控制)，比较器的另一端则由外接R_4及C_1提供一个变化的电压，从而形成电路的振荡。振荡器工作时，输出级便控制继电器线圈的电路，使继电器触点反复开、闭，于是转向信号灯和转向指示灯便以80次/分的频率闪光。

如果一只转向信号灯烧坏，则流过取样电阻R_S的电流减小，其电压降减小，经电压检测器识别后，便控制振荡器电压比较器的参考电压，从而改变振荡(即闪光)频率，则转向指示灯的闪光频率加快一倍，以表示需要检修、更换。

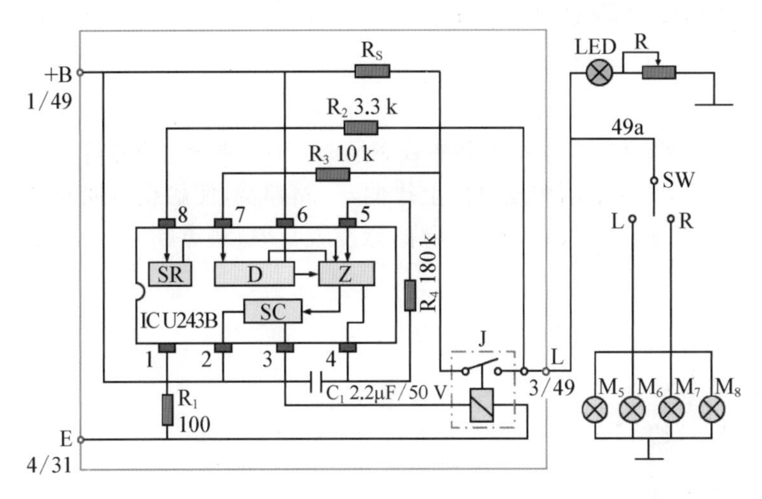

SR—输入检测 Input detect
D—电压检测 Voltage detect
Z—振荡器 Oscillator
SC—输出级 Output stage
R_S—取样电阻 Sampling resistor
J—继电器 Relay

图 5-35 集成电路式闪光器
Fig. 5-35 Integrated circuit flasher

4. 电控单元控制式

目前,大多数轿车采用电控单元来控制车辆的灯光系统。图 5-36 所示为大众汽车转向信号灯控制原理图。拨动转向灯开关,信号传到转向柱控制模块,再通过舒适系统 CAN 总线向车载电网控制单元 J519 传递左、右转向灯信号;J519 通过占空比信号对转向灯进行控制。

图 5-36 电控单元控制的转向灯控制原理图
Fig. 5-36 Schematic of turn signal light

三、制动信装置

制动信号灯安装在汽车的尾部,当汽车制动时,红色信号灯亮,给尾随其后的车辆发出制动信号,以避免造成追尾事故,如图 5-37 所示。出于安全考虑,现在的轿车都安装了高位制动信号灯,它装在后窗中心线、靠近窗底部附近。这样当前后两辆车靠得太近时,后面汽车驾驶员就能从高位制动信号灯的工作情况,判断前面汽车的行驶状况。安装高位制动信号灯对于防止发生追尾事故有相当好的效果。

图 5-37 制动信号灯
Fig. 5-37 Brake light

制动信号灯由制动信号开关控制，制动信号灯开关常见的有气压式、液压式、弹簧式和霍尔式等。

1. 气压式制动信号灯开关

气压式制动信号灯开关，通常安装在制动系统管路中或制动阀上，控制制动信号灯的火线。结构如图5-38所示。制动时，气压推动橡皮膜向上拱曲，压缩弹簧，使触点接通制动信号灯电路，制动信号灯亮。当抬起制动踏板时，气压下降，橡皮膜复原，触点断开，切断电路，制动灯熄灭。

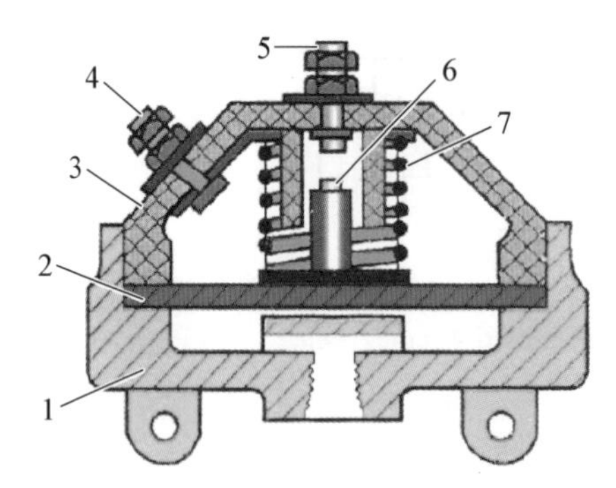

1—壳体 Housing
2—橡皮膜 Rubber membrane
3—胶木盖 Bakelite cover
4、5—接线柱 Terminal
6—铜制触点 Copper contact
7—弹簧 Spring

图5-38 气压式制动信号灯开关
Fig. 5-38 Pneumatic brake light switch

2. 液压式制动信号灯开关

液压式制动信号灯开关，通常安装在制动总泵的前端，结构如图5-39所示。当踏下制动踏板时，制动系中液压增大，橡皮膜拱曲，接触片与接线柱接触，制动信号灯通电发光。当松开制动踏板时，液压降低，橡皮膜挺直，在弹簧作用下，接触片回原位，信号灯熄灭。

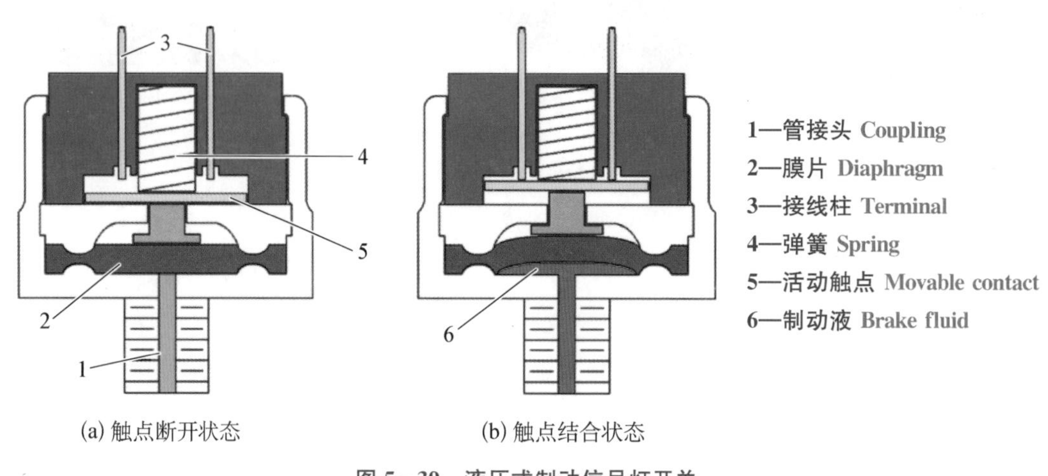

1—管接头 Coupling
2—膜片 Diaphragm
3—接线柱 Terminal
4—弹簧 Spring
5—活动触点 Movable contact
6—制动液 Brake fluid

图5-39 液压式制动信号灯开关
Fig. 5-39 Hydraulic brake light switch

3. 弹簧式制动信号灯开关

弹簧式制动灯开关装在制动踏板臂上，如图5-40所示。当踩下制动踏板时，制动臂解除对制动开关推杆的作用力，制动开关内的活动触点在弹簧力的作用下与固定触点结合，接

通电路，制动灯亮，发出制动信号。反之，断开电路，制动灯熄灭。

4. 霍尔式制动控制开关

以大众汽车为例，制动踏板开关F47与制动信号灯开关F集成在一个器件中，采用霍尔原理进行工作，控制电路如图5-41所示。控制开关总成是一个带有4脚插头的电器元件：4号脚为正电供给插脚；2号脚为搭铁端；1号脚将制动踏板开关信号传递给发动机控制单元J623，闲时为高电平，踩下踏板后为低电平，当J623检测到低电平信号时，关闭定速巡航；3号脚将制动信号灯开关的信号传递给J623，同时也传递给车载电网控制单元J519，控制制动灯的开和关，闲时状态为低电平，踩下踏板后变成高电平。F和F47采用冗余设计，传给J623相反的信号，如发现异常，将该异常信号经驱动CAN总线传递给网关J533，再经舒适CAN总线传递给车载网络控制单元J519，并随即起动应急模式，使制动灯长亮，关闭定速巡航，同时发动机会减少喷油。

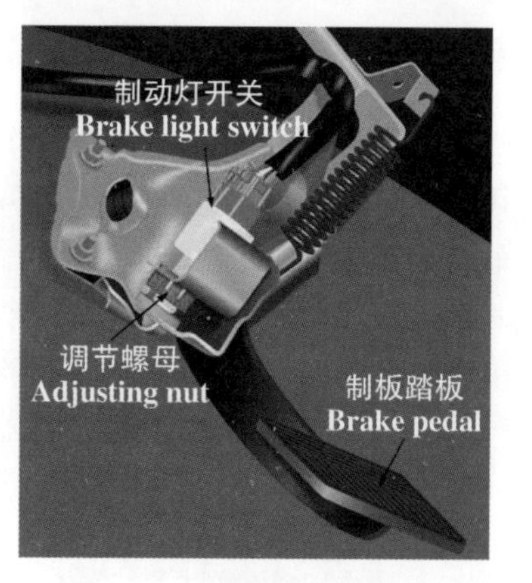

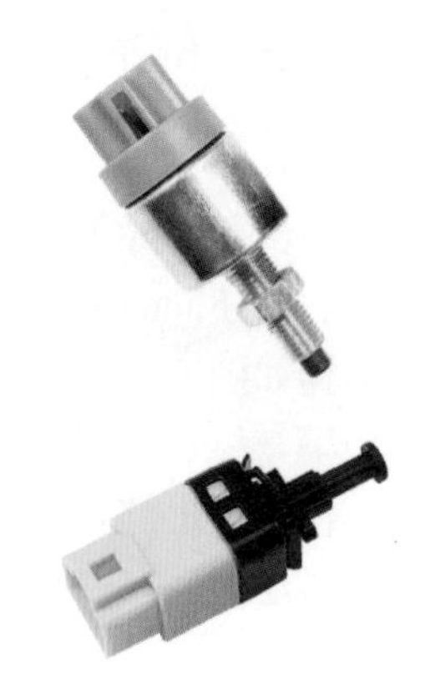

图5-40　弹簧式制动信号灯开关
Fig. 5-40　Spring type brake light switch

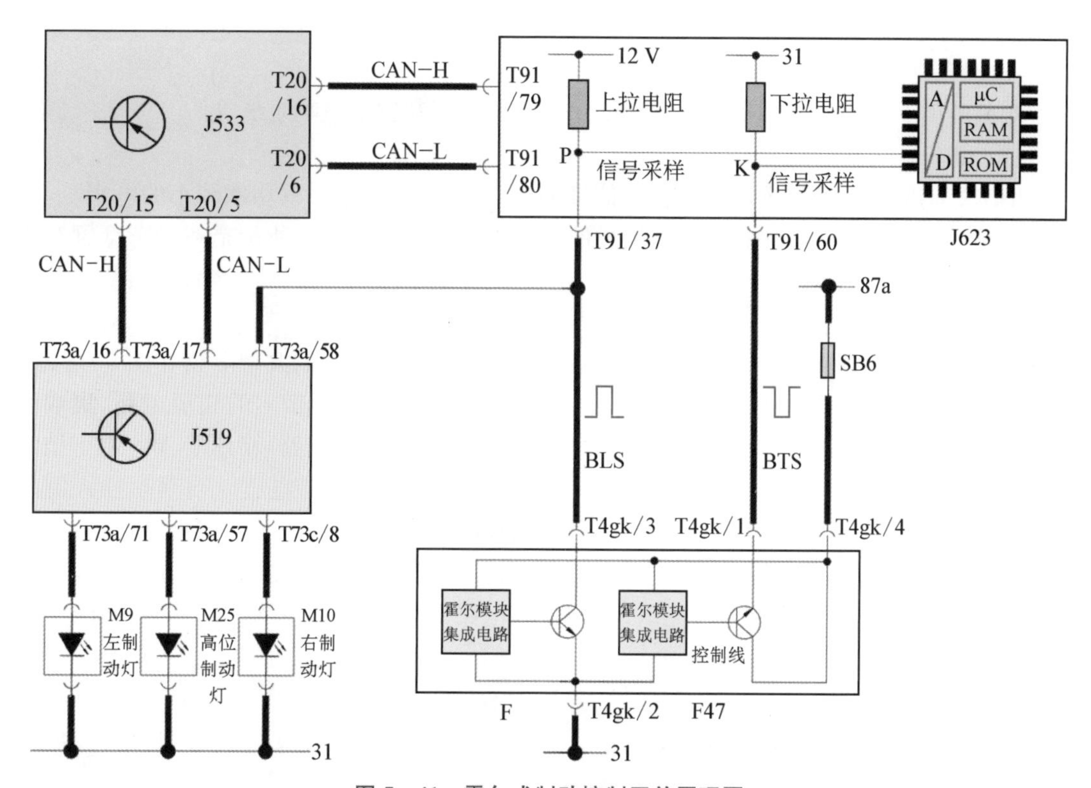

图5-41　霍尔式制动控制开关原理图
Fig. 5-41　Hall brake switch circuit diagram

四、倒车信号装置

1. 倒车灯

倒车灯除了在夜间倒车时作车后场地照明外，还起倒车警告信号的作用。有些汽车在其后部还同时装有倒车蜂鸣器，均由倒车灯开关控制。倒车灯开关安装在变速器壳体上，其结构如图 5－42 所示。平时钢球被顶起，当变速器挂入倒挡时，钢球被放松，在弹簧 4 的作用下，触点 4、5 闭合，接通倒车信号电路。倒车时，装在变速器上的倒车灯开关触点接通倒车信号灯电路，倒车信号灯亮。与此同时，倒车蜂鸣器间歇发声，以警告行人和其他车辆的司机注意。

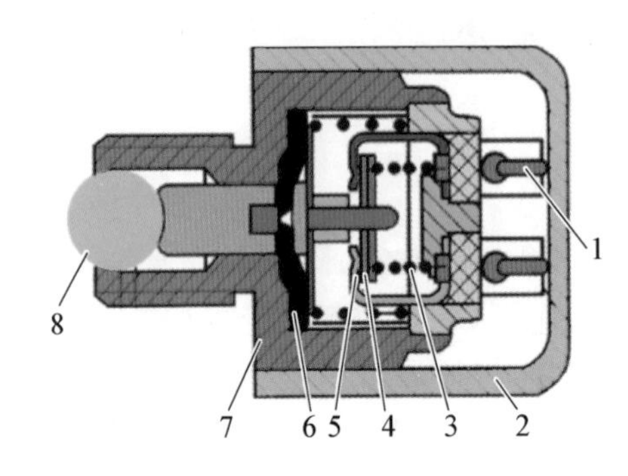

1—接线柱 Terminal
2—外壳 Housing
3—弹簧 Spring
4—动触点 Movable contact
5—静触点 Static contact
6—膜片 Diaphragm
7—底座 Base
8—钢球 Steel ball

图 5－42　倒车信号开关
Fig. 5－42　Reverse signal switch

2. 倒车报警器

常见的倒车报警器有倒车蜂鸣器和倒车语音报警器和倒车声呐系统等。

(1) 倒车蜂鸣器

倒车蜂鸣器是一种间歇发音的音响信号装置，其发音部分是一只功率较小的电喇叭，控制电路是一个由非稳态电路和反相器组成的开关电路。如图 5－43 所示是一般车型倒车蜂鸣器的控制电路。

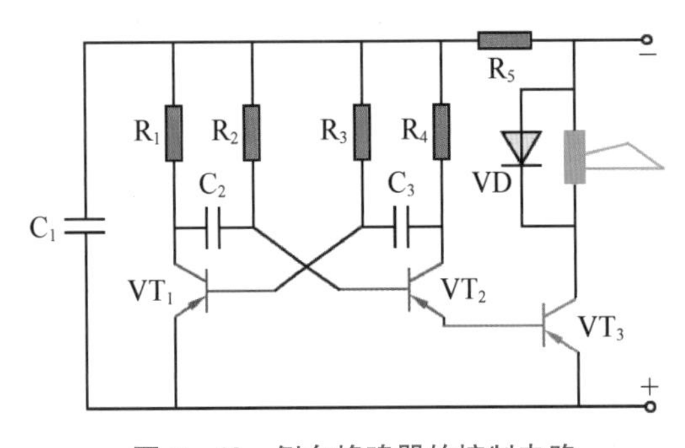

图 5－43　倒车蜂鸣器的控制电路
Fig. 5－43　Circuit diagram of buzzer

(2) 语音报警器

倒车语音报警器的典型电路如图 5－44 所示。IC_1是储存有语音信号的集成电路，集成块IC_2是功率放大集成电路，稳压管 VD 用于稳定语音集成块 IC_1 的工作电压。当汽车挂入倒挡时倒车时，倒车开关接通了倒挡报警电路，电源便由桥式整流电路输入语音倒车报警器，语音集成电路 IC_1 的输出端便输出一定幅度的语音电压信号。此语音电压信号经 C_2、C_3、R_3、R_4、R_5组成的阻容电路消除杂音，改善音质，并耦合到集成电路 IC_2 的输入端，经 IC_2 功率放大后，通过喇叭输出，即可发出清晰的“请注意，倒车！”的声音。

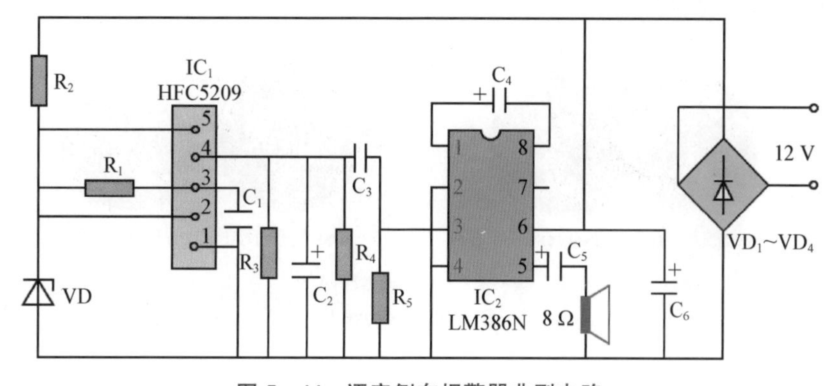

图 5－44　语音倒车报警器典型电路
Fig. 5－44　Circuit diagram of phonetic annunciator

3．倒车声呐系统（雷达装置）

倒车雷达装置在倒车时起到辅助报警功能，使倒车更加安全。当驾驶员挂入倒挡时，倒车雷达侦测器进入自我检测。当自我检测通过后，就开始检测汽车后部障碍物，及时发出报警声，以提醒驾驶员注意。

倒车雷达装置由雷达传感器、控制器、蜂鸣器等组成，如图 5－45 所示。传感器向汽车后部发射超声波，并接收反射回来的超声波，控制器接收从传感器传来的信号，经计算判断障碍物离车尾的距离，并据此采取相应的报警提示。

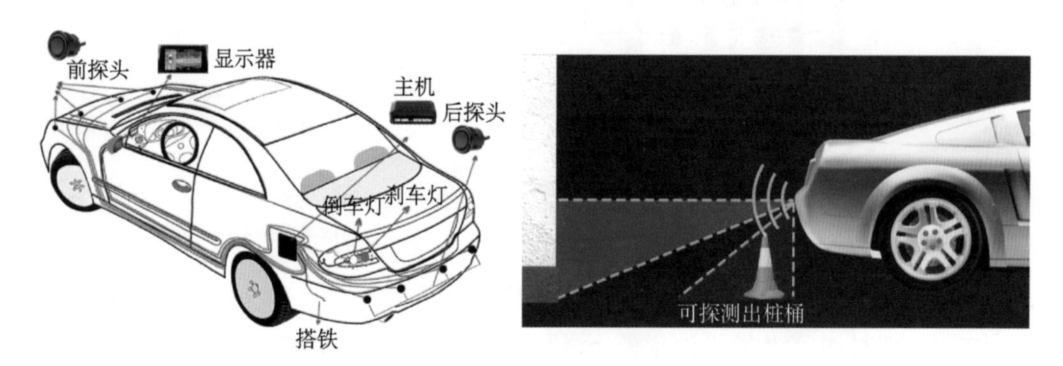

图 5－45　倒车雷达
Fig. 5－45　Parking sensor system

五、汽车喇叭

1．喇叭的作用与分类

汽车上都装有喇叭，用来警告行人和其他车辆，以引起注意，保证行车安全。喇叭按发音动力的不同分为气喇叭和电喇叭两类，现代汽车普遍用电喇叭；按外形分有螺旋形、筒形、盆形三种，在中小型汽车上，由于安装的位置限制，一般多制成螺旋形或盆形，如图 5－46 所示。按声频有高音和低音两种。

气喇叭是利用气流冲击使金属膜片振动产生声响的，外形一般为长筒形，多用在具有空气制动装置的货汽车上。电喇叭是利用电磁转换原理使金属膜片产生振动而发出音响信号的装置。电喇叭按有无触点可分为普通电喇叭和电子喇叭两种。普通电喇叭主要是靠触点

(a) 螺旋形 Helicoid electric horn　　(b) 盆形 Disc electric horn

图 5 - 46　汽车喇叭
Fig. 5 - 46　Electric horn

的闭合和断开，控制电磁线圈激励膜片振动而产生声响；电子喇叭则利用晶体管电路产生的脉冲激励膜片振动而产生声响。

2. 电喇叭的结构和工作原理

(1) 螺旋形电喇叭

螺旋形电喇叭的结构如图 5 - 47 所示。其主要机件有"山"形铁心、磁化线圈、衔铁、膜片、扬声筒、触点以及电容器等。膜片和共鸣板借中心螺杆与衔铁、调整螺母、锁紧螺母连成一体。

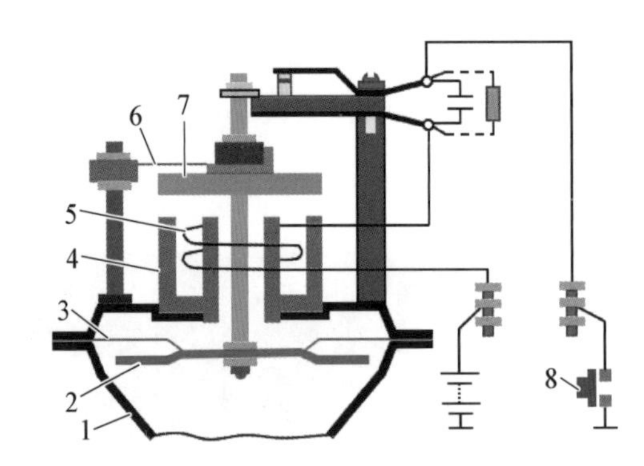

1—扬声筒 Speaker
2—共鸣板 Soundboard
3—膜片 Diaphragm
4—"山形"铁心 Iron core
5—线圈 Coil
6—弹簧片 Spring piece
7—衔铁 Armature
8—喇叭按钮 Horn button

图 5 - 47　螺旋形电喇叭
Fig. 5 - 47　Helicoid electric horn

当按下按钮时，电流由蓄电池正极→线圈→触点→按钮→搭铁→蓄电池负极。当电流通过线圈时，产生电磁吸力，吸下衔铁，中心螺杆上的调整螺母压下活动触点臂，使触点分开而切断电路。此时磁化线圈电流中断，电磁吸力消失，在弹簧片和膜片的弹力作用下，衔铁又返回原位，触点闭合，电路重又接通。此后重复上述过程，膜片不断振动，从而发出一定频率的声波，由扬声筒共鸣后发出和谐悦耳的声音。为了减小触点张开时的火花，避免触点烧蚀，在触点间并联了电容。

(2) 盆形电喇叭

盆形电喇叭工作原理是通过控制线圈的开闭使得膜片振动引起共鸣板共鸣来发声的，其结构特点如图 5 - 48 所示。电路接通线圈产生吸力，上铁心 2 被吸下，带动膜片 4 变形，同时压向触点 3 使之断开，线圈磁场消失，在膜片自身弹力作用下上铁心上移，带动膜片复位，触点又闭合，如此循环往复使膜片上下震动，产生较低的基本频率，并激励与膜片一体的共鸣板产生共鸣，从而发出声音。盆形电喇叭的发声效果更好些，在没有扬声筒的情况下，仍能够发出较大的声响，触点间需并联一个灭弧电容器。

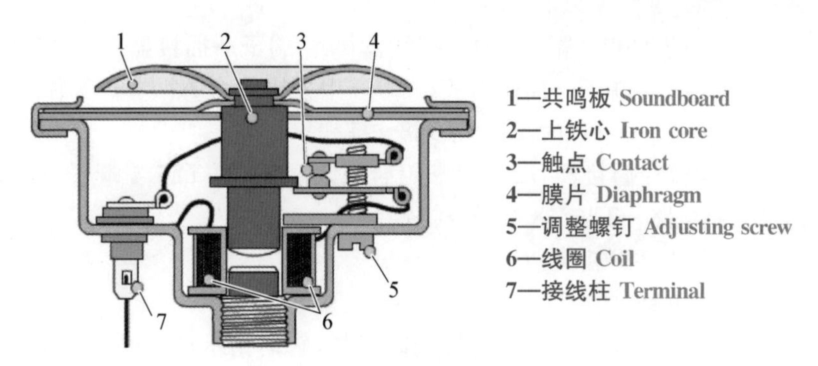

图 5－48　盆形电喇叭

Fig. 5－48　Disc electric horn

六、信号系统电路分析

1. 转向灯、危险警告灯电路分析

如图 5－49 所示为桑塔纳 2000 轿车的转向灯和危险警告灯电路。由保险丝、转向灯继电器 J2、报警灯开关 E3、转向灯开关 E2、转向灯指示灯 K5 和 K8 和转向灯等组成。

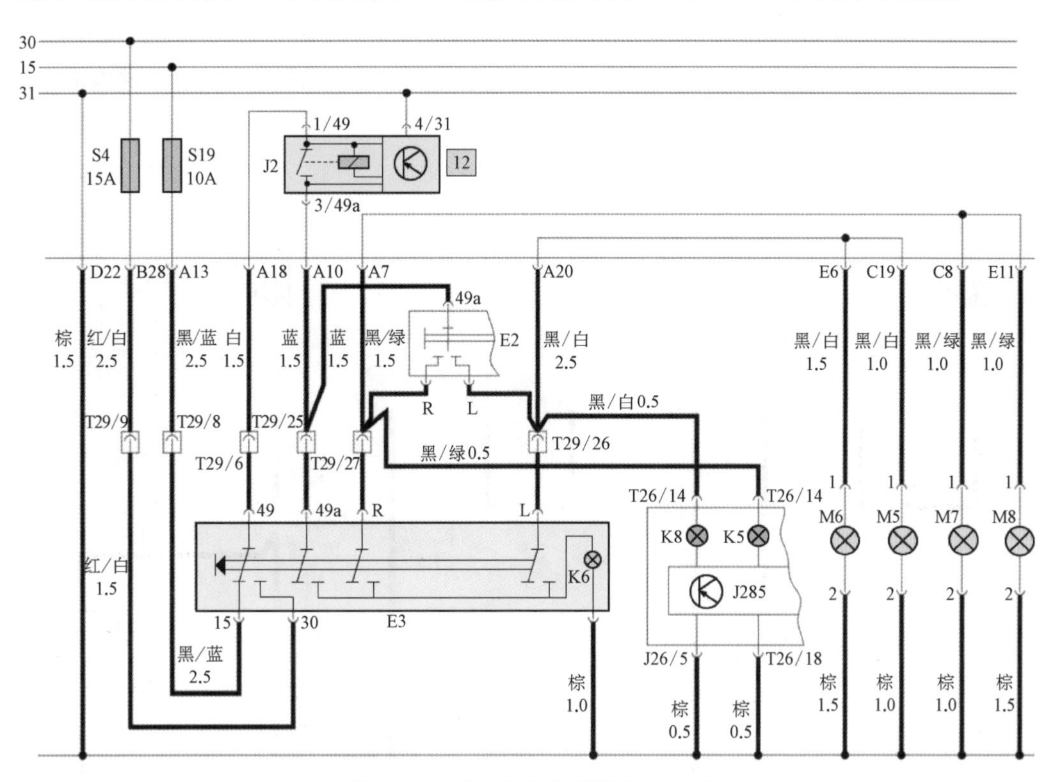

图 5－49　转向灯和危险警告灯电路

Fig. 5－49　Turn light and hazard light circuit diagram

(1) 转向灯电路

右转向灯电路：中央接线盒内部 15 号线→S19 保险丝→中央接线盒 A13 端子→插接器 T29/8→报警灯开关 E3 的 15 端子→E3 的 49 端子→中央接线盒 A18 端子→转向灯继电器

J2 的 1/49 端子→J2 的 3/49a 端子→中央接线盒 A10 端子→插接器 T29/25→转向灯开关 E2 的 49a 端子→E2 的 R 端子→插接器 T29/27→中央接线盒 A7 端子→中央接线盒 C8 和 E11 端子→右前转向灯 M7 和右后转向灯 M8→搭铁。

转向灯指示灯电路:插接器 T29/27→组合仪表 J285 的 T26/4 端子→右转向指示灯 K5→J285 内部控制电路→T26/18 端子→搭铁。

左转向灯电路与上述分析类似。

(2) 危险警告灯电路

按下报警灯开关 E3,前后四个转向灯同时闪烁,转向指示灯同时点亮。中央接线盒内部 30 线→S4 保险丝→中央接线盒 B28→插接器 T29/9→E3 的 30 端子→开关右位→E3 的 49 号端子→中央接线盒 A18→J2 的 1/49 端子→J2 的 3/49a 端子→中央接线盒 A10→E3 的 49a 端子→开关右位→E3 的 R 和(L)端子→插接器 T29/27 和(T29/26)→A7 和(A20)→C8、E11 和(E6、C19)→M7、M8 和(M5、M6)→搭铁。

仪表指示灯电路:T29/27 和(T29/26)→J285 的 T26/4 和(T26/14)端子→右转向指示灯 K5 和(K8)→J285 内部控制电路→T26/18 和(T26/5)端子→搭铁。

报警灯开关指示灯电路:E3 的 49a→开关右位→指示灯 K6→搭铁。

2. 喇叭控制电路

如图 5-50 所示为大众汽车喇叭控制电路。由喇叭 H1、喇叭按钮 H、喇叭继电器 J4 以及保险丝等组成。

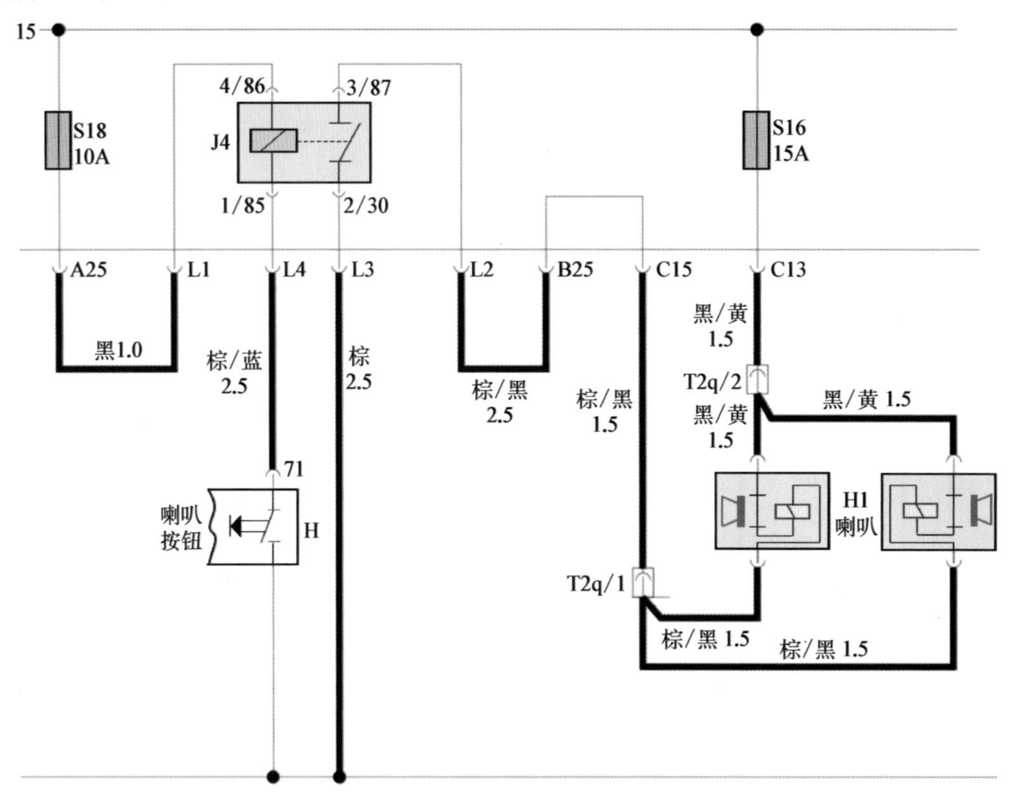

图 5-50 喇叭电路

Fig. 5-50 Electric horn circuit diagram

(1) 喇叭继电器控制电路

中央接线盒内部15号线→保险丝S18→中央接线盒A25端子→中央接线盒L1端子→喇叭继电器J4的4/86端子→继电器线圈→继电器1/85端子→中央接线盒L4端子→喇叭按钮H(按下按钮)→搭铁。此时,喇叭继电器线圈通电,继电器触点吸合,87－30端子导通。

(2) 喇叭电路

中央接线盒内部15号线→保险丝S16→中央接线盒C13端子→喇叭H1→中央接线盒C15端子→中央接线盒B25端子→中央接线盒L2端子→继电器3/87端子→继电器2/30端子→中央接线盒L3端子→搭铁。此时,喇叭通电发出声响。

一、霍尔式制动开关的检测

以大众汽车霍尔式制动开关为例,控制电路如图5－41所示。

1. 静态检测

关闭点火开关,拔出制动开关的插接器;打开点火开关,用万用表电压挡检测电源线T4gk/4脚电压,应为12 V;制动灯开关(F)信号线(BLS)T4gk/3脚电压,应为12 V;制动踏板开关(F47)信号线(BTS)T4gk/1脚电压,应为0 V;用万用表电阻挡测量搭铁线T4gk/2脚对地电阻,应小于0.5 Ω。

2. 动态检测

分别在T4gk/3和T4gk/1的背脚插上探针,插回插接器,打开点火开关,不踩制动踏板,测量2个探针的电压,此时T4gk/3脚应为0 V,T4gk/1脚应为12 V;踩下制动踏板,测量2个探针的电压,此时T4gk/3脚应为12 V,T4gk/1脚应为0 V。检测数据符合上述要求,说明霍尔式制动开关正常,否则霍尔式制动开关损坏。

二、照明与信号系统数据流读取

汽车电子控制单元(ECU)中所记忆的数据流真实地反映了电控系统中各种传感器和执行器的工作电压和状态,可以通过汽车诊断仪来读取。

1. 数据流的参数类型

在故障诊断仪上显示出来的数据流有两种形式的参数,即数值型参数和状态型参数。

(1) 数值参数是指有一定单位、一定变化范围的参数,它通常反映出电控系统(如电控发动机)工作中各部件的工作电压、压力、温度、时间、速度等;数值型参数又分为输入参数和输出参数。

(2) 状态参数是那些只有两种工作状态的参数,如开或关、闭合或断开、高或低、是或否,它通常表示电控系统中的开关和电磁阀等元件的工作状态。

2. 数据流的读取方法

(1) 关闭点火开关,将故障诊断仪与车辆的诊断接口OBD连接,OBD接口一般位于仪表台下方,但车型不同诊断接口位置也有所不同。

(2) 打开点火开关,起动故障诊断仪,选择车型及需要查找的系统。

(3) 进入系统后,选择数据流读取,注意静态数据流和动态数据流。

(4) 将数据流中的参数和实际工况条件下的正常参数值进行比较,如有异常,即可说明系统有故障。

一、选择题

1. 汽车前照灯的远光灯功率一般为(　　)W。

A. 20～55　　B. 46～60　　C. 60～80　　D. 80～100

2. 汽车的前照灯暗淡的故障原因是(　　)引起的。

A. 前照灯开关短路　　B. 变关开关短路

C. 电路中的灯泡烧毁　　D. 负极接线柱腐蚀

3. 造成两个前照灯均不工作的原因可能是(　　)故障。

A. 灯泡烧坏　　B. 前照灯开关

C. A和B均正确　　D. A和B均不正确

4. 前照灯变光开关的作用是根据行驶与会车需要,实现远光与近光的(　　)。

A. 开启　　B. 关闭

C. 变换　　D. 以上三种说法均正确

5. 更换卤素灯泡时,甲认为可以用手指接触灯泡的玻璃部位,乙认为不能。你认为(　　)。

A. 甲正确　　B. 乙正确　　C. 甲、乙都正确　　D. 甲、乙都不正确

6. 转向信号灯闪光频率一般为(　　)次/分。

A. 60～120　　B. 45～60　　C. 100～120　　D. 50～100

二、判断题

1. 汽车灯光按用途分有照明灯和信号灯两种。(　　)
2. 前后雾灯均属于照明用的灯具。(　　)
3. 前照灯在进行检测时只要求它的亮度,不要求它的照射范围。(　　)
4. 一般打开远光灯时,近光灯会同时点亮。(　　)
5. 汽车上除照明灯外,还有用以指示其他车辆或行人的灯光信号标志,称为信号灯。(　　)
6. 汽车上安装喇叭继电器可以防止喇叭触点烧蚀。(　　)

三、思考题

1. 对前照灯的基本要求有哪些?
2. 防炫目的措施有哪些?
3. 汽车上常见的外部灯有哪些?

仪表与报警系统检修

项目导入

我们要坚持马克思主义在意识形态领域指导地位的根本制度，坚持为人民服务、为社会主义服务，坚持百花齐放、百家争鸣，坚持创造性转化、创新性发展，以社会主义核心价值观为引领，发展社会主义先进文化，弘扬革命文化，传承中华优秀传统文化，满足人民日益增长的精神文化需求，巩固全党全国各族人民团结奋斗的共同思想基础，不断提升国家文化软实力和中华文化影响力。

汽车仪表盘是反映车辆各系统工作状况的装置。一般由车速表、转速表、机油压力表、水温表、燃油表以及电子指示灯等组成。汽车仪表是驾驶员与汽车进行信息交流的重要窗口，在驾驶车辆时，要随时掌握车辆各种参数是否正常，以便及时采取措施，防止发生事故。

任务1　汽车仪表系统检修

熟知汽车仪表的组成与功用；
掌握汽车仪表的结构和工作原理；
学会汽车仪表电路分析与检测的方法；
知史爱党、知史爱国，不断坚定中国特色社会主义共同理想。

一、认识汽车仪表

1. 汽车仪表的作用

汽车仪表是驾驶员与车辆进行信息交互的界面，为驾驶员提供必要的汽车运行信息，保证汽车安全而可靠地行驶；同时也是维修人员发现和排除故障的重要工具。

2. 汽车仪表的分类

按汽车仪表的工作原理不同，可大致分为三代。

第一代汽车仪表是机械机芯仪表；

第二代汽车仪表称为电气式仪表；

第三代为全数字汽车仪表，是一种网络化、智能化的仪表，功能更加强大，显示内容更加丰富，线束链接更加简单。可以通过步进电机来驱动仪表指针，也可以利用 LED 屏直接显示图形或文字信息；同时还有电子控制单元，可以与汽车其他控制单元交互信息。

3. 汽车仪表盘认知

汽车的仪表盘形态各异，但都存在车速表、转速表、水温表、燃油表和各种报警、信息显示区域等，如图 6-1 所示为两种不同组合仪表。图(a)是步进电机驱动的指针式数字仪表，报警指示灯显示在转速表和车速表的中间区域，行驶里程、故障提示的文字信息等可以显示在中间部位的液晶屏中；图(b)是采用 LED 显示屏的组合仪表，以纯虚拟图像形式模拟出转速表和车速表的指针，中间区域的彩色显示屏不仅可以显示报警指示灯和故障提示的文字信息，还可以显示驾驶、导航和辅助功能的数据。

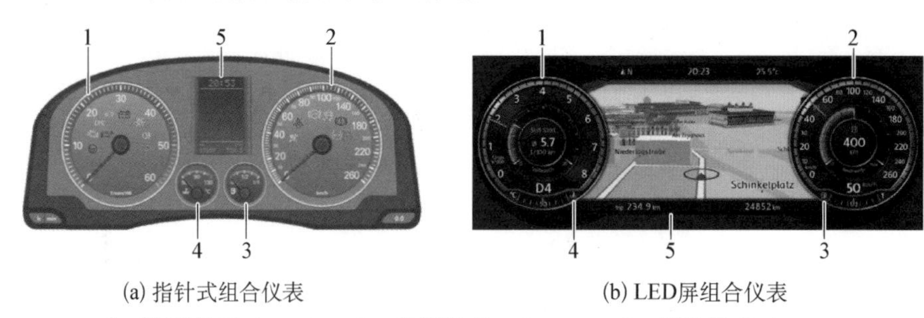

(a) 指针式组合仪表　　　　(b) LED屏组合仪表

1—转速表 Tachometer　**2—车速表** Speedometer　**3—燃油表** Fuel gauge

4—水温表 Coolant temperature gauge　**5—信息显示屏** Information display

图 6-1　汽车组合仪表

Fig. 6-1　Automotive dashboard

二、电气式汽车仪表

电气式仪表按原理可分为两大类：一种是电热式，利用双金属片的电热效应原理，当双金属片的加热线圈中有电流通过时，双金属片受热变形，带动仪表指针偏转显示相应的参数；另一种是电磁式，利用电磁感应原理，当电流通过电磁线圈时，产生电磁力，吸引仪表指针偏转显示相应的参数。

1. 发动机转速表

发动机转速表用于观测发动机的运转状态，也是汽车变速器挡位切换的主要依据。电子式转速表的信号采集通常有三种方式：点火系统初级线圈通断或信号发生器产生的脉冲信号；飞轮边缘的转速传感器；发电机单相定子绕着的正弦交流信号。图 6-2 所示为从点火系统初级线圈处采集信号的转速表电路原理。当发动机工作时，初级线圈电路不断的导通、截止，其导通、截止的次数与发动机转速成正比。

2. 车速里程表

车速里程表由车速表和里程表两部分组成，用来指示汽车行驶速度和行驶里程。磁感

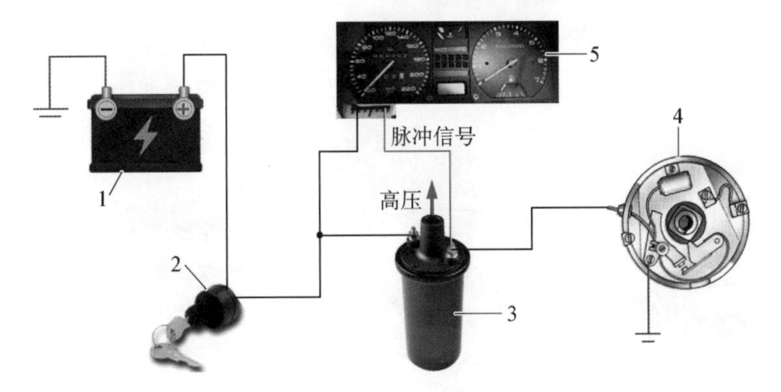

1—蓄电池 Battery　2—点火开关 Ignition switch　3—点火线圈 Ignition coil
4—断电器 Breaker point　5—转速表 Tachometer

图 6-2　发动机转速表
Fig. 6-2　Tachometer

应式车速里程表也称永磁式车速里程表，其结构如图 6-3 所示。磁感应式仪表没有电路连接，它是由变速器输出轴上的一套蜗轮蜗杆以及挠性软轴来驱动的。

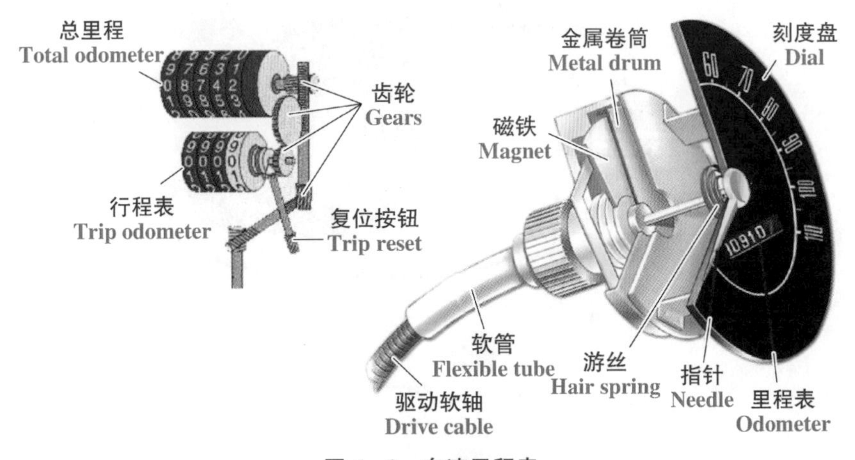

图 6-3　车速里程表
Fig. 6-3　Speedometer and odometer

车速表的工作原理：在静态时，在游丝弹簧的作用下使指针指在刻度盘的 0 位；当汽车直线行驶时，变速器输出轴上的蜗轮、蜗杆以及软轴等带动永久磁铁转动，同时在金属卷筒上感应出涡流，产生转矩，使卷筒克服游丝的作用力向永久磁铁转动方向转动，带动指针同转一个角度，因为涡流的强弱与车速成正比（车速越高，磁场切割速度越高），所以指针指示的速度也必与汽车的行驶速度成正比。

里程表是由蜗轮蜗杆和计数轮组成的，蜗轮蜗杆和汽车的传动轴之间具有一定的传动比。在汽车行驶时，软轴驱动里程表的小轴，经三对蜗轮蜗杆带动行程表的计数轮转动。行程表上的数字为十分之一公里，每两个相邻的计数轮之间，又通过本身的内齿和进位计数轮的传动齿轮，形成 1∶10 的传动比。这样汽车行驶时，就可以将其行驶里程不断累计起来。

3. 水温表

水温表用来指示发动机冷却液工作温度。由水温表和水温表传感器两部分组成，水温表安装在组合仪表内,水温传感器安装在发动机气缸盖的冷却水套上。电热式水温表又称双金属片式水温表,与电热式水温传感器或热敏电阻式水温传感器配套使用,如图 6-4 所示。电磁式水温表如图 6-5 所示。

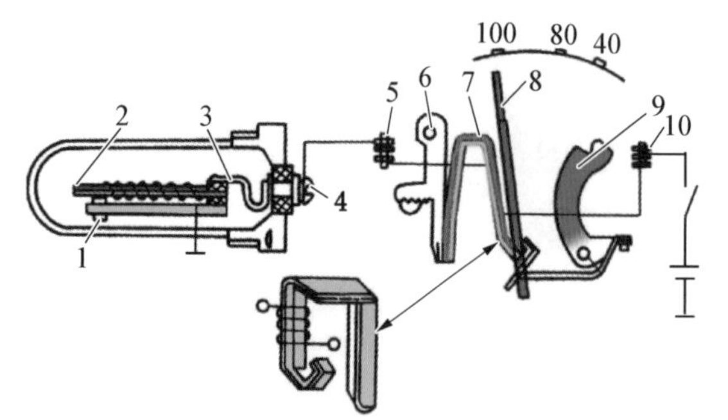

图 6-4　电热式水温表
Fig. 6-4　Electrothermal coolant temperature gauge

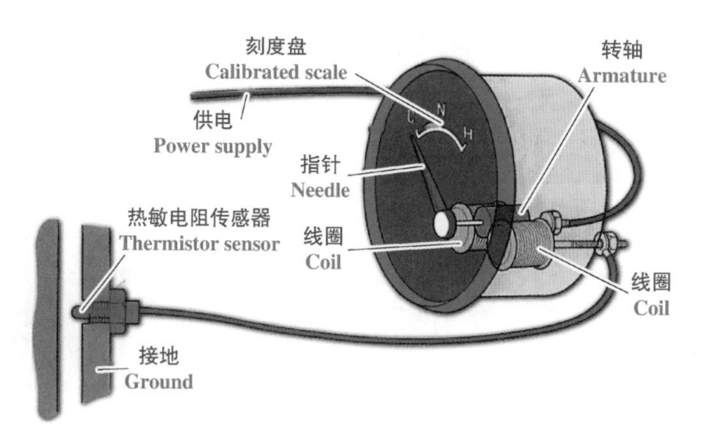

图 6-5　电磁式水温表
Fig. 6-5　Electromagnetic coolant temperature gauge

电热式水温表工作原理:当电路接通,水温不高时,双金属片 2 要依靠加热线圈产生变形,需经较长时间的加热,才能使触点分开。触点打开后,由于四周温度低散热快,双金属片 2 迅速冷却又使触点闭合。所以水温低时,触点在闭合时间长而断开时间短的状态下工作,使流过水温表加热线圈中的电流平均值增大,双金属片 7 变形大,带动指针向右偏转,指示低的水温。

当水温高时,双金属片 2 周围温度高,触点的闭合时间短而断开时间长,流过水温表加热线圈的电流平均值小,双金属片 7 变形小,指针向右偏转角小而指示高的水温。

4. 燃油表

电热式燃油表又称为双金属片燃油表,它的传感器与电磁式燃油表相同,都是滑动变阻器式,如图 6-6 所示。电磁式燃油表如图 6-7 所示。

电热式燃油表工作原理:当油箱无油时,传感器浮子 7 在最低位置,将可变电阻 5 全部接入电路,加热线圈中的电流最小,所以双金属片 3 没有变形,指针 4 指示“0”的位置;当油箱中的油量增加时,传感器浮子上浮,带动滑片 6 移动,可变电阻的阻值减小,加热线圈中的

电流增大，双金属片 3 受热变形，带动指针 4 向右转动。

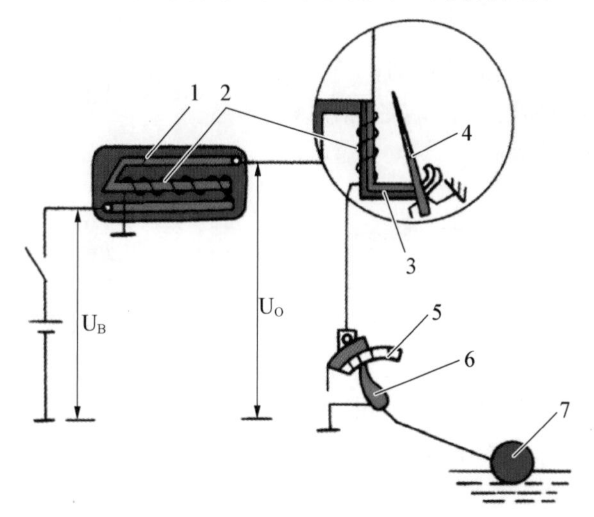

1—稳压电源 Power supply
2—加热线圈 Coil
3—双金属片 Bimetallic strip
4—指针 Needle
5—可变电阻 Variable resistor
6—滑片 Vane
7—浮子 Float

图 6－6　电热式燃油表
Fig. 6－6　Electrothermal fuel gauge

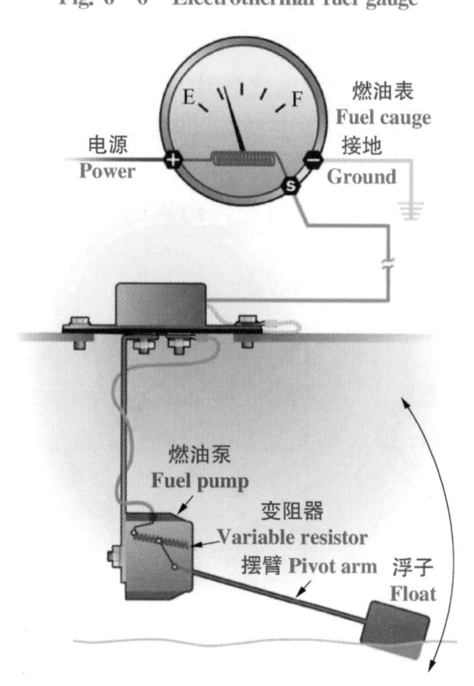

图 6－7　电磁式燃油表
Fig. 6－7　Electromagnetic fuel gauge

由于经加热线圈中的电流除与可变电阻的阻值有关外，还与电源电压有关，该电路中需配有稳压器。

三、数字式汽车仪表

数字式组合仪表，由传感器采集汽车的运行参数，通过信号线或车载网络传送给仪表控制单元，经分析、处理后输出相应的指令，显示对应的信息。

常见的数字仪表显示方式如下：

(1) 通过控制步进电机旋转带动仪表指针转动；

(2) 通过点阵 LCD 显示屏显示图形、文字或数字信息；

(3) 通过段式 LCD 屏或数码管显示；

(4) 通过 LED 灯的亮、灭显示；

(5) 通过蜂鸣器的不同鸣音指示当前状态。

1. 发动机转速表

数字式发动机转速表由指针表盘或模拟表盘、发动机转速传感器、发动机控制单元、仪表控制单元等组成。转速传感器采集发动机转速信号，传送给发动机 ECU，再通过 CAN 总线传输到仪表控制单元，经过处理后，在仪表盘显示相应的转速值。发动机转速传感器又称为曲轴位置传感器，常用的有磁感应式和霍尔式等。

(1) 磁感应式转速传感器

磁感应式转速传感器利用电磁感应原理制成，与项目四中图 4－7 所示的磁感应式信号发生器原理一致，通常安装在飞轮齿圈附近。主要由信号转子、感应线圈、永久磁铁组成，结构与工作原理如图 6－8 所示。信号转子旋转时，磁路中的气隙就会发生周期性的变化，磁路的磁阻和穿过传感线圈磁头的磁通量随之发生周期性的变化。信号转子每转过一个凸齿，就在感应线圈中产生一个周期的交变电动势，即传感线圈输出端相应地输出一个交变电压信号，如图 6－8(b)所示。图 6－8(a)中所示齿圈有 58 个齿，即信号转子转一圈，产生 58 个交变信号。发动机 ECU 通过计数单位时间内出现的交变信号个数，计算出发动机转速，并通过 CAN 总线传递给仪表控制单元。

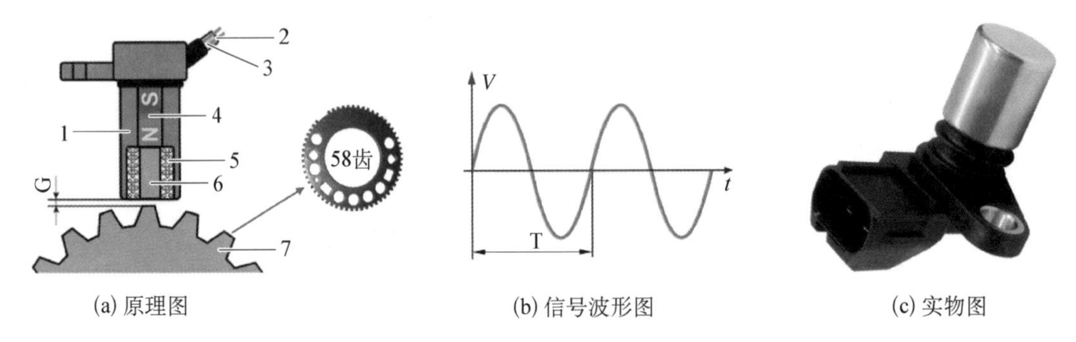

(a) 原理图　(b) 信号波形图　(c) 实物图

1—壳体 Housing　2—信号线 Signal wire　3—屏蔽层 Coaxial coated protection　4—磁铁 Magnet
5—感应线圈 Inductive coil　6—铁芯 Magnetic core　7—信号转子 Trigger wheel　G—间隙 Air gap

图 6－8　磁感应式转速传感器

Fig. 6－8　Inductive speed sensor

(2) 霍尔式转速传感器

霍尔式转速传感器利用霍尔效应制成，与项目四中图 4－10 所示的霍尔式信号发生器原理一致。主要由信号转子、霍尔元件、永久磁铁组成，结构与工作原理如图 6－9 所示。

当齿轮位于图 6－9(b)中左图位置时，穿过霍尔元件的磁力线分散，磁场相对较弱；当处于右图位置时，穿过霍尔元件的磁力线集中，磁场相对较强。当齿轮转动时，使得穿过霍尔

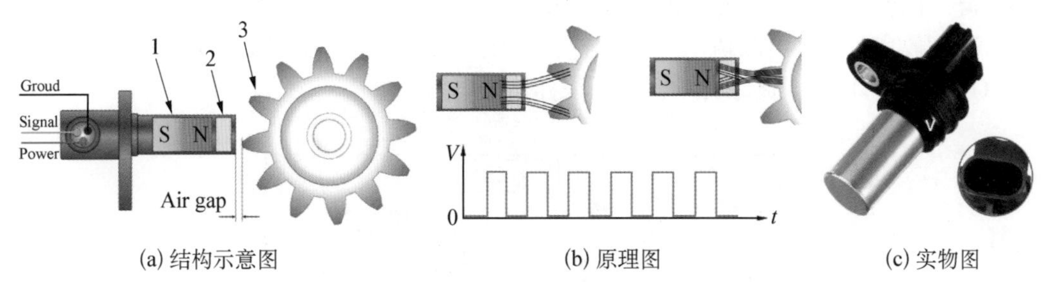

(a) 结构示意图　　(b) 原理图　　(c) 实物图

1—永久磁铁 Permanent magnet　2—霍尔元件 Hall effect sensor　3—信号转子 Trigger wheel

图 6－9　霍尔式转速传感器

Fig. 6－9　Hall speed sensor

元件的磁力线密度发生变化，因而引起霍尔电压的变化，霍尔元件将输出一个毫伏级的脉冲信号，经过内部集成电路的调整和放大后，输出矩形脉冲信号。

2. 车速表

车速传感器采集汽车的行驶速度，并把检测结果通过车载网络传输给汽车仪表系统，用于显示车速。车速信号还用来控制发动机怠速、自动变速器的变扭器锁止、自动变速器换挡、发动机冷却风扇的开闭、定速巡航以及制动控制（如 ABS）等。目前，最常见的车速信号来自车轮轮速传感器，ECU 根据车轮转速和车轮直径计算出汽车的行驶速度。常见的轮速传感器有磁感应式、霍尔式等。图 6－10 所示为轿车上常见的主动式轮速传感器，由多极磁环、霍尔传感器和壳体内部的集成电路组成。图 6－10(b)中霍尔元件 A 和 C 采集的信号由集成电路进行差分，输出矩形方波，作为轮速信号；霍尔元件 B 采集的信号用来判断车轮旋向。

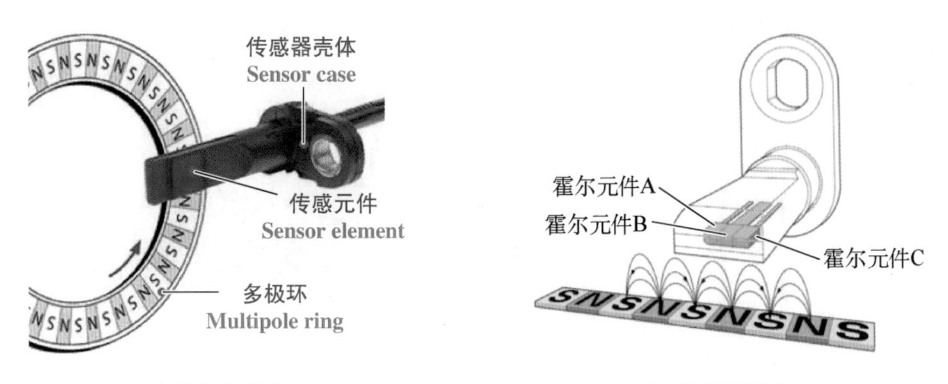

(a) 结构示意图　　(b) 内部原理图

图 6－10　主动式轮速传感器

Fig. 6－10　Active speed sensor

3. 水温表

由组合仪表盘、冷却液温度传感器、发动机控制单元、仪表控制单元等组成。冷却液温度传感器采集发动机冷却液的温度，传送给发动机 ECU，再通过 CAN 总线传输到仪表控制单元，经过处理后，在仪表盘显示相应的信息。

冷却液温度传感器通常采用负温度系数的热敏电阻（NTC）制成，随着温度的升高，其电阻值下降。图 6－11 所示为冷却液温度传感器信号检测原理。控制单元为电路提供 5 V 电压，当温度升高时，热敏电阻值下降，根据欧姆定律，电路中的电流随之升高，经过固定电阻 R 的电压降升高，因此控制单元检测到的采样信号电压下降。

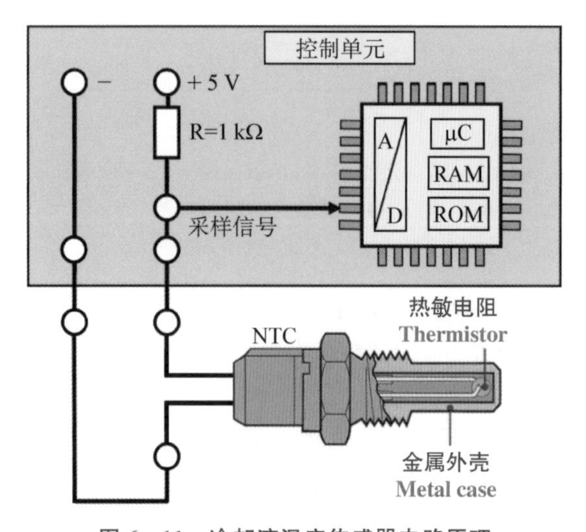

图 6－11　冷却液温度传感器电路原理

Fig. 6－11　Coolant temperature sensor diagram

4. 燃油表

由组合仪表盘、燃油液位传感器、仪表控制单元等组成。燃油液位传感器采集油箱中燃油的位置信号，传送给仪表控制单元，经过处理后，在仪表盘显示相应的信息。图 6－12 所示为迈腾汽车燃油液位传感器的电路原理与实物图。

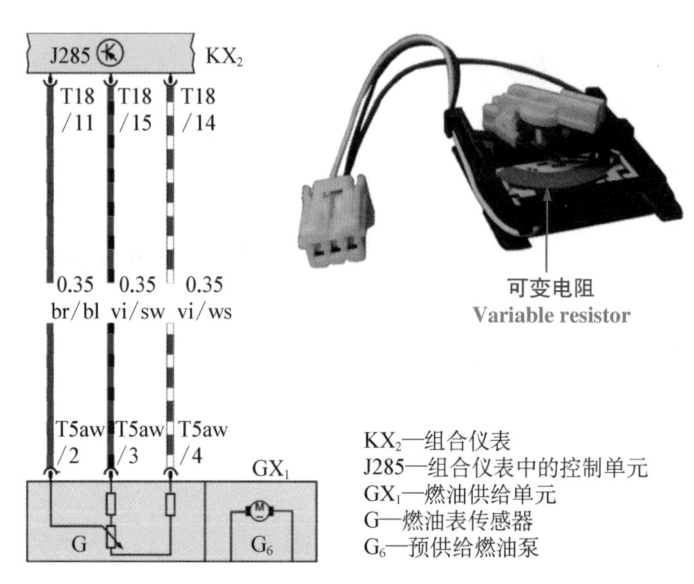

图 6－12　燃油液位传感器电路原理

Fig. 6－12　Fuel level sensor diagram

一、磁感应式转速传感器的检测

1. 静态检测

关闭点火开关，拔下转速传感器的插接器，测量传感器两脚之间的电阻，阻值一般在0.7～1.2 kΩ之间。如果超出范围，说明传感器已经损坏，应给更换；如果在范围之内，应进行动态检测，以确保传感器无故障。

2. 动态检测

使用示波器进行波形检测是最直观有效的动态检测方法。

测试方法：通过背插探针将示波器通道一测试线分别连接传感器的两个端子；调节示波器显示屏上的功能键，使测得的波形处于最佳观测状态；起动发动机并保持在怠速状态，此时会在示波器显示屏上显示发动机转速波形；踩下油门踏板，单位时间内转速波形采样变密；按下保持键，可以保持、存储和打印测得的波形图。

二、冷却液温度传感器的检测

1. 就车检测

点火开关置于OFF位置，拆卸冷却液温度传感器导线连接器，用数字式高阻抗万用表电阻挡检测传感器两端子间的电阻值。

2. 单件检测

拔下冷却液温度传感器线束插头，然后从发动机上拆下冷却液温度传感器；将冷却液温度传感器置于烧杯的水中，加热杯中的水，同时用万用表电阻挡测量在不同水温条件下水温传感器两接线端子间的电阻值，将测得的值与标准值相比较，如果不符合标准，则应更换水温传感器。测量方法如图6－13所示。

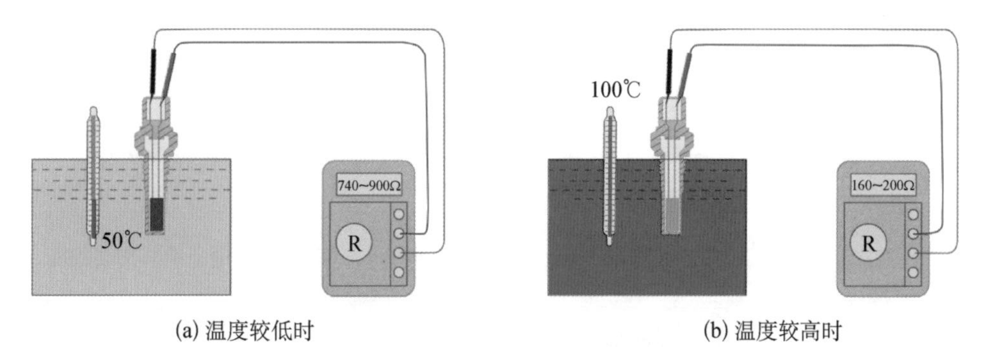

(a) 温度较低时　　(b) 温度较高时

图6－13　冷却液温度传感器检测

Fig. 6－13　Coolant temperature sensor test

任务 2　报警系统检修

熟知报警系统的作用、组成与类型；
掌握报警系统的结构和工作原理；
学会报警系统电路分析与检测的方法；
坚守中华文化，展示中华文明的精神和精髓。

汽车报警系统是提示车辆故障、预防行车事故的重要保障；是汽车与驾驶员进行人机交流的窗口，为驾驶员提供车辆状态信息，也是维修人员发现故障的依据。

一、报警灯的图形符号与含义

汽车仪表盘内的报警装置就像人的体检表，能够很好地体现车辆的健康状况，如果车辆出现故障，就会亮起相应的指示灯。指示灯的图标形状大都形象生动，部分符号和含义见表 6－1。

表 6－1　汽车报警灯图形符号与含义
Tab. 6－1　Car dashboard warning lamps guide

图形符号	中文名称	英文名称	含义
	安全气囊警告灯	Airbag	安全气囊故障； 安全带预紧器已停用，灯亮
	ABS 故障灯	Anti-lock braking system (ABS)	ABS 系统故障，灯亮
	刹车片磨损报警灯	Brake pad wear indicator	制动片磨损监测，声音警告，灯亮
EPC	发动机功率控制系统指示灯	Electronic power control (EPC)	车辆机械、电子系统出现故障，灯亮
	机油压力报警灯	Oil pressure warning	机油压力过低报警，声音警告，红灯亮
	机油油位过低报警灯	Oil level low	机油油位过低报警，声音警告，黄灯亮

续表

图形符号	中文名称	英文名称	含义
	电子助力转向故障灯	Electronic power steering (EPS)	低优先级故障黄色； 高优先级故障红色，灯亮
	制动液液位报警灯	Low brake fluid level	制动液液位过低，声音警告，灯闪烁
	电子制动力分配	Electronic brake pressure distribution (EBD)	EBD 系统故障，声音警告，灯闪烁
	驻车制动系统（手刹）	Parking brake system	拉起手刹，灯亮 未放手刹，声音警告
	车身稳定控制系统	Electronic stabilization program (ESP)	ESP 系统出现故障，灯亮
	左转向指示灯	Left turn signal	左转信号，声音提示，灯亮或闪
	右转向指示灯	Right turn signal	右转信号，声音提示，灯亮或闪
	远光指示灯	High beam headlights	远光灯开启，灯亮
	巡航控制指示灯	Cruise control system (CCS)	巡航开启，灯亮
	灯泡损坏/检测指示灯	Bulb blown/driving light defective	灯泡故障/线路故障，灯亮
	车门未关报警灯	Door open	车门未锁止，声音报警，灯亮
	后备厢开启报警灯	Trunk open	行李箱门未锁止，声音报警，灯亮
	燃油油位低报警灯	Fuel reserve low	油箱中油量不足，声音报警，灯亮
	冷却液液位低/水温高报警灯	Coolant level low/coolant temperature high	冷却液液位过低/水温过高，声音报警，灯亮
	发电机指示灯	Alternator low voltage output	交流发电机输出电压过低，灯亮
	发动机故障灯	Engine check onboard diagnosis (OBD)	发生与排放有关的发动机故障，灯亮
	发动机舱盖未关报警灯	Hood open	发动机舱盖未关，灯亮

续表

图形符号	中文名称	英文名称	含义
	后雾灯指示灯	Rear fog light	后雾灯开启,灯亮
	胎压低报警灯	Tire pressure low	胎压过低,声音报警,灯亮
	踩下制动踏板提示灯	Press brake pedal	提示需要踩下制动踏板,灯亮
	安全带未系报警灯	Seat belt	安全带未系,灯亮
	清洗液液位低报警灯	Washer fluid low	清洗液液位过低,声音报警,灯亮
	防盗指示灯	Anti-theft immobilizer	防盗被激活,声音报警,灯闪烁

二、报警装置的工作原理

1. 机油品质和油位报警

机油的品质和油位通过机油液位与温度传感器采集,其结构与原理如图 6-14 所示。

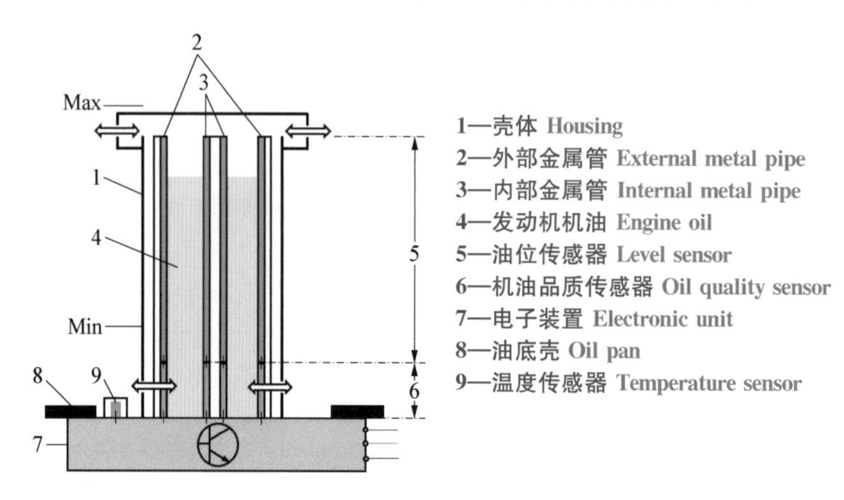

图 6-14 机油油位和温度传感器

Fig. 6-14 Oil level and temperature sensor

机油品质监测:通过底部的小电容器 6 测得,两个金属管作为电容的两个电极,发动机机油作为介质,随着发动机运转,磨损的碎屑不断增加,机油中的添加剂也随着时间、温度而产生变质,因此电容的电介质随之发生改变,相应的电容值发生变化,变化的电容信号经过电子装置 7 处理后,被送到发动机控制单元,并通过车载网络传输到仪表控制单元。信号监与传输过程如图 6-15 所示。

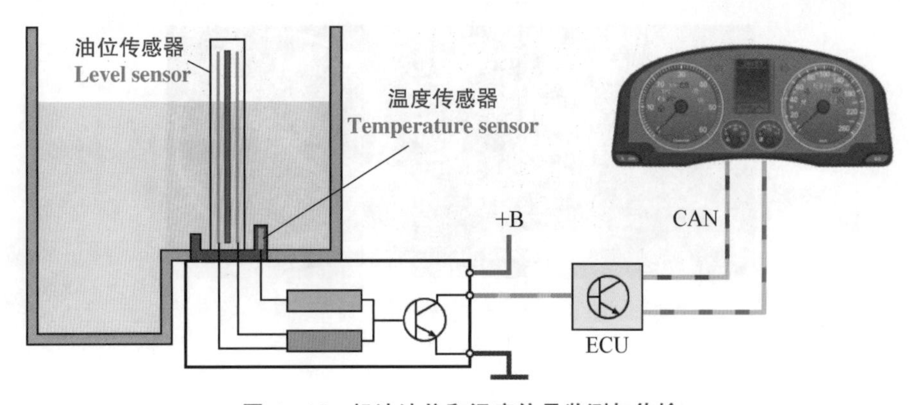

图 6－15　机油油位和温度信号监测与传输
Fig. 6－15　Oil level and temperature monitor

机油油位监测：液位传感器 5 位于上部，随着机油油位的变化，电容电极间的电介质也发生变化，相应的电容值也发生变化；当油位过低时，电容低于极限值，此时仪表上的机油液位报警灯亮起。

2. 制动片磨损报警

当制动器摩擦片使用到极限厚度时，仪表上的指示灯会亮起，表示需要更换刹车片。制动片磨损报警电路如图 6－16 所示，将磨损指示器(导线)埋在摩擦片内部，该导线与组合仪表中的电子控制器相连，摩擦片没有到使用极限时，电子控制器中的三极管基极电位为低电位，三极管截止，报警灯不亮；当摩擦片到使用极限时，摩擦片中埋设的导线被磨断，电子控制器中的三极管基极电位为高电位，三极管导通，报警灯亮。

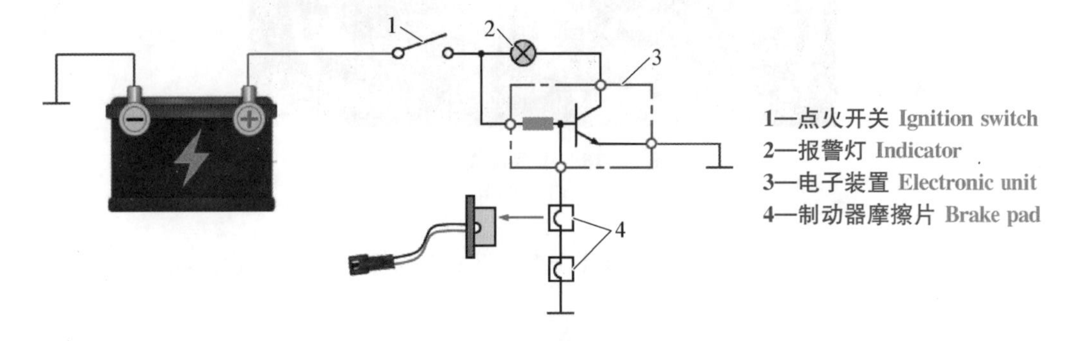

图 6－16　制动片磨损报警灯电路
Fig. 6－16　Brake pad wear indicator circuit

一、汽车保养灯归零操作

1. 大众新朗逸保养灯归零操作

(1) 首先找到大众朗逸仪表盘(如图 6－17 所示)中间的两个按钮，通过这两个按钮来完

图 6-17　大众新朗逸仪表盘
Fig. 6-17　Lavida dashboard

成大众朗逸的保养灯归零操作。

(2) 用手按住大众朗逸仪表 SET 按钮，需要按住这个按钮不放手。

(3) 起动车辆，大众朗逸的保养周期指示器就可以进入复位模式了。

(4) 把大众朗逸右侧的按钮松开，接着按下大众朗逸仪表盘中间左侧的按钮。

(5) 最后就可以将大众朗逸的保养灯完成归零了。

2. 卡罗拉保养灯归零操作

(1) 点火开关转到 ON 挡再回转到 OFF 挡。

(2) 按住组合仪表(如图 6-18 所示)上红色圈出的复位按钮并保持不放。

图 6-18　卡罗拉仪表盘
Fig. 6-18　Corolla dashboard

(3) 点火开关转到 ON 挡，此时保养灯先点亮 3 s 再闪烁 2 s，然后亮 1 s 后熄灭。

(4) 松开复位按钮，归零完成。

(5) 点火开关转到 OFF 挡。

二、灯泡损坏指示灯亮检修

以大众为例，分析灯泡损坏指示灯的工作原理。

1. 车灯故障监控方式

(1) 冷监控

在 15 线接通后，且车灯开关 E1 没有打开，每 500 ms 进行 4 次检测，如图 6-19(a)所示。

(2) 热监控

车灯开关 E1 打开后，将一直对使用中的灯泡进行监控检测是否有过载、断路或短路现象发生，如图 6-19(b)所示。

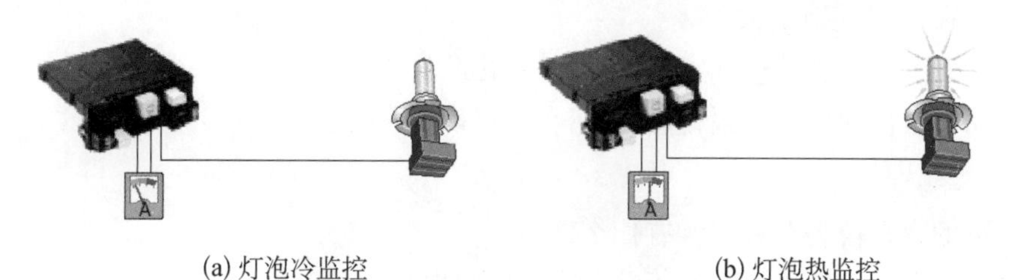

(a) 灯泡冷监控　　　　(b) 灯泡热监控

图 6－19　灯泡故障监控
Fig. 6－19　Bulb fault monitor

2. 灯的故障

在以上两种检测模式下，一旦检测到故障，控制单元会存储故障记忆，同时组合仪表上会出现故障警报灯，并且会有相应的故障提示信息，如图 6－20 所示。

图 6－20　灯泡损坏/检测报警灯
Fig. 6－20　Bulb blown/driving light defective

设置大众车后尾灯总成中制动灯泡（LED 灯除外）损坏，则仪表板上灯泡损坏报警灯亮，更换后尾灯中制动灯泡，故障排除，仪表恢复正常。

一、选择题

1. 下列哪个指示灯亮表示车辆在使用远光灯（　　）。

A. 　　B.　　C. 　　D.

2. 这个仪表是何含义？（　　）

A. 电流表　　B. 压力表　　C. 水温表　　D. 燃油表

3. 当机油压力低于（　　）MPa 时，机油压力过低报警灯亮。

A. 0.01～0.02　　B. 0.03～0.15　　C. 0.20～0.30

二、判断题

1. 双金属电热式水温表，是利用了负温度系数热敏电阻的基本特性。当水套中水温上

升时，热敏电阻值迅速地增大。 (　　)

2. 当仪表盘上出现 [battery symbol] 符号时，表示需要更换蓄电池。 (　　)

3. 发动机机油油位过低报警灯亮时，车辆可以正常行驶。 (　　)

三、思考题

1. 常见的汽车仪表有哪些？有什么作用？

2. 试分析霍尔式发动机转速传感器的工作原理？

3. 仪表盘上发动机故障灯常亮是在告诉驾驶员什么信息？

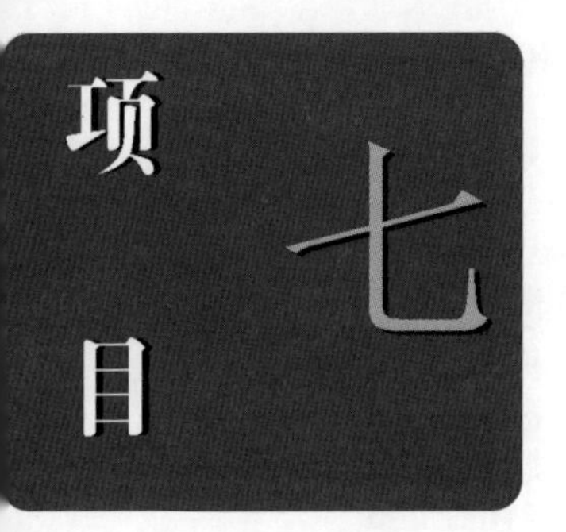

舒适电气系统检修

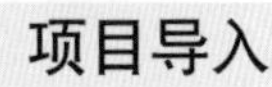

大自然是人类赖以生存发展的基本条件。尊重自然、顺应自然、保护自然，是全面建设社会主义现代化国家的内在要求。必须牢固树立和践行"绿水青山就是金山银山"的理念，站在人与自然和谐共生的高度谋划发展。

汽车舒适电器系统可有效减轻驾驶员与乘客的操作强度，内容包括刮水、洗涤和除霜装置、电动车窗、电动后视镜、电动座椅、中央门锁与防盗系统等装置，日常使用频率高、损坏率也相对其他电器要高，其维修量和难度大。本章主要学习雨刮、电动车窗与中控门锁。

任务1　车窗刮水与清洗装置检修

掌握刮水器的结构和工作原理；
掌握车窗清洗装置的结构和工作原理；
掌握雨刮电路的分析方法；
能够对雨刮器、清洗装置故障进行诊断与检修；
树立生态优先、节约集约、绿色低碳的环保意识。

一、雨刮系统认知

1. 雨刮系统的功用

雨刮系统是汽车安全行驶的重要部件，用于刮除车辆挡风玻璃上的雨雪、灰尘等影响驾驶员视线的物质，以确保玻璃透明清晰，可视状况良好，减少事故发生的概率。

2. 雨刮系统的组成

雨刮系统由电机、四连杆传动机构、刮水臂、雨刮片和雨刮开关等组成，如图7-1所示。

拨动雨刮开关，雨刮电机旋转，通过蜗轮蜗杆减速增扭后，驱动四连杆传动机构运动，带动刮水臂和雨刮片左右摆动。

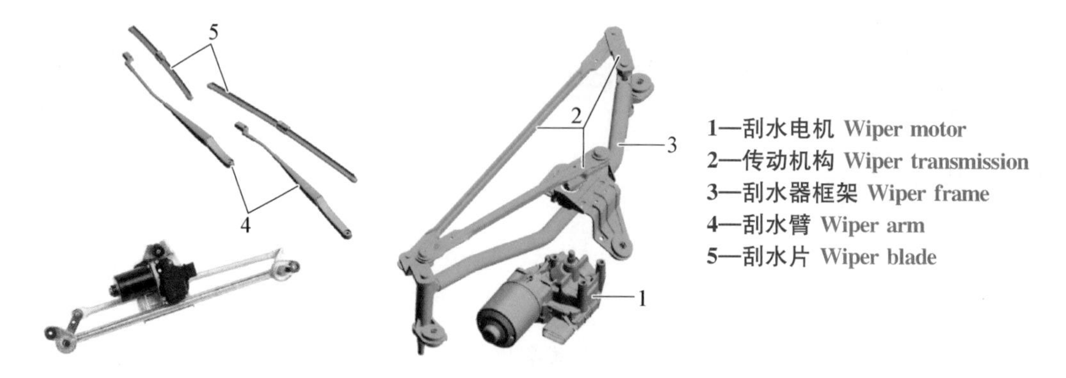

图 7－1　雨刮系统的组成
Fig. 7－1　Composition of wiper system

二、传统雨刮系统

1. 刮水电机变速原理

传统的雨刮系统采用三刷永磁刮水电机，相差 180°的为慢速碳刷，相差 120°的为快速碳刷。利用三个电刷来改变正、负电刷之间串联的线圈数(刮水电机的转速与正、负电刷间串联的有效线圈数成反比)，实现快、慢速的变化，工作原理如图 7－2 所示，为了便于理解画成图 7－2 中所示的等效电路。电刷 A 与 C 相差 180°，每条支路中有四个绕组串联，然后再并联；电刷 B 与 C 相差 120°，绕组 1、2、3、4、8 串联，然后再与串联的绕组 5、6、7 形成并联。

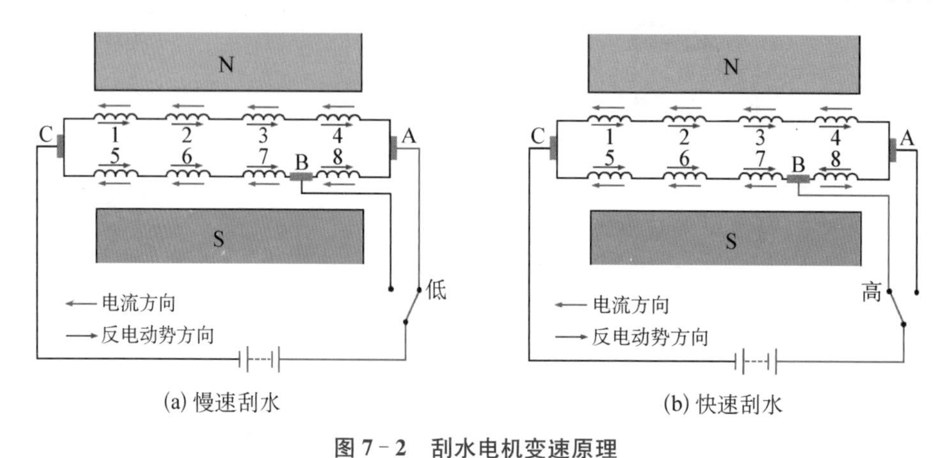

图 7－2　刮水电机变速原理
Fig. 7－2　Speed regulation of wiper motor

慢速刮水：给绕组供电，电机开始运转，电流方向如图 7－2(a) 中红色箭头所示，此时绕组中会产生反向电动势，方向如图 7－2(b) 中蓝色箭头所示，此时外加电压需要平衡 4 个串联绕组的反电动势阻力矩电机才能稳定运转，因此电机转速较慢。

快速刮水：绕组 1、2、3、4、8 串联，且绕组 8 和其余 4 个绕组产生的反电动势方向相反，相互抵消，每条支路变成 3 个绕组串联；此时，外加电压只需平衡 3 个串联绕组产生的反电

动势阻力矩，因此电机转速增高。

2. 刮水器自动复位

当关闭雨刮开关使刮水片停止摆动时，若刮水片没有正好停在风窗玻璃的下边缘，将会影响驾驶员的视线，为此刮水器都设有自动复位功能，复位机构的工作原理如图 7－3 所示。

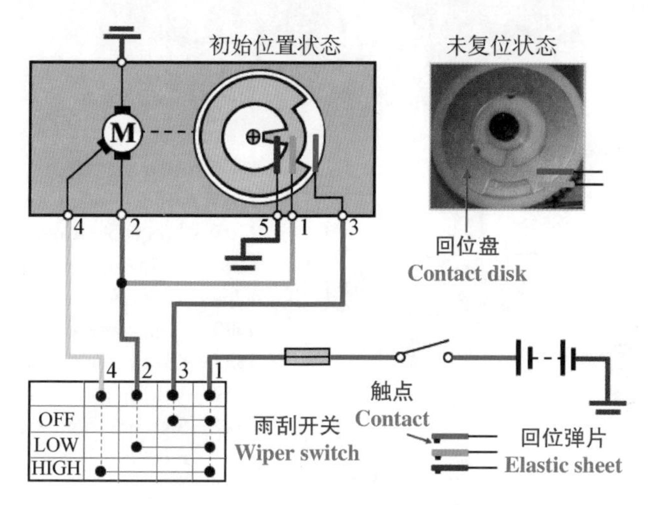

图 7－3　自动复位机构工作原理

Fig. 7－3　Principle of self recovery mechanism

棕色的回位弹片连接电机的外壳搭铁，回位弹片上铆接有触点，由于回位弹片的弹性作用，使触点始终保持与回位盘有很好的接触。

(1) 自动复位

当雨刮开关从 LOW 挡或 HIGH 挡切换到 OFF 挡时，若刮片不在初始位置，此时回位机构中的红色和蓝色回位弹片同时处于回位盘的金属区域，使雨刮电机仍然接通，继续旋转。

自动复位电路：电源正极→点火开关→保险丝→雨刮开关 1 号端子→雨刮开关 3 号端子→雨刮电机总成的 3 号端子→红色回位弹片→回位盘→蓝色回位弹片→雨刮电机总成的 1 号端子→雨刮电机总成的 2 号端子→低速碳刷(相差 180°)→电枢绕组→负极碳刷→雨刮电机壳体搭铁→电源负极。

(2) 快速停止

当电机转到初始位置时，棕色和蓝色回位弹片同处于回位盘金属区域，此时蓝色弹片通过回位盘与电机壳体接通，雨刮电机的电枢绕组中电流突然切断，产生反向电动势，使电机快速停止运转。

三、电脑控制的雨刮系统

1. 刮水电机的控制

刮水电机由控制单元以脉宽调制(pulse width modulation, PWM)信号控制，控制单元在接收到驾驶员开启雨刮开关的指令后，向刮水电机模块输出 PWM 信号，使电机运转；通过改变占空比信号，实现刮水电机的快速、慢速和间隙运转。在车辆行驶过程中，雨刮系统

还根据车速、雨量的大小自动调节雨刮电机的速度。图 7－4 所示为雨刮系统控制策略，以大众汽车为例。

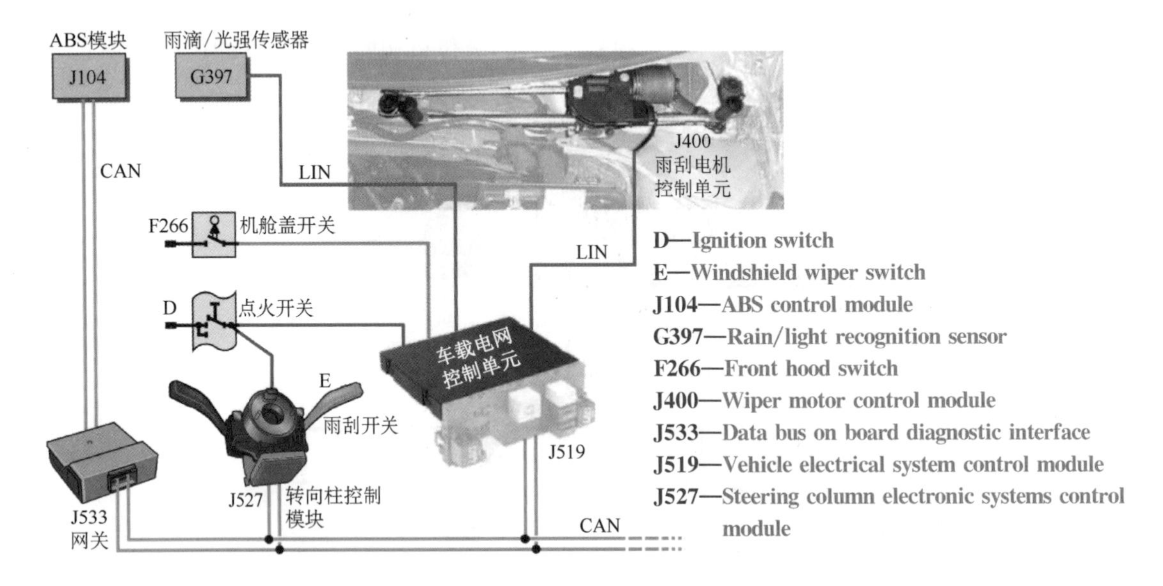

图 7－4 雨刮系统控制策略

Fig. 7－4 Wiper system control strategy

(1) 车速信号控制

车速信号来自 J104，通过高速 CAN 总线传输给 J533 网关，再由 J533 传给 J519 中央电器控制单元，J519 通过 LIN 总线把车速信号发送给 J400 雨刮电机控制单元，控制电机转速随车速提升而提高。

(2) 雨量信号控制

当外界雨量增大，G397 通过光强信号感应雨量的大小，通过 LIN 总线传输给 J519，再由 LIN 总线把雨量信号发送给 J400 雨刮电机控制单元，控制电机转速随雨量的增大而提高。

(3) 机舱盖信号控制

在车辆停止时，当打开发动机仓盖后，雨刷的功能将被禁止工作；当仓盖被打开，车速在 2～16 km/h 时，雨刷功能同样被禁止，但当再次拨动雨刷开关后，雨刷功能将被激活；当车速大于 16 km/h 时，尽管仓盖被打开，雨刷功能会保持工作状态不受影响，直至车速低于 2 km/h 后，重新被禁止工作。

2. 雨滴/光强传感器传感器

雨滴传感器主要是用来检测是否下雨及雨量的大小，用于汽车自动雨刷系统、汽车智能灯光系统、智能车窗系统。目前市场上主流的雨量传感器为红外线式，安装在挡风玻璃后面的内后视镜座上，不与雨水直接接触，在挡风玻璃的保护下，能够长期稳定工作。

(1) 雨滴/光强传感器的组成

雨滴/光强传感器主要由发光二极管、光接收器(光电二极管)、光传感器、光学透镜和集成电路组成，如图 7－5 所示。

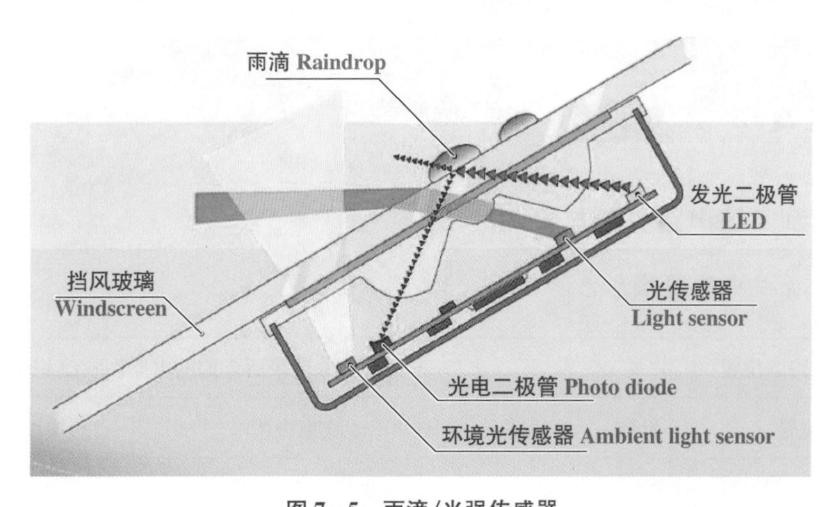

图 7－5　雨滴/光强传感器
Fig. 7－5　Rain/light recognition sensor

(2) 雨滴/光强传感器的工作原理

发光二极管发出的光经过透镜系统调整后，成平行光状态照射到挡风玻璃上。当玻璃干燥时、光线将发生全反射，并经过透镜系统成平行光状态被接收器件接收，输出最大值100%，如图 7－6 所示。当玻璃上有雨水、雨滴时，由于折射率改变，光线将不能发生全反射，而是视水滴面积大小发生部分反射，此时接收管只收到部分信号，按照百分率比值能够计算出雨量大小，如图 7－7 所示。

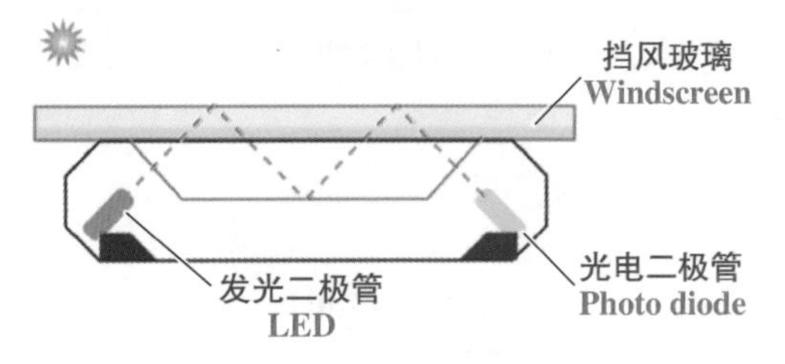

图 7－6　挡风玻璃干燥时
Fig. 7－6　The windshield is dry

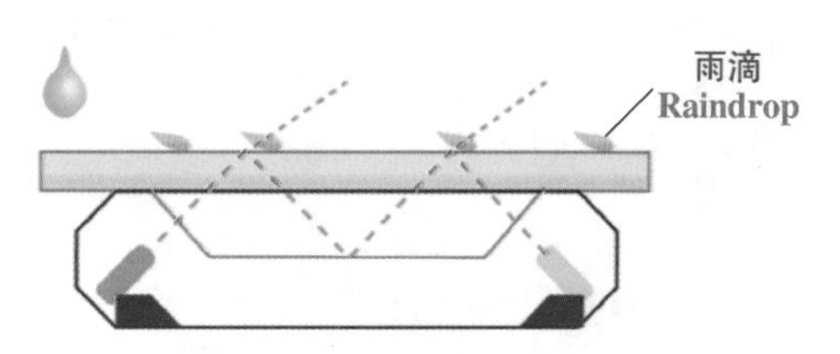

图 7－7　挡风玻璃有雨水时
Fig. 7－7　Rain on the windshield

四、风窗清洗装置

风窗玻璃洗涤装置与刮水器配合使用，可以使汽车风窗刮水器更好地完成刮水和清洁工作。风窗玻璃洗涤器如图7－8 所示，由储液罐、洗涤泵总成、洗涤液喷嘴、三通接头、连接软管等组成。洗涤泵总成为永磁直流电机和离心式叶片泵组装成一体。

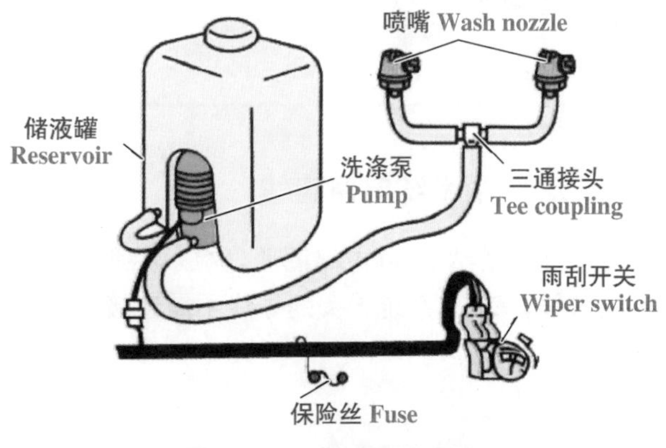

图 7－8　风窗玻璃洗涤器
Fig. 7－8　Windscreen washer

一、雨刮系统电路分析与检测

1. 雨刮系统电路图信息查询

雨刮系统电路图位置			记录所查询的电路图在维修手册的位置	
元件编号	针脚	颜色	线束说明	与模块导通针脚

2. 雨刮系统检测

数据流读取	静态参数	动态参数
波形测试	静态波形绘制	动态波形绘制
找出雨刮控制单元的信号线并测试		
线束针脚电压测试	静态电压	动态电压
针脚 1		
针脚 2		
……		

二、雨刮系统电路连线

根据桑塔纳 2000 电路图册，完成雨刮系统电路连线。注：(1) 连接雨刮系统各元件之间的导线；(2) 与系统无关的导线不需连接；(3) 标注出导线粗细、颜色。

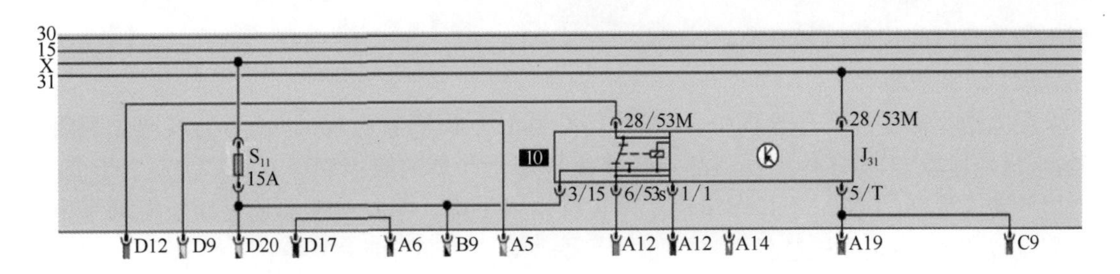

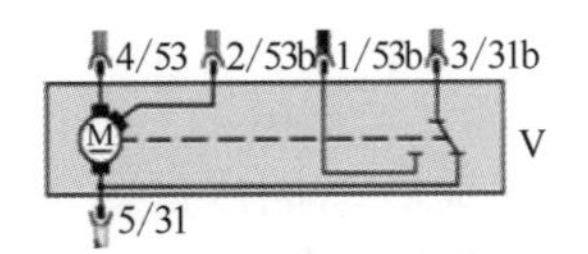

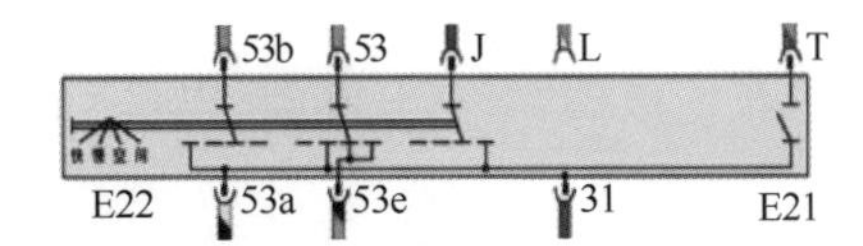

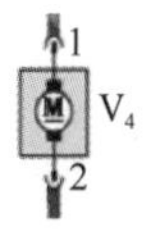

220 221 222 223 224 225 226 227 228 229 230 231 232 233 234 235 236 237 238

图 7－9　桑塔纳雨刮电路连线

Fig. 7－9　Santana wiper system circuit interconnect

任务 2　电动车窗系统检修

掌握电动车窗系统的组成与工作原理；

掌握电动车窗电路的识读方法；

能够对电动车窗系统故障进行诊断与检修；

倡导绿色消费，推动形成绿色低碳的生产方式和生活方式。

一、电动车窗的结构与功能

1. 电动车窗的功能

电动车窗通过拨动开关就可以使车窗玻璃自动升降，提高汽车使用的舒适度，操作简便并有利于行车安全。目前汽车上的电动车窗还具备一些其他功能。

（1）一键升降功能

是指只需按一下玻璃升降器的控制开关，便可让玻璃上升到最高点或者下降到最低点，而不需要长时间按着控制开关。

(2) 防夹功能

在电动车窗正常上升过程中，由霍尔传感器时刻检测着电机的转速，当玻璃受到阻碍时，电机转速减缓，霍尔传感器检测到转速信号变化并传送给控制单元，ECU 发出指令，使电机停转或反转(下降)，于是车窗也就停止移动或下降。霍尔传感器还可用于电动车窗的行程位置监测，防止电机过载。

(3) 后车门窗设有安全装置

一些汽车的后车门窗玻璃一般仅能下降至 2/3 或 3/4，不能全部下到底，以防止后座位上的小孩将头、手伸出窗外而发生事故。

2. 电动车窗的组成

电动车窗主要由车窗玻璃、车窗升降器、电机、车窗开关和导轨等装置组成。电动车窗一般采用双向转动的永磁直流电动机，每个车窗都装有一个电动机，通过开关控制它的电流方向或采用电控单元驱动，使车窗玻璃上升或下降。一般电动车窗驱动电机可分别由总开关和分开关控制。总开关布置在仪表板或驾驶员侧车门把手上，由驾驶员控制每个车窗的升降。分开关分别装在每个乘客门上，可由乘客进行操纵。一般在主开关上还装有断路开关，如果它断开，分开关就不起作用。电动车窗的组成如图 7-10 所示。

图 7-10 电动车窗的组成

Fig. 7-10 Composition of power window system

常见的电动车窗升降器传动机构有绳轮式和交叉臂式两种，如图 7-11 所示。

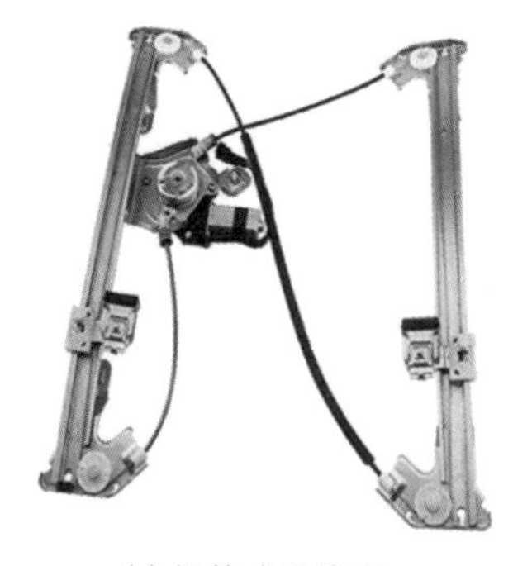

(a) 绳轮式升降器

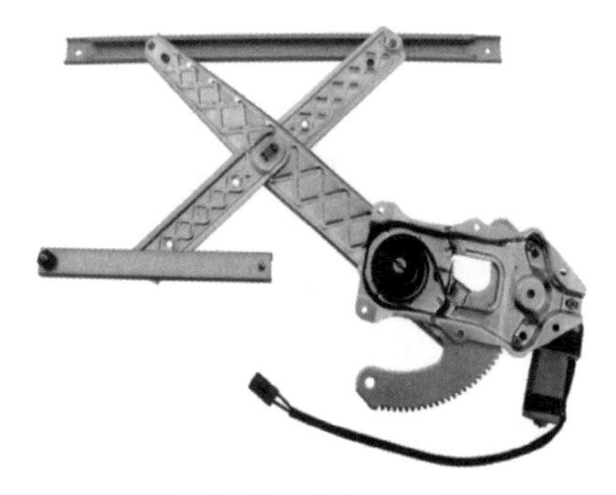

(b) 交叉臂式升降器

图 7-11 电动车窗升降器

Fig. 7-11 Power window regulator

二、电动车窗的控制原理

1. 传统控制方式

传统电动车窗的控制方式主要有双绕组串励直流电机控制(电动机直接搭铁控制)和永磁电机控制(电动机不搭铁控制)两种。

(1) 双绕组串励直流电机控制

双绕组串励直流电动机采用两个绕向相反的磁场绕组,一个称为"上升"绕组,一个称为"下降"绕组,通电后产生相反方向的磁场即可改变电动机的旋转方向,使车窗玻璃上升或下降,典型的控制电路如图 7－12 所示。各电动车窗电路中均有断路保护器,以免电动机因过载而烧坏。断路保护器触点臂为双金属结构,当电动机过载电路中的电流过大时,双金属片因温度上升产生翘曲变形并张开多功能触点,切断电路;电流消失后,双金属片冷却,变形消失,触点再次闭合。如此周期性动作,使电动机电流平均值不致超过规定值,以避免过热损坏。

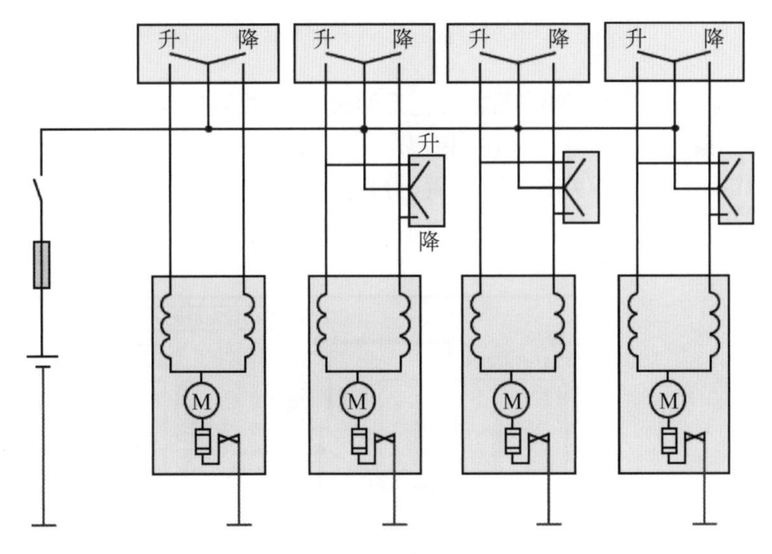

图 7－12　双绕组串励直流电机控制

Fig. 7－12　Double-winding series-excited DC motor control

(2) 永磁电机控制

其搭铁受开关控制,通过改变电动机的电流方向来改变电动机的转向,从而实现车窗的升降。以驾驶员操作主开关为例说明电动车窗的工作过程。如图 7－13 所示,驾驶员操作主控开关中的右前车窗开关,使其在"下"的位置时,右前车窗电动机通过主控开关搭铁,电动机电路形成回路,电动机转动,使右前车窗向下运动,电流方向如图 7－13 中蓝色箭头所示。

2. 电控单元控制方式

以大众迈腾轿车电动车窗系统为例,四个车门各有一个控制单元,分别为驾驶员侧(左前)车门控制单元 J386、副驾驶员侧(右前)车门控制单元 J387、左后车门控制单元 J388 和右后车门控制单元 J389。左前车门控制单元与左后车门控制单元之间通过 LIN 总线通信,右

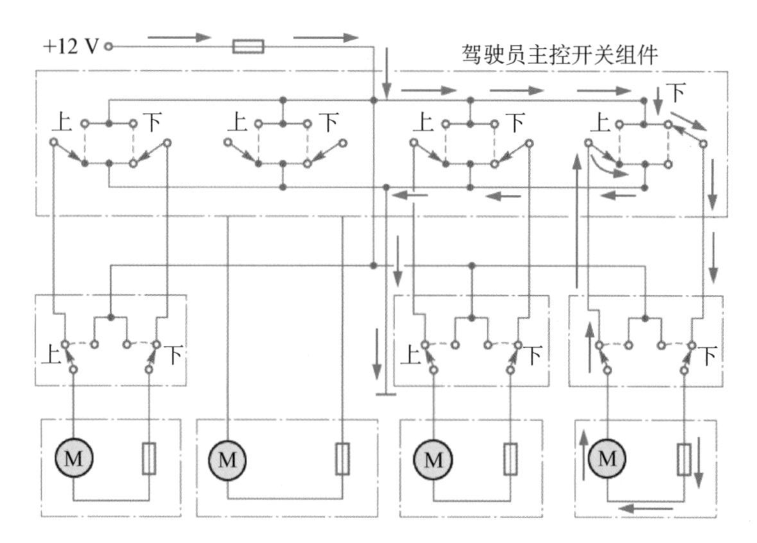

图 7-13 永磁电机控制
Fig. 7-13 Permanent magnet motor control

前车门控制单元与右后车门控制单元之间也是通过 LIN 总线通信，左前车门和右前车门通过 CAN 总线与车载电网控制单元 J519 相连。

如图 7-14 所示，车窗开关有 5 个位置，分别产生不同的电压信号，车门控制单元对五个不同的电压信号进行识别，控制电机实现不同的动作。

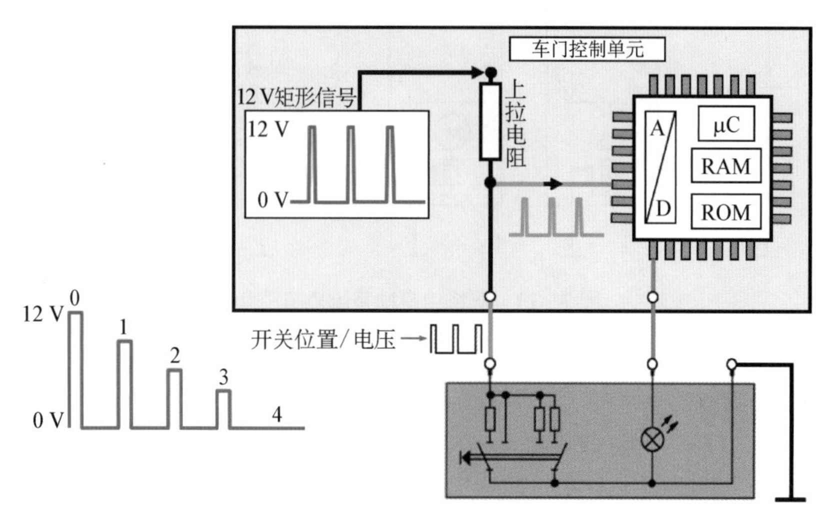

图 7-14 电控单元控制
Fig. 7-14 ECU control

一、电动车窗系统电路分析与检测

1. 电动车窗系统电路图信息查询

电动车窗系统电路图位置			记录所查询的电路图在维修手册的位置	
元件编号	针脚	颜色	线束说明	与模块导通针脚

2. 电动车窗系统检测

数据流读取	静态参数	动态参数
波形测试	静态波形绘制	动态波形绘制
找出电动车窗开关的信号线并测试		
线束针脚电压测试	静态电压	动态电压
针脚 1		
针脚 2		
……		

任务3　中控门锁系统检修

掌握中控门锁装置的组成和工作原理；
学会常见车型的中控门锁系统电路的识读、分析方法；
能够对汽车中控门锁系统的故障进行诊断与分析；
立志做有理想、敢担当、能吃苦、肯奋斗的新时代好青年。

一、中控门锁的组成

中控门锁是由控制单元根据各个开关信号控制门锁的开闭，通常和汽车防盗系统结合在一起，提高了汽车的防盗性能。

中控门锁系统一般由门锁控制开关、门锁单元和车门控制单元等组成。

1. 门锁控制开关

门锁控制开关一般安装在驾驶员侧车门或者汽车中控台上，通过此开关可以同时锁上或打开所有车门，如图 7－15 所示。

图 7－15　门锁控制开关

Fig. 7－15　Door lock control switch

2. 门锁单元

门锁单元主要由门锁电机、微动开关、钥匙操作开关等组成，如图 7－16 所示。可以实现每个车门的机械锁闭，监控每个车门的关闭状态。

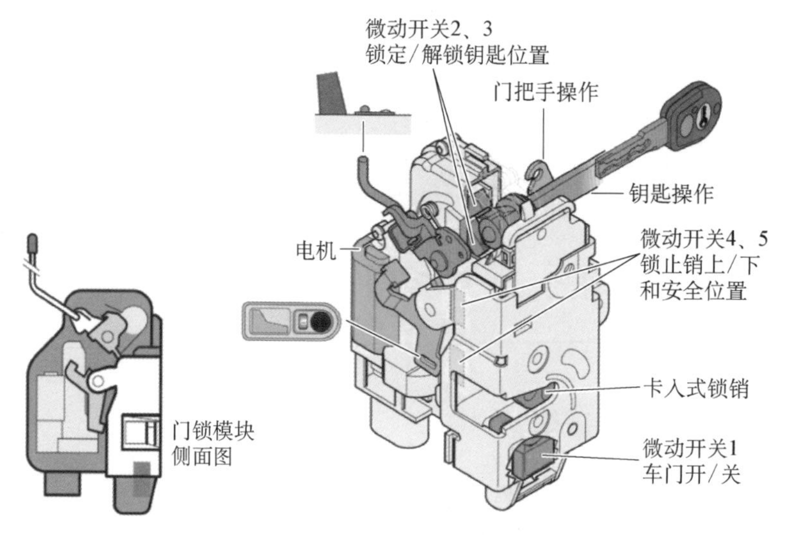

微动开关 Microswitch　电机 Motor　锁销 Lockpin

图 7－16　门锁单元

Fig. 7－16　Door lock unit

门锁电机是门锁的执行器，当门锁电机转动时，蜗杆带动蜗轮转动，蜗轮推动锁杆，车门被锁上或打开；然后蜗轮在回位弹簧的作用下返回原位置，以防止操纵门锁按钮时电动机工作，如图 7－17 所示。

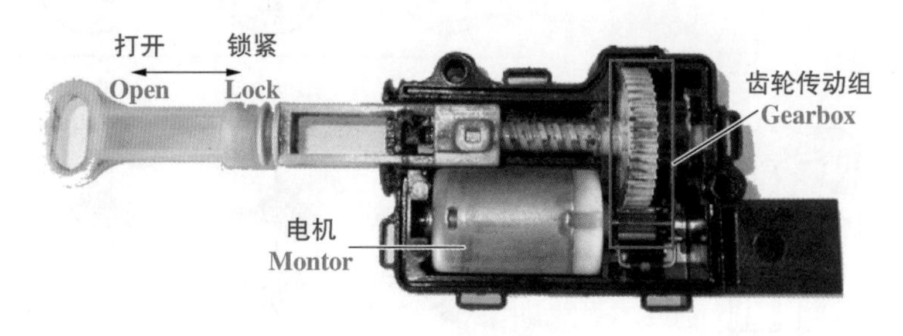

图 7－17　电机执行机构
Fig. 7－17　Motor actuator

图 7－18 所示为利用微动开关对车门开/闭状态进行监测，车门打开或预锁止时，微动开关闭合，当门被关闭时，微动开关处于打开状态。

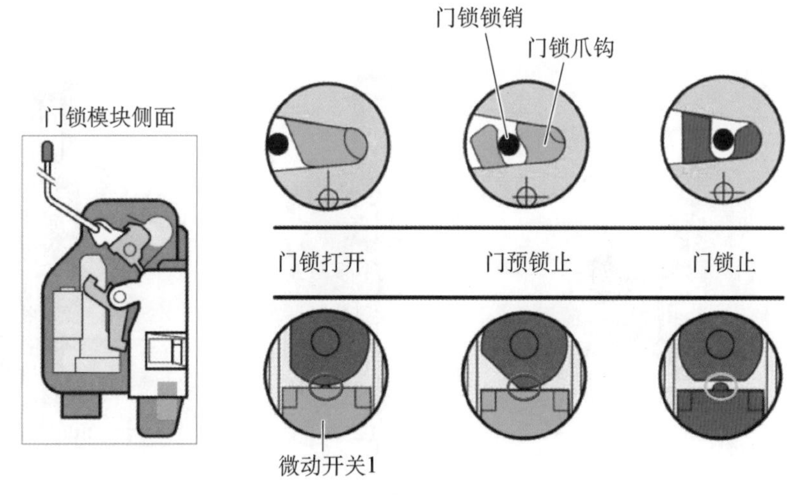

图 7－18　车门开/闭监测
Fig. 7－18　State of door open or close

图 7－19 所示为利用微动开关对钥匙开关的锁定/解锁状态进行监测，钥匙的旋转运动被传递至门锁。钥匙锁芯有一个塑料凸轮，微动开关 2 和 3 将信号传递至车门控制单元。

图 7－20 所示为利用微动开关对安全位置进行监测。当门锁被解锁时，丝杠移动到下部位置，微动开关 4 关闭，控制单元识别到车门解锁；当安全锁止时，丝杠向上移动，微动开关 4 打开，微动开关 5 关闭，丝杠与锁止销机械脱钩，系统识别到车门锁止，安全功能激活；当非安全锁止时，丝杠从上部位置微微向后移动，导致塑料臂向后移动，并打开微动开关 5，丝杠重新将锁止销与车门锁结合，系统识别到车辆锁定，此时安全功能无效。

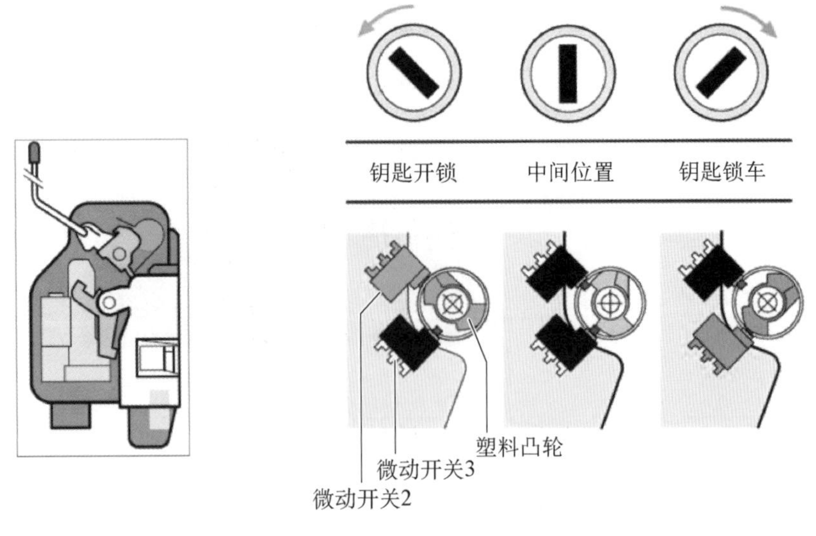

图 7-19 钥匙开关的锁定/解锁监测
Fig. 7-19 State of key switch lock or unlock

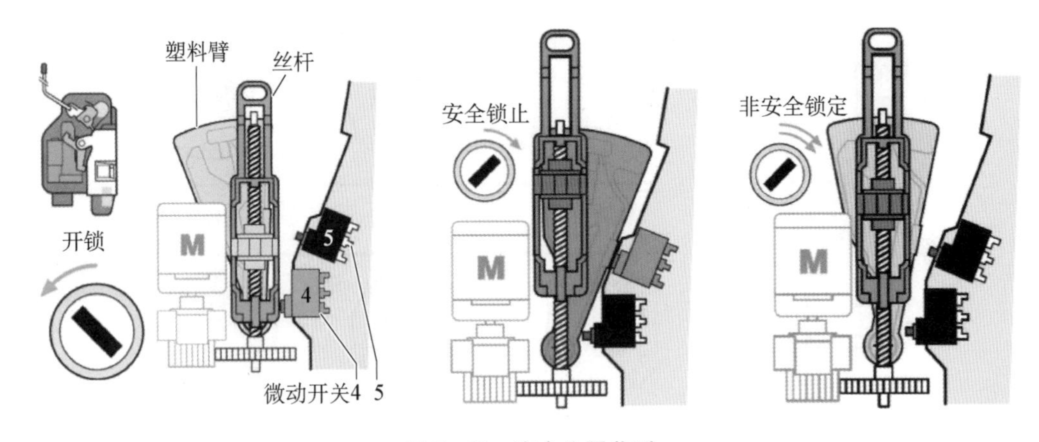

图 7-20 安全位置监测
Fig. 7-20 Safe position monitor

二、中控门锁的控制原理

1. 钥匙遥控原理

车钥匙通过遥控发射装置给舒适控制单元锁门或开门信号，舒适控制单元对行李箱门进行锁止或解锁，并且激活或关闭车内监控系统，舒适控制单元把锁止或解锁信号发送给门控单元，门控单元控制门锁单元动作，如图 7-21 所示。

2. 机械钥匙控制原理

钥匙通过门锁单元进行上锁，门锁单元把锁止信号发送给门控单元，门控单元控制上锁，控制安全锁锁止，门锁单元激活门防盗警示灯进行状态指示，如图 7-22 所示。

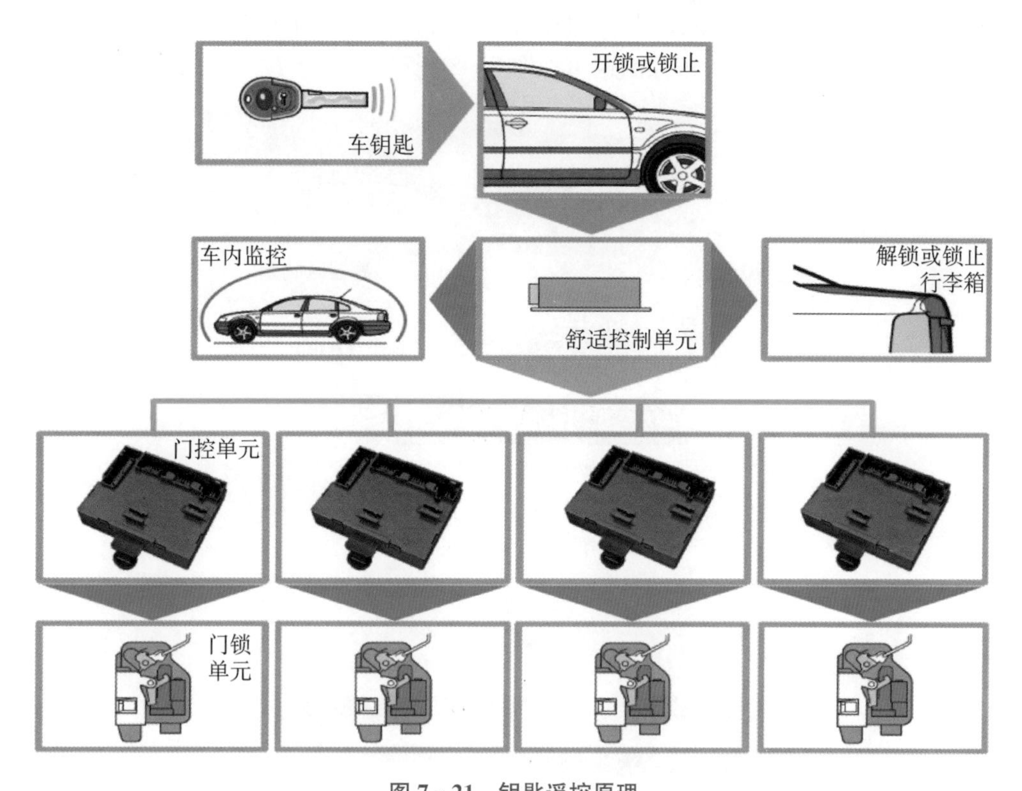

图 7-21　钥匙遥控原理
Fig. 7-21　Principle of remote control

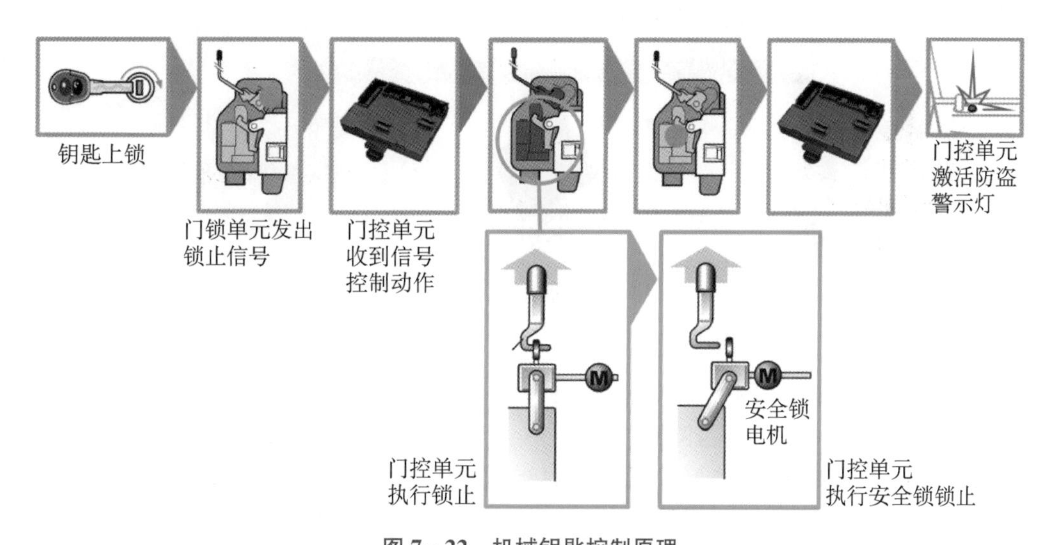

图 7-22　机械钥匙控制原理
Fig. 7-22　Principle of mechanical control

3. 无钥匙进入系统

以迈腾 B8 为例，无钥匙进入系统主要由车钥匙、车门把手接触传感器 G415 和低频天线 R134(如图 7-23 所示)、进入和许可起动控制单元 J965、车载电网控制单元 J519(内置高

频天线 R47)、4 个车门控制单元(J386、J387、J388、J389)及 4 个门锁单元(VX21、VX22、VX23、VX24)等组成。车门解锁控制逻辑如图 7－24 所示。

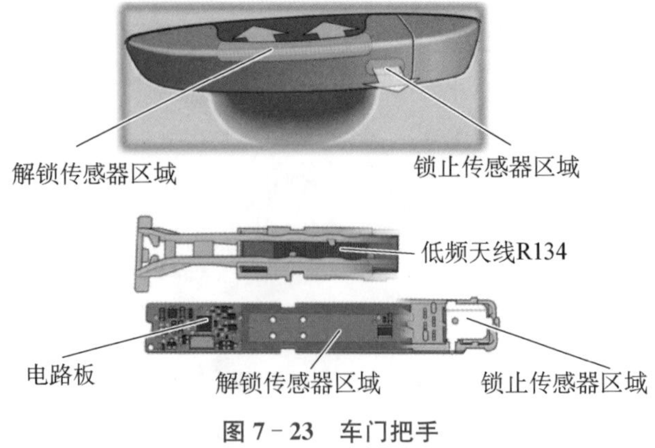

图 7－23　车门把手
Fig. 7－23　Door handle

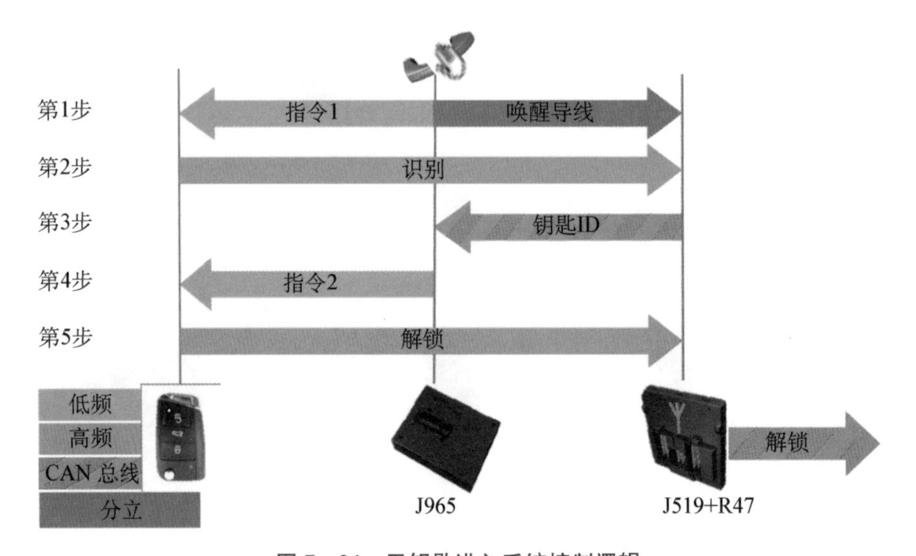

图 7－24　无钥匙进入系统控制逻辑
Fig. 7－24　Keyless entry system control logic

Step1：手插入车门把手内，G415 激活 J965，同时进行 2 个任务，一是通过门把手内低频(125 KHz)天线 R134 询问钥匙位置，二是唤醒 J519。

Step2：钥匙发出高频(433 MHz)位置信息给 J519，J519 确认钥匙在 1.5 m 范围内。

Step3：J519 向 J965 询问钥匙 ID 信息。

Step4：J965 通过低频天线 R134 询问 ID 信息。

Step5：钥匙发出高频 ID 信息给 J519，J519 通过 R47 接收信息，并验证通过。

Step6：J519 输出解锁命令，通过舒适 CAN 总线给各车门控制单元。

中控门锁系统电路分析与检测

1. 中控门锁系统电路图信息查询

中控门锁系统电路图位置			记录所查询的电路图在维修手册的位置	
元件编号	针脚	颜色	线束说明	与模块导通针脚

2. 中控门锁系统检测

数据流读取	静态参数	动态参数
波形测试	静态波形绘制	动态波形绘制
找出中控门锁系统的信号线并测试		
线束针脚电压测试	静态电压	动态电压
针脚 1		
针脚 2		
……		

一、选择题

1. 汽车电动刮水器由(　　)驱动。

A. 发电机　　　　B. 发动机

C. 微型直流电动机　　　　D. 起动机

2. 驾驶员可控制汽车(　　)车窗的升降。

A. 左侧　　B. 右侧　　C. 左前侧　　D. 所有

3. 中控门锁系统中用于控制所有车门锁的开关，安装在(　　)。

A. 驾驶员侧门的内侧扶手上　　B. 每个门上

C. 门锁总成中

二、判断题

1. 永磁式三刷电动机，是利用三个电刷来改变正负电刷之间串联的线圈数实现变速的。(　　)

2. 汽车刮水器的自动复位机构确保了刮水器工作结束时将雨刷停在合适的位置。(　　)

3. 防夹功能是指车窗上升时根据检测到电机电流过大而使车窗下降。(　　)

4. 必须将钥匙插入门锁才能打开车门。(　　)

5. 所谓中控锁就是驾驶员锁住驾驶员车门时，其他几个车门能同时自动锁住。(　　)

三、思考题

1. 分析雨量传感器工作原理。

2. 电动车窗由哪几部分组成?

3. 简述门锁单元中微动开关如何检测车门的开/关状态。

参考文献

[1] 车德宝，车兴辰.一汽大众迈腾（2004—2010）：整车电路图大全（上册）[M].北京：机械工业出版社，2011.

[2] 车德宝，车兴辰.一汽大众迈腾（2004—2010）：整车电路图大全（下册）[M].北京：机械工业出版社，2011.

[3] 谭本忠.轻松看懂丰田汽车电路图[M].北京：化学工业出版社，2013.

[4] 弋国鹏，魏建平，郑世界.汽车舒适控制系统及检修[M].第 2 版.北京：机械工业出版社，2019.

[5] 弋国鹏，魏建平，郑世界.汽车灯光控制系统及检修[M].第 2 版.北京：机械工业出版社，2019.

[6] 弋国鹏，魏建平，郑世界.汽车发动机控制系统及检修[M].第 2 版.北京：机械工业出版社，2019.